U0122639

《心經》與《金剛經》考釋

何新佛學研究論集

何　新　著

黃世殊　編

中港傳媒出版社

書　　名　《心經》與《金剛經》考釋
何新佛學研究論集

編　　著　何新
編　　輯　袁家慧
出 版 人　晏妮
發 行 人　郭燕軍
出　　版　中港傳媒出版社有限公司
The CNHK Publications Limited
香港軒尼詩道338號北海中心27樓F室
Rm F, 27/F, CNT Tower No. 338 Hennessy Road, Hong Kong
info@cnhkpublications.com
www.cnhkpublications.com
版　　次　2019年10月第一版第一次印刷
規　　格　152mm×227mm
國際書號　ISBN978-988-79642-4-7
定　　價　HK$ 128

何新簡介

何新近照

何新，中國著名學者。1949年生於浙江溫州。1979年後曾任中央財政金融學院（現中央財經大學）教師。1981—1990年任中國社會科學院研究員。1991年後任全國政協（專職）委員。歷任第七屆、第八屆、第九屆、第十一屆、第十二屆全國政協委員。

目　錄

何新簡介

論宗教 1

《肇論》詮釋 9

《心經》新詮 22
讀《心經》札記 29
《心經》傳本句讀正誤 58

《般若波羅蜜多心經》句讀 61
王舍城（Rajgir） 63

《金剛經》十奧義 65
關於《金剛經》的譯本流傳 90
《金剛般若波羅蜜經》解題 91

章太炎論佛哲學佚書二札 96

【佛教史】

佛經關於世尊誕生、年壽及入滅的異說 107
佛經所記佛陀生平及傳教歷程 112

釋迦牟尼佛不是印度人 125
佛祖是華族人 130
支那考 131

佛教的起源地與傳法路線 133
佛陀的降生及佛教起源聖地——尼泊爾 148

犍陀羅藝術的起源和西傳 158
偉大的犍陀羅佛教造型藝術 167

阿富汗——佛陀時代真正的佛教中心之一 176
阿富汗的古代佛教藝術 181
阿富汗巴米揚大佛之劫難 196

對於印度的歷史認知誤會 200
印地佛教教派簡史 202

【佛學真諦】

論佛學四諦與康德哲學的三識觀 221

中國佛學的理性主義 231

談佛教的濟世情懷 246

【讀經札記】

佛號善逝 257

關於佛學中的般若學 259

“無智無得”之我見 264

關於法、色、空、無 268

佛學本體論——四大皆空 273

論宗教戰爭 278

偶語與思 280

南無阿彌陀佛 281

讀金剛經：佛為什麼乞討？ 284

讀佛札記：論佛學認識論 286

【雜論】

研究佛學要正本清源 297

聖地五臺之奇遇 299

孫中山先生自述：在普陀山的奇遇經歷 304

譚嗣同佛學及反儒思想散論 306

【補遺】

心經：到達彼岸的終極智慧 337

明代的佛國地理書《法界安立圖》 343

佛陀傳 366

何新著作年表 369

論宗教

1）宗教是一種神秘。

宗教的必要性源於人生的神秘性。

人生是神秘的。

人類與萬物及其他一切物種之不同，在於人類具有靈明之知覺及心性。

人類不僅能感知世界，而且能以理智解讀世界，以理性擬構世界。

2）但是，人類理性是有限的。

正如康德和哥德爾所證明的，人類藉以認知、理解和解釋世界的符號語言及邏輯工具，即理智及理性之邏輯結構以及語言結構具有先天之缺陷，因此不可能終極意義地認知和解釋世界。

事實上，無論從感性或者理性的角度，我們既無法感知和認知宇宙之大（宇觀世界），也無法感知和認知宇宙之小（量子以及微觀世界）。有電子顯微鏡和射電望遠鏡也不行。它們所觀察的物象已經是通過電子霧而虛擬的。人類無法觀測無限。

3）每個人從母胎中從無到有地降生，而後經歷一段從有到無的人生。

在這一短暫的生命旅途中，人似乎是靈明之物，有感、知、情、意、欲（佛家所謂“五蘊”）。但這種生命的短暫醒覺，如同螢火一般微渺，只在瞬間燃放而隨之即永恒地熄滅。

在生命發生之前，我不知自己的靈魂寄身何處。在生命消失之後，我不知自己的靈魂歸向何處。

如帕斯卡所說：人是一株脆弱的蘆葦，既不知自己從何處來，亦不知自己向何處去。人與蘆葦的區別僅僅在於人不過是一株具有自我意識的蘆葦而已。

人生是悲慘的。但是人之價值在於人意識到自己的悲慘，而蘆葦則意識不到自己的悲慘！

4）佛說：人生是苦。

於是，佛從感觀於人間世的萬苦中醒覺。

而今天，雖然幾千年過去，人類在技術層面多有進步，但是人間之苦依然，人生之脆弱依然，人世之動盪依然。

每個人的生命之旅註定是一段悲的歷程——於啼哭中降

生，於啼泣中消逝。

死亡，乃是一切生命所不可逃逭的作為終極悲劇及命運的永恆主題。

在死亡之黑色幕布覆蓋下，一切人生之競爭，壯麗與輝煌，幸與不幸，以及一切權力、權勢、財富、科技、藝術、理性、意識形態，均失去意義。

5）科學技術雖可提供改善人生之手段，卻無法解答人生意義之問題。

在白色之生命與黑色之虛無（死亡）之間存在的唯一橋樑，只有宗教而已。

宗教以對於永恆者和絕對者的信仰，以及以對至善和永恆的信念和追求而解救和超度人生。

6）華夏人古代原是有自主信仰、有自主性宗教的民族。中國人自古崇敬天神、宗社、祖神以及文教神（孔子）。

古代中國人在多數時期，宗教觀是柔和、理性、中道、注重實用而寬容的。中國自周秦以下即實施政教分離。

戰國秦漢以後，中國人主要在佛教哲學中深究本體與終極價值問題。

儒家思想主張敬神而不迷信，注重人生哲學和政治哲學，有意忽略說不清的本體及形而上問題——“對可言說者言說，對不可言說者沉默”（維特根斯坦）。

孔子云：“敬鬼神而遠之”，“不知生焉知死？”——子罕言“性”與“命”。

7）1919年五四“啟蒙”運動精英們鼓吹所謂“德”（民主）與“賽”（科學）崇拜，鼓吹對西方科技主義的迷信，鼓吹無神論。極端唯物論與文化西化論遂在華夏廣為流行，已歷百年，基本摧毀了中國人固有的宗教意識、家國意識、孝悌誠敬與忠信觀念以及中平、寬容（即“中庸”之道）的人文傳統。

華夏人成為一個失去文化本根的精神流浪民族。

8）1966年摧廓一切的虛無主義文化革命，是五四以後一次更極端的破壞性狂潮。

“文革”後留下一片信仰和精神的廢墟。後來，又發生模仿資本主義市場模式的改革進程，拜金主義、市場崇拜主義（包括GDP崇拜），成為主流精英鼓吹而肆虐於人間的“拜物邪教”。

9）石器時代之多神教及萬物有靈論是巫術階段。

一神教之中世紀是信仰（宗教）階段。

啟蒙時代是知智階段。

19—20世紀以來之系統化科學體系是理序階段。

科學以構造自然與社會的理性秩序為根本。

10）近代科學高度自信，聲稱科技的力量使人類能“征服”自然，“知識就是力量”，欲以理序“改造自然”，“重建宇宙”。然而其結果是自然資源的耗竭，人類繁殖力的階梯式倍增以及生態及環境之巨大破壞。

當今人類面臨重大之生存危機。

11）宗教的基礎並非理性（哲學或邏輯），並非科學，而是信仰。

宗教來自天啟。宗教本身承認宇宙神秘，並且承認所謂人類智性不過是一種有限而且卑微的人工符號體系。

宗教使人類懂得對神、對未知者以及對大自然的敬畏，同時賦予人類以一種精神信仰而敢於以精神和勇氣對抗死亡和人間邪惡力量。

12）唯宗教能使人類孤苦的個體靈魂得到救助、超越和解脫。

黑格爾說：

“在宗教中，我們擺脫一切暫存者（der Zeitlichkeit）。宗教——是我們意識的這樣一種範疇：關於創世的一切疑團在其中渙然而釋。深邃的思想之一切矛盾得以消除，情感的一切痛楚趨於緩解。

——它是永恆真理、永恆寧靜、永恆世界之範疇。使人成其為人的，是這樣的思，具體的思，或者更確切地說，是精神。

作為精神的人，創造了複雜多樣的科學、藝術、政治、生活志趣，以及與人類自由意志相關聯的種種關係。但是，所有這些多種多樣的形態以及人類種種關係、行為、欲望的錯綜交織，人們所珍視和推崇的一切，人們視之為其幸福、榮譽和自豪的一切凡此種種，只能在宗教、思想、意識、對上帝（神）的情感中尋得至高的完滿。

因此，上帝（神）是一切之始和一切之終。一切源出於此，一切復歸於此：上帝（神）是核心（Mittelpunkt）！它賦予一切以生命，使一切生命形體具有精神和靈魂，並維繫其存在。”（《宗教哲學講演錄》）

13）宗教並非對宇宙終極真理的解答，而僅僅象徵神靈對人類的啟示。

宗教使人類自知其渺小，自證其渺小。

宗教是宇宙隱秘的神秘主體通過人類中的先知而創立。先知得到啟示但自身並非神靈，所以佛以乞討為生。一切宗教教義都不完滿而且充滿自相矛盾。但是這種種矛盾並不使宗教喪失意義。宗教是神秘的。對宗教歷史和理念內涵的矛盾不可深究。宗教超越人類智性及理性以及語言意識的一切可知領域。要知道，神本身就是矛盾，神不可理解，神超越一切理性。所以神無所不能。因此神是最高境界的神秘。唯神具有神秘力量，全能力量，永恆力量。

14）人信仰真神正神是幸運。人無信仰是不幸。個人持有信仰或執迷不悟，只對個人的人生有關，但對神本身不會增多也不會減少。

誠如黑格爾所說：

“這種自由的關係，既然被規定為情感，即是一種歡娛，我們稱之為福樂。作為活動，它無非是為了顯示神之榮耀和昭示神之偉大。就此而論，人們的行為已非針對自身、自身之得失和榮辱，而是為了絕對目的。所有民族無不知曉：宗教意識正是這樣一個他們可擁有真理的範疇；人們一向將宗教視為其尊嚴及其生活中的節日。使我們恐懼、疑惑、哀傷的一切，以及有限生命的種種憂患和有限制的需求，我們均遺留於那漫無涯際的歲月世界的淺灘上——猶如抵達山，塵世一切那清晰的輪廓盡在遠方。我們沉靜地觀察展現在面前的景觀，遙看具有其一切限制的世界，猶如居於嚴峻的現實之上者，以精神之目光俯視這一現實。現存世界作為這一純淨之域的某種反射，作為映像；其色調、差異和光亮，在精神的太陽照耀之下，在永恆的寧靜中皆被消解歸之於零。”（《宗教哲學講演錄》）

15）蓋人類之精神現象普遍歷經五個階段，即：巫、信、智、理、魔。

巫即巫術，信即信仰，智即知智，理即理序，魔即魔境。

古諺謂“道高一尺，魔高一丈”。魔性勝乎人性，宇宙勝乎人類。故歌德《浮士德》中預言，歷史終以魔性勝乎人性及智性及理序而告終。

老子云：“絕聖棄智。”聖者，知覺。智者，智理。不棄智理，則不能通乎魔境，由道入魔，由魔入無，由無入覺，由覺悟佛。

16）佛學是佛學，佛教是佛教。我研究佛，所關注先是“學”而非“教”。我參證佛，所注重是教，而非學。

予研讀佛經，首先試圖拆破文字障，打通古今中外上下，使之成為凡人亦可以探究之學問。

予未受戒入僧門，有信仰而無執迷，有敬畏而無崇拜。少與和尚來往，是不入宗籍的自修士。

佛言：萬法平等，眾生平等，萬法歸一。唯卑賤者至高貴，聖人、佛法在乾屎橛中。

頂禮南無阿彌陀佛！

《肇論》詮釋

【何新按】

《肇論》，後秦長安釋僧肇作，乃中古中國佛學中關於本體論思辨之重要名著。肇論，即僧肇之論也。

僧肇，釋僧肇，釋謂釋迦，乃僧人之通姓。俗姓張，南北朝時北朝後秦京兆長安（今陝西西安）人。（符健據關中，國號大秦。至符堅末年，姚萇篡立亦號為秦。故史家乃以前後字別之。）生於晉孝武帝太元九年（公元384年），卒於晉安帝義熙十年（公元414年），死時三十一歲。

僧肇壽命雖短，但在中國佛教史上有重要影響。僧肇是鳩摩羅什門下最有影響的弟子之一。他曾親自參與其師鳩摩羅什主持的大規模譯經活動。

鳩摩羅什全面系統地譯出了大乘佛教空宗的理論經典，故而僧肇就有機會完整地吸取關於般若性空的佛教思想，並進行深入細緻的研究，寫下一系列論著，對魏晉以來流行的佛教般若學各派學説進行總結（般若，梵語謂大智慧。謂般若學，涉及本體與思維及我性之關係）。所謂空宗，即本體及意識皆空無之論。

僧肇的著作甚多，而以《肇論》最為出名。因他法諱肇，故所論稱《肇論》。《肇論》闡述了大乘佛教般若性空的學説。由於在般若學（相當於西哲之認識論）研究方面所取得的成就巨大，故所論或被稱譽為“東土解空第一”。

《肇論》主要由四篇論文組成，即《物不遷論》、《不真空論》、《般若無知論》、《涅無名論》。

僧肇本傳略云：僧京兆人，歷觀經史備盡墳籍。志好玄微，每以莊老為心要。故歎曰：美則美矣。然其棲神冥累之方猶未盡善後。見舊《維摩經》，歡喜頂受；乃言始知所歸矣。因此出家，學善方等，兼通三藏。聞羅什在姑臧，自遠從之。什嗟賞無極，及什來長安，肇亦隨入。姚興敕令入逍遙園詳定經論。所著《肇論》（四論）並注《維摩經》，及製諸經論序，並傳於世。

緒論：宗本義

何按：宗當讀綜、總。宗本義，即總論全經本義也。

〔舊疏：宗本義四論所崇曰宗。本謂根本通法及義。法有通別，通者，即實相之一心。中吳淨源法師云：然茲四論宗其一心。然四論雖殊，亦各述此一心之義也。別者，即四論所宗各殊。所以爾者，非一心無以攝四法，非四法無以示一心。即一是四即四是一。義謂義理，依前法體以顯義相。法通義通，法別義別。此中四

段之義如其分齊，是下四論之所宗，據此非宗本無以統四論，非四。〕

經文：本無，實相。

何按：本，本體，本質，本性。“本無”二字實際就是一種悖論：

（1）有所謂本體，而此本體是無。

（2）根本無有所謂本體。

實，實體。相，《説文》：“省視”，相之本意為目測樹木之高矮，引申，所見曰“相”，略對應今語之“現象”。陳康嘗以“相”譯西哲柏拉圖之“意締”（Idea）。

相、象二概念有微妙之不同。目所見之物象曰“相”（主觀），物所現之象曰“現象”（客觀）曰“象”。實相：所謂“實體”只是主觀之“相”。

經文：法性，性空，緣會；一義耳。

何按：佛經言法，殊難正解。其語源本梵語Daharma，即達摩也。法，一指律法，二則萬物皆法，包括法則，律法，規律，道法，方法。所謂“萬法”也。

法性，性空：即萬法本於一性，此性（本性）是空無。

緣，攀聯曰緣，遭際曰緣，偶然曰緣。會，覆合曰會。

經文：何則？一切諸法，緣會而生。緣會而生，則未生無有，緣離則滅。

何按：何則，為何，為什麼？一切不同的“法”，都是攀援因果而發生。攀援因果而發生，則不發生就等於不存在，離開因果即消失。

經文：如其真有，有則無滅。以此而推：故知雖今現有，有而性常自空。性常自空，故謂之性空。

何按：如果法、物以及物法都是真有，那麼應當永存不滅。以此推理：就知道雖然當前為有，本性實際是空幻。本性是空幻，所以實體本性是空幻的。

經文：性空，故；故曰法性。

何按：本性是空幻的，所以。所以萬法也空幻。

經文：法性如是，故曰實相，實相自無。非推之使無，故名本“無”。

何按：萬法本性如此（空幻），所以說實存的只是所見之“相”。而“相”的本體是空無。而且並非推論才知它是空無，而是它本身就叫空無。

經文：言不有不無者，不如有（正）見、常見之有，邪見、斷見之無耳。

何按：邪見，與正見相反之偏見。斷見，不常見。

經文：若以有為有，則以無為無。夫不存無以觀法者，可謂識法實相矣。雖觀有而無所取相，然則法相為無相之相。

何按：如果以為存在是存在，也就以為不存在即虛無。

但不從空無處觀照萬法，才算是知道法的真實本相。對所見存在不執著，萬法的本相是空幻之相中的相。

經文：聖人之心，為住無所住矣，三乘等觀性空而得道也。性空者，謂諸法實相也。

何按：聖人之心，住於虛無之所。本性為空幻，一切所謂“法”，實體也都是“相”。

經文：見法實相，故云正觀。若其異者，便為邪觀。

設三乘不見此理，則顛倒也。是以三乘觀法無異，但心有大小為差耳。

“漚和般若”者，大慧之稱也。諸法實相，謂之“般若”。能不形證，漚和功也。適化眾生，謂之“漚和”。

不染塵累，般若力也；然則般若之門觀空，漚和之門涉有。

何按：漚和者，漚和俱羅舍，梵語，舊譯方便智慧（般若），感知也。

〔《般若波羅蜜多心經》詮注：“漚和俱舍羅波羅蜜。”漚和俱舍，此云善巧方便。隨機利物，稱適緣宜也。菩薩運平等大慈之心，教化眾生，不生厭倦，是名漚和俱舍波羅蜜。〕

經文：涉有未始迷虛，故常處有而不染。不厭有而觀空，故觀空而不證，是謂一念之力，權慧具矣。一念之力，權慧具矣，好思，歷然可解。

何按：有者，存在。空者，空無。權慧者，智慧，智性也。

〔《維摩詰經》解：權智又稱有智，後得智，或稱為方便（梵語稱漚和）。就一般而言，通達事物本來是空即真諦的道理，應是實智。般若實智是觀空，漚和方便是涉有；涉有並不失實相空性，所以菩薩常處三界，不被諸惑所染。〕

經文：泥洹盡諦者，直結盡而已，則生死永滅。故謂（何按：在此當增一“無”字）〔無〕盡耳；無復別有一盡處耳。

何按：直結，了結。盡，有限。生死永滅，則無生無死，即無盡，無限。

（以上宗論）

物不遷論

【解題】何按：遷，移也，變也。不遷即不移不變。物不遷，乃以空間概念借喻時變，謂物變為幻，同一為真，故“物、法”歷幻變而仍不變，此同一性，即物不遷變也。

古西方哲學有巴門尼德，主張變易為假像，一切為一，與此物不遷論同理也。

【經原文】（何新句讀標點）

經文：

夫生死交謝，寒暑迭遷，有物流動，人之常情。

【何按："物"在時間坐標（"寒／暑"）系統中發生"相變"（"生／死"）。這種"相變"造成物態在時間坐標系統中變遷流動的感覺。】

余則謂之不然。何者？放光云：法無去來，無動轉者。尋夫不動之作，豈釋動以求靜？必求靜於諸動。故，雖動而常靜，不釋動以求靜。故，雖靜而不離動。

【何按："雖動"而"常靜"。動變之假相，動變之後有恆靜不動者，是謂本體即"真如"。】

然則動靜未始異，而惑者不同，緣使真言滯於競辯，宗途屈於好異。

所以靜躁之極，未易言也。何者？夫談真則逆俗，順俗則違真。違真，故迷性而莫返。逆俗，故言淡而無味。

緣使中人未分於存亡，下士撫掌而弗顧。近而不可知者，其唯物性乎？然不能自己，聊復寄心於動靜之際。豈曰必然？

試論之曰：道行云，諸法本無所從來。去亦無所至。中觀云，觀方知彼去，去者不至方。斯皆即動而求靜以知物不遷，明矣。

【何按：尋求認知動變中之恒靜不遷者。】

夫人之所謂動者，以昔物不至今，故曰動而非靜。我之所謂靜者，亦以昔物不至今，故曰靜而非動。

動而非靜，以其不來。靜而非動，以其不去，然則所造未嘗異，所見未嘗同。逆之所謂塞，順之所謂通。苟得其道，復何滯哉？

傷夫！人情之惑也久矣。目對真而莫覺，既知往物而不來。而謂今物而可往，往物既不來。今物何所往？

何則？求向物于向，于向未嘗無。責向物於今，於今未嘗有。於今未嘗有，以明物不來。于向未嘗無，故知物不去。

【何按：以上對物本體不變的論述，與古希臘人巴門尼德的恒有論相似。】

覆而求今，今亦不往。是謂昔物自在昔，不從今以至昔。今物自在今，不從昔以至今。故仲尼曰：回也見新，交臂非故。如此，則物不相往來，明矣！

既無往返之微朕，有何物而可動乎？然則旋嵐偃岳而常靜，江河競注而不流。野馬飄鼓而不動，日月歷天而不周。復何怪哉？

噫！聖人有言曰：人命逝速，速於川流。是以聲聞，悟非常以成道，緣覺覺緣，離以即真。苟萬動而非化，豈尋化以階道？覆尋聖言，微隱難測。若動而靜，似去而留。可以神會，難以事求。是以言去不必去，閒人之常想。稱住不必住，釋人之所謂往耳。

【何按：聖人似指孔子。孔子觀於川曰："逝者如斯夫。"譯經者借其語而設喻也。】

豈曰去而可遣，住而可留也？故成具云：菩薩處計常之中，而演非常之教。摩訶衍論云："諸法不動。無去來處。"斯皆導達群方，兩言一會，豈曰文殊，而乖其致哉？是以言常而不住，稱去而不遷。

【何按：在現象之變中，本體守恆。文殊，即曼殊，梵語Manjusr，直譯文殊舍利或曼殊室利。意為美妙、雅致，慈愛，美妙吉祥。】

不遷，故雖往而常靜。不住，故雖靜而常往。雖靜而常往，故往而弗遷，雖往而常靜，故靜而弗留矣。然則莊生之所以藏山，仲尼之所以臨川，斯皆感往者之難留，豈曰排今而可往？是以觀聖人心者，不同人之所見得也。

何者？人則謂少壯同體，百齡一質；徒知年往，不覺形隨。是以梵志出家，白首而歸。鄰人見之曰：昔人尚存乎。梵志曰：吾猶昔人，非昔人也。鄰人皆愕然，非其言也。

【何按：梵志，王梵志。梵志語："吾猶昔人，非昔人也"，我還是當年之人，但已不是當年之人——一個時態性本體悖論。

〔王梵志，隋末唐初僧人。善吟詩，故號詩僧，常以詩言寓意佛理，敦煌出土文獻中有《王梵志詩》。〕】

所謂有力者負之而趨，昧者不覺，其斯之謂歟？！是以如來因群情之所滯，則方言以辯惑。乘莫二之真心，吐不一之殊教。乖而不可異者，其唯聖言乎？

【何按：昧者，盲者也。"如來"，梵語，Tathagata，音譯"多陀阿伽陀"，音譯tatha是"如"，agata是"來"。"如來"，即此在，真在也。故又譯作"真如"，真如即真理也。

莫二，不二，所謂不二法門也。聖言者，佛所教也。】

故談真有不遷之稱，導俗有流動之説。雖復千途異唱，會歸同致矣。而徵文者聞不遷，則謂昔物不至今。聆流動者，而謂今物可至昔。既曰古今，而欲遷之者。何也？

是以言往不必往，古今常存，以其不動。稱去不必去，謂不從今至古，以其不來。不來，故不馳騁於古今。

【何按：蘇軾《赤壁賦》："自其變者而觀之，而天地曾不能以一瞬。自其不變者而觀之，則物與我皆其無盡也。

而又何羨乎？”此論與“物不遷論”實同一義也。】

不動，故各性住於一世。然則群籍殊文，百家異說。苟得其會，豈殊文之能惑哉？是以人之所謂“住”，我則言其“去”。人之所謂“去”，我則言其“住”。然則去住雖殊，其致一也。

【何按：《金剛經》：“如來者，即諸法如義。”（即真理，真義也）又：“如來者，無所從來，亦無所去，故名如來。”

《成實論》：“如來者，乘如實道來成正覺，故曰如來。”

《轉法輪論》：“如實而來，故名如來。”“涅名如，知解名來。正覺涅故名如來。”

《行宗記》：“真如平等，體離虛妄，故曰如實。乘履此法出現利生，故得此號。”

以上諸經，可證“如來”本義乃“如實而來”、“如實道來”——即真如者，真理也。而釋迦佛有十大稱號，其一曰“如來佛”。其義謂：乘如實之道而成正覺。故如來佛者，乃真理之佛也。

又梵文“來”訓agata，“去”訓gata，釋迦佛又有名號“sugata”。su，善、好、妙。gata，去、走。sugata即“好去”，音譯修迦陀。

如來、如去，即無來無去，非來非去——喻恒在者也。

密宗有“大日如來”，出梵語Maha-rairocaha，是密宗至高無上的本尊。大日者，太陽，太光明也。大日如來，即日光普照之真理佛陀也。】

故經云：正言似反。誰當信者？斯言有由矣。

何者？人則求古於今，謂其不住。吾則求今于古，知其不去。

【何按：正言似反，譯經者用老子之言也。】

今若至古，古應有今。古若至今，今應有古。今而無古，以知不來。古而無今，以知不去。若古不至今，今亦不至古，事各性住於一世。有何物而可去來？

【何按：古埃利亞人巴門尼德（Pamennides of Elea約前5世紀人），在其名著《論自然》中，斷言“惟存在者存在”，“存在者永在且是唯一之在”。“沒有事物會改變，我們的感官認知（所見之變）是虛幻的。”“存在者不生不滅”，“永恆、唯一”。其所論與“物不遷論”實乃同義。

巴門尼德乃是蘇格拉底與柏拉圖的教父。柏拉圖對話錄中有“巴門尼德”篇，代表了古典希臘哲學中最深刻的本體論思辯。是本體“同一律”以及邏輯“同一律”的最早提出者（參看黑格爾《哲學史講演錄》第一卷。但羅素《西方哲學史》關於巴門尼德的講論完全是盲人摸象言不及義的妄解謬說）。】

然則四象風馳，璿璣電卷，得意毫微，雖速而不轉。是以如來功流萬世而常存，道通百劫而彌固。成山假就於始簣，修途托至於初步。果以功業不可朽，故也，功業不可朽。故雖在昔而不化，不化故不遷。不遷，故則湛然明矣。故經云：三災彌綸，而行業湛然。信其言也！

【何按：四象，喻四季也。璿璣，喻宇宙也。青龍（春）、白虎（秋）、朱雀（夏）、玄武（冬），古中國天文學家將天體恒星分為四象，分別象徵四季之神靈。又以璿璣玉衡星（即北斗星）象徵宇宙天體之運轉。譯經者借此為喻也。】

何者？果不俱因，因因而果。因因而果，因不昔滅。果不俱因，因不來今。不滅不來，則不遷之致明矣。復何惑於去留，躕於動靜之間哉？

然則乾坤倒覆，無謂不靜。洪流滔天，無謂其動。苟能契神於即物，斯不遠而可知矣。

物不遷論（終）。

【何按：任外物之變，吾心不變而始終守持寧靜。

以宇宙不動變之堅定，喻修行明性之正心，即是此篇之宗旨。】

（2011年9月2日原載何新博客）

《心經》新詮

一、《心經》釋名

根據佛書：摩訶，大。〔《大智度論》卷三（大二五·七九中）：“摩訶，秦言大，或多，或勝。”〕般若，智慧。摩訶般若——大智慧。波羅蜜——彼岸。多——達也，即上岸，到達。摩訶般若波羅蜜多，指完成醒覺。心經——即明心見性的心證之經。

二、緣起

傳説：釋迦牟尼在靈鷲山中禪定，眾弟子圍繞。

觀自在菩薩（菩薩——醒覺者、大修士，即民間所説觀世音菩薩）修習“三摩地（三昧）禪定，”專注思惟觀修，徹悟五蘊設色，皆自性空。於是發生經中的對話——觀自在修者（菩薩）與舍利弗修者（菩薩），有關萬物本性虛空的盤道與問答。

釋迦牟尼出定後，認可觀自在菩薩所說，歡喜讚歎。

三、何新譯文（據玄奘本）

【上篇】

1）觀照自心大修士

2）以深刻般若智慧求解脫而完成：

〔附注：多，達到，完成。時，古義通是。是，確定。〕

3）徹悟一切現象、感知、意志、做為、欲念（五蘊）都是空幻

〔附注：五蘊，拉丁文梵語pañca-skandha，又作五陰、五眾、五聚。蘊，音譯作塞健陀，乃積聚、類別之意。即類聚總一切有為法之五大類別，包括：色、受，想，行，識。〕

4）於是而超越一切苦厄——

5）舍利子（說）：

6）明白現象與空幻無不同

7）空幻與現象無不同

8）現象就是空幻

9）空幻就是現象

10）一切感受、意想、行為、意識

11）無不如此

〔附注：以上舍利子說〕

12）舍利子！

13）存在本體也是空幻表像

14）本體不產生也不消滅

15）不污染也不乾淨

16）不增加也不減少

17）所以本原真空無現象

〔附注：以上觀自在說〕

【中篇】

18）不存在感受、念想、行為、意識

19）不存在眼所見、耳所聞、鼻所嗅、身所感、意所念

20）不存在現象、聲音、味道、感觸、本體

21）不存在眼睛所見世界

22）也不存在心靈意想世界

23）無見黑暗（無明）也無見光明（無明盡），

24）無見衰老、死滅

也不見不衰老、死滅者

25）出離痛苦、聚散、死滅、修行（四諦）

26）無知智也無世界（不得之空，十八空）

27）由於知智求不得

28）所以修行者啊！

29）只能依照般若智慧渡向彼岸

30）那麼，內心再無障礙

31）內心無障礙——

32）那麼，即沒有恐怖的事情

33）就遠離真幻顛倒的夢想
34）而達到終極解脱圓滿之境界！
35）擺脱過去、現在與未來（三世諸佛）
36）以般若智慧渡向彼岸
37）得到超越無上之大智慧
〔附注：以上觀自在説〕

【下篇】

38）所以，以般若智慧而渡向彼岸——
39）就是廣大神通的祝願！
40）就是廣大光明的祝願！
41）就是至高無上的祝願！
42）就是普遍無限的祝願！
43）消除一切苦難
44）達到真實不妄之境
〔附注：以上佛説〕
45）所以念誦，般若智慧而渡向彼岸的祝詞
46）誦讀祝詞——
47）“歸去！歸去！
48）超越，歸去！
49）尋找智慧，寧靜，超越一切！
50）渡向彼岸，醒覺生命”
〔附注：以上佛領眾人説〕

四、《心經》唐玄奘譯本

一

1 觀自在菩薩，2 行深般若波羅蜜多時，3 照見五蘊皆空，4 度一切苦厄

5 舍利子：6 色不異空，7 空不異色，8 色即是空，9 空即是色，10 受想行識，11 亦復如是

12 舍利子！13 是諸法空相，14 不生不滅，15 不垢不淨16 不增不減，17 是故空中無色——

二

18 無受想行識，19 無眼耳鼻舌身意，20 無色聲香味觸法，21 無眼界，22 乃至無意識界。

23 無無明，亦無無明盡，

24 乃至無老死，亦無老死盡。

25 無苦集滅道，

26 無智亦無得。

27 以無所得，

28 故，菩提薩埵，29 依般若波羅蜜多，30 故心無掛礙。

31 無掛礙，32 故無有恐怖，

33 遠離顛倒夢想，34 究竟涅槃，35 三世諸佛，

36 依般若波羅蜜多，37 故，得阿耨多羅三藐三菩提。

三

38 故知，般若波羅蜜多，

39 是大神咒，40 是大明咒，41 是無上咒，42 是無等等咒，

43 能除一切苦，44 真實不虛。

45 故說：般若波羅蜜多咒。46 即說咒曰：

47 "揭諦揭諦，48 波羅揭諦！

49 波羅僧揭諦，50 菩提薩婆訶。"

五、《心經》的現代考釋

《心經》自古有多種譯本：鳩摩羅什所譯《摩訶般若波羅蜜大明經》一卷（日本弘法之《心經秘鍵》，即此本之解釋也，但其題號為《佛說摩訶般若波羅蜜多心經》）。

玄奘所譯《般若波羅蜜多心經》一卷，華嚴之賢首釋之，謂為《心經略疏》。慈恩又有《般若心經幽贊》一卷。

其他有唐利言譯之《般若波羅蜜多心經》一卷，唐法月重譯《普遍智藏般若波羅蜜多心經》一卷，宋施護譯之《佛說聖佛母般若波羅蜜多經》一卷，等。

《心經》現代研究者認為，此經文是前1世紀的貴霜帝國（月氏人建立，今日阿富汗、巴基斯坦地區）境內的佛學高僧所撰寫。

美國佛學研究者Pine（2004）認為，作者是佛教上座部

二十部派之一的説一切有部的僧侶。《心經》最早被翻譯成漢語的記載是在公元200–250年間由月氏和尚支謙所譯。

這部經文宣講空性和般若，被認為是大乘佛教第一經典和核心要義，也是世界上最被人廣知最流行的佛教經典。英國佛學者Edward Conze（2000）認為，這篇經書屬於般若波羅蜜教派發展四階段的第三階段時期著作。作為該教派精要短篇的《般若波羅蜜心經》與《金剛般若波羅蜜經》對大乘佛教的發展影響深遠。同時《心經》與禪宗的經典有異曲同工之處，而《金剛經》則被禪宗奉為至高無上的經典。

經文中的觀自在菩薩，即中國人所參拜的觀世音菩薩。菩薩，即修行人。舍利子，即舍利弗，亦釋迦牟尼十大弟子之一，以智慧第一著稱。舍利子又作舍利弗多、舍利弗羅、舍利弗怛羅、舍利弗多羅、奢利富多羅、奢利弗多羅、奢唎補怛羅、設利弗咀羅。意譯鶖鷺子、秋露子、鴝鵒子、鴝鵒子等。梵漢並譯，則稱舍利子、舍梨子。梵語putra（弗），意謂子息。傳説其母為摩伽陀國王舍城婆羅門論師之女，出生時以眼似舍利鳥，乃命名為舍利；故舍利弗之名，即謂舍利之子。又名優波底沙，或作優波提舍、優波帝須等。意譯大光。

（2016年3月23日原載何新博客。2019年01月30日修訂重刊。）

讀《心經》札記

——重要語詞略注

道高一尺 魔高一丈

不增不減如其來，亦在亦遷隨化開。
浮世徒驚錫杖響，大千明月照樓臺。

【觀自在菩薩】

觀自在菩薩，即觀音菩薩。

觀自在菩薩，源自梵語avalokite-svara，音譯“阿婆盧吉低舍婆羅”。“娑伐羅”（svara）意思為“自在”，“存在”，哲學意義則可釋為“自由”。avalokitesvara，此詞梵文的本意是：“觀看（世相）的得自在者”，故玄奘法師譯為“觀自在菩薩”。

佛學者謂：avalokita-svara 由兩個梵文合成即：avalokita＋isvara。avalokita 意即“觀看”、“照見”，“觀照”、“審視”。“isvara”意思為“聲音”。

故Avalokita-svara可意譯為“觀音”。

在早期的佛經中，梵語“阿縛盧枳低濕伐邏”竺法護和尚譯為“光世音菩薩”，南北朝姚秦時的鳩摩羅什法師譯為“觀世音菩薩”。有人認為，因唐太宗李世民的本名當中有個“世”字，為了避諱，故唐人將“觀世音菩薩”改稱為“觀音菩薩”。但清涼澄觀法師指出在梵文古本中存在“觀自在”與“觀世音”兩種不同的名稱。1927年新疆出土的古抄本中，以Avalokita-svara為觀音菩薩的名稱，證實了他的說法。

鳩摩羅什出生在西域地區，所見的應該就是這個版本。因此，觀音菩薩並非是因為避諱而出現的名稱。根據宋代玄應的說法，這是來自於古印度不同地區方言所導致的異名。

【觀自在】三字是雙關語，其顯意是指觀世音菩薩名；其密意是指在入定時要觀——自在。

【觀】接受，觀照。

【世音】（宇宙信息）。

【自在】自然而在的，以及自在，自然與自由。

【菩薩】

（1）是bodhisattvaa“菩薩摩訶薩”的音譯，本意為“覺有情”、“導眾生”的大士。

（2）菩薩，菩提薩埵（梵文：bodhisattva）之略稱，過去曾譯作菩提索多、冒地薩怛縛、或扶薩。

Bodhi（菩提）意為“覺悟”，satto或sattva 意為“有情”，譯成漢語的意思為“覺有情”——有情，即情感、情欲、感情。覺有情，倒裝語，即得解脱於情欲者，得從情欲中解脱者。

【摩訶】意為“大”。

【薩】為“薩埵”的略音，意為“有情”或“眾生”。

【摩訶薩】指引導救度眾生，使之得度脱生死。

〔對觀音菩薩的譯法歷史上曾經有一段公案。觀音菩薩的語源一是“阿婆盧吉低菩薩”（avalokite-svara），一是“阿縛盧枳低-濕伐邏菩薩”，濕伐羅（svarai）的意思是世音、聲音。1927年新疆出土古抄本中，發現Avalokite-svarai-svara為觀音菩薩的名稱。

鳩摩羅什（Kumarajiva）在《妙法蓮華經觀世音菩薩普門品》中，據svarai-svara譯為觀世音（世界之音）菩薩。

玄奘在《大唐西域記》卷三中則以為此譯不妥，謂阿縛盧枳多（avalokite）當譯為“觀”（觀照），伊濕伐羅（isvara）則應譯為“自在”，即觀自在菩薩。玄奘曰：“……即縛盧枳多譯曰觀，使濕伐羅譯曰自在，舊譯為光世音或云觀世音或觀世自在皆訛謬也”（《大唐西域記》）。〕

【諸菩薩】大乘佛教認為菩薩可以有在家與出家兩種。菩薩有兩種身：一為生死肉身，一為去法性恒生身。

三賢位之菩薩，若未證法性，仍有惑業，受三界生死為前者；證得無生法忍性，舍離三界生死肉身，得不生不死為去法性恒生者。

觀自在菩薩，合起來説，就是觀照自心，不為世間或出世間的萬物所動，心中住寂。

大乘佛教認為，人人都是菩薩——從初發心（初信位的菩薩）到覺有情，到絕斷情根，到圓滿成佛（大覺大智者），總共有五十二個階位，即菩薩五十二位。

南傳佛教認為，菩薩是在佛法失傳之後，在未來成佛、重新開啟正法之教的修行者，南傳經典提到的菩薩只有兩位，即成佛前的釋迦牟尼和未來佛彌勒菩薩。此外，上座部佛教所定義的菩薩也包括了一切發願在未來成為佛陀聖弟子的修行者，即聲聞菩薩。菩薩的主要修行內容就是十度波羅密。

又有認為，菩薩是佛的協侍（助手），每位佛有兩位協侍菩薩：西方極樂世界阿彌陀佛有兩位協侍菩薩觀世音菩薩和大勢至菩薩（西方三聖）。

現在娑婆世界釋迦牟尼佛的協侍為文殊菩薩和普賢菩薩（華嚴三聖）；東方琉璃光世界藥師佛的協侍為日光普照菩薩和月光普照菩薩（藥師三尊）。

【菩薩異名】

大乘佛教佛經稱某些菩薩在遠古已成佛，如觀世音菩薩，過去佛號正法明如來，他們以大慈悲心，為度眾生示現菩薩形象，重入世間教化救援。

佛經中菩薩的異名還有：開士、大士、尊人、聖士、超士、無上、自在、勇健、大道心成眾生、身業無失語業無失意業無失、身業清淨語業清淨意業清淨、身業無動語業無動意業無動等。

【觀世音菩薩】

在小乘和密宗中，觀音菩薩是西方極樂世界教主阿彌陀佛座下的上首菩薩，同大勢至菩薩一起，為阿彌陀佛的左、右協侍菩薩，並稱“西方三聖”。同時祂也是中國佛教四大菩薩之一。

觀世音菩薩是東亞民間普遍敬仰崇拜的菩薩，在各種佛教圖像或造像中觀世音菩薩像也最為常見，而且種類繁多，變化極大。佛經說觀世音菩薩的悲心廣大，世間眾生無論遭遇何種災難，若一心稱念觀世音菩薩名號，菩薩即時尋聲赴感，使之離苦得樂，故人稱“大慈大悲觀世音菩薩”，為佛教中知名度最高普救眾生的大菩薩。

“觀世音菩薩”從字面解釋就是“觀察世間聲音”的菩薩，出自《妙法蓮華經》之《觀世音菩薩普門品》：“若有無量百千萬億眾生，受諸苦惱，聞是觀世音菩薩，一心稱名，觀世音菩薩即時觀其音聲，皆得解脫。”又說：“若有眾生，多於淫欲，常念恭敬觀世音菩薩，便得離欲。若多瞋恚，常念恭敬觀世音菩薩，便得離瞋。若多愚癡，常念恭敬觀世音菩薩，便得離癡。”

另一重意思則出自《楞嚴經》。觀世音菩薩以聽音方法契入法性，證得耳根圓通，修成正果。

【觀音菩薩具三相】

觀世音菩薩或有說為男相者。

實際上，觀世音菩薩是具三相合一之神。

【觀世音菩薩是濕婆神的佛教變身】

觀世音菩薩實際是古印度教中濕婆之神的佛教轉型。

svarai乃娑伐羅菩薩（svarai-svara），是婆羅門教的濕婆神 Siva（創造與毀滅之神）的變身。

印度教認為濕婆神是喜馬拉雅山的女兒，被稱為大母之神。婆羅門教及印度教（濕婆派）信徒，均奉濕婆為宇宙之最高神，有地、水、火、風、空、日、月、祭祀八種化身，認為濕婆是宇宙的創造者。

在小乘及大乘佛教的一些教義中，濕婆神被視為位居十地（最高界菩薩）法雲地的聖者。

佛教文獻稱濕婆為大自在天（Mahe vara，摩醯首羅），住色界（現象界）之頂，為三千界之主。

濕婆是密教護法神之中的大黑天（Mahākāla，摩訶迦羅）。

濕婆神體系三相神，住在岡仁波齊聖山（喜馬拉雅山）。法器是三叉戟Trishula，配偶是雪山神女，坐騎白公牛南迪（轉型為白象）。

觀世音菩薩信仰在七世紀傳入西藏，在藏傳佛教中叫做“Chenrezig”，以四臂觀音的法相為主，達賴喇嘛被認為是其化身。

宋朝以前，觀世音菩薩為男性形象，《華嚴經》中形容觀世音為勇猛丈夫，《悲華經》則稱善男子，因為諸佛菩薩本無男女之相，乃是因為觀世音菩薩本願中有隨願因緣化身救度的誓願，所以大眾依願可化為女性形象，以女性的母愛和慈悲來感化救度眾生。

【其他傳説】

在大乘佛教的信仰中，觀音菩薩是阿彌陀佛西方淨土中的大菩薩，如《無量壽經》記載觀世音菩薩與大勢至菩薩同為西方極樂淨土中阿彌陀佛的左右脅侍菩薩。

《悲華經》敘述阿彌陀佛於過去生中曾為轉輪王無諍念，他有一千個兒子，長子名不眴，他出家之後，即號“觀世音”；在久遠的將來，阿彌陀佛涅槃後，他將候補成佛，號“普光功德山王如來”。據《悲華經》卷二記載，觀世音本名不煦，是無量劫前轉輪王無諍念的長子，因為其在寶藏佛前發願：“願我行菩薩道時，若有眾生遭受種種苦惱恐怖，退失追求正法的信念和力量，墮落到沒有光明的大黑暗處，身心不安憂愁孤獨貧窮困苦，沒有人可去請求保護，沒有依靠也沒有屋舍。如果他能夠憶念我，稱念我的名號，那求救的音聲被我天耳所聞，被我天眼所見，如是一切苦難眾生，若我不能為其免除如此種種痛苦煩惱，則終不成就阿耨多羅三藐三菩提佛果。”

寶藏佛即為他授記：“善男子！汝觀人天及三惡道一切眾生，發大悲心。欲斷眾生諸煩惱故，欲令眾生住安樂故，善男子！我當字汝為觀世音。”此說菩薩因地具大悲心，普令眾生離苦得樂，因此寶藏佛為其命名觀世音。

不空三藏所譯出的密教《大樂金剛不空真實三昧耶經般若波羅蜜多理趣釋經》中認為無量壽佛（阿彌陀佛的另一名稱），又名“得自性清淨法性如來”、“觀自在王如來”，在西方清淨佛土中，他即現佛身。但在五濁惡世中，他即以觀自在菩薩的形像出現。

不空三藏所譯《大方廣曼殊室利經》又說，觀世音菩薩將以“平等光明普照如來”的名號成佛，但在此經中並未提及他與阿彌陀佛的關係。

而在其他經典上說此觀世音菩薩，於過去無量劫中，早已究竟成佛，名號正法明如來，釋迦牟尼佛曾經是他的弟子。由於他的大悲願力及所發菩提心，為了安樂一切眾生成就一切眾生的道業，故仍然示現為菩薩。因祂以救苦救難為己任，故在民間的影響極為深遠。

【漢地傳說】

慈航真人：

據《歷代神仙通鑒》卷記載：普陀落伽岩潮音洞中有一女真，相傳商朝時修道於此，已得神通至道，發願欲昔度世間男女。嘗以丹藥及甘露水濟人，南海人稱之曰“慈航大士”。

妙音神女：

據李善注引道教《靈寶經》曰：禪黎世界墜王有女，字妙音。年至四歲仍不言，王怪之，乃棄于南浮桑之阿空山之中。女無糧，常日咽氣，引月服精，自然充飽。忽與神人會于丹陵之舍，柏林之下。妙音右手題赤石之上。語妙音：汝雖不能言，可憶此文也。遣朱宮靈童，下教妙音治弟之術，授其采書入字之音。於是能言。于山出，還在國中。國中大枯旱，地下生火，人民焦燎，死者過半。穿地取水，百丈無泉。王卻懼。女顯其真，為王仰嘯，天降洪水，至十丈。於是化形隱影而去。

送子觀音：

《妙法蓮華經·觀世音菩薩普門品》中記載祈求觀音大士，“設欲求男。禮拜供養觀世音菩薩。便生福德智慧之男。設欲求女。便生端正有相之女”，善男信女至誠皆有感應。故許多不孕婦女，皆向觀音菩薩求禱，希望能有子嗣。而廟宇也以觀音菩薩懷抱幼童作為造像，是為送子觀音。

魚籃觀音：

宋朝，蔡襄貶為泉州太守。當時泉州洛陽江，時常有人渡江溺斃，蔡襄不忍，於是發願興建萬安橋（洛陽橋），觀音菩薩化身為一位手提魚籃的美麗少女，向公眾籌募建橋經費，該化身被稱為“魚籃觀音”。

媽祖——馬祖（馬郎婦觀音）：

《佛祖統紀》記載，唐憲宗時陝右男子性喜騎射，嗜殺無度。一日市街上，忽然出現一名絕世美女，公開演講，要求眾人信仰佛教，戒除殺生。並且發下豪語，願嫁給三日之內熟背《妙法蓮華經》的男子。眾人聞說，皆返家背經，惟法華一書，卷帙浩繁，人皆苦之。有一馬姓少年博聞強記，三日不寐，遂能背誦此經，娶得美女返家，但回家成婚時，美女已經病死。馬郎甚哀而殮之。啟棺時，美女遺體不見，只留下一張觀音菩薩之畫像。人稱美女為觀音菩薩化身，是謂“馬郎婦觀音”。

【行深般若波羅蜜多時】

行，體行，實踐也，行求也。

深，深刻、深入也。

句義：觀照自由的大士，以智慧求超越解脫多時。

【照見五蘊皆空】

徹悟人的一切感知、意志、追求、欲念都是空幻。

【五蘊】

五蘊，佛經又稱“五陰”，五覺也。即色、受、想、行、識，亦稱五根境，指人對現象的五官知覺（視覺、聽覺、嗅覺、味覺、觸覺）。

蘊，古漢語當讀為覺或欲、欲求、欲念之欲。泛指五種知覺。

佛學認為人由五蘊而知覺世界。人有五陰（五蘊），色受想行識；於中起苦樂想，名為五受陰，又名五蘊。

“入靜反照，照見五蘊淨（空），清淨本能，覓之了不可得，故曰照見五蘊皆空。”

【色】

色彩，幻色，色覺。

佛學所言之色，相當於Kant（康德）哲學所言之“現象”。

五蘊所言色，指視覺。

“受”，受覺，是對世界的體覺感受。

“想”，想念，是對外界的思考。

“行”，行為，作為，動作。

“識”，古音“識”讀為志：1）識為知，知。2）為志，意志。

【空】

空幻。空不是無，不是絕對的虛無，空是“零”。0是一個數，但是非限量的數，絕對大（至大）也絕對小（至小）。

空是存在，虛無體的存在。人的主觀世界，感、知、行、志，本體都為空幻。

【度一切苦厄】

度，超度，即超越。苦厄，苦惡、苦難。

【舍利子】

舍利（梵文： sarira，拼音：Shèlì），又作堅固子、舍利子、設利羅。

舍利子漢語音譯為“設利羅“。

有二義：

1）舍利子，本意寶石。釋迦牟尼死後火花化身為舍利子，五色如寶石體。。

2）舍利子即“舍利弗”，佛祖十大弟子之一，梵文Sariputra的音譯。另譯為鶖鷺子。號稱“智慧第一”。

《阿含經》喻示：佛的弟子舍利弗尊者，回到自己的家鄉，入了涅槃。他的弟子均提沙彌，如法的火化了以後，把舍利骨灰帶回去見佛，非常的悲傷。佛就問他：“均提！你和尚入滅了，他無漏的戒定功德，和深廣的智慧，也都過去而沒有了嗎？”“沒有過去。”“既然生死苦滅去了，一切清淨功德都不失，那何必哭呢！”這是同於大乘涅槃，具足功德的見地。

【色不異空，空即是色】

“色者，四大及四大所造身是名色。此身由眾緣合聚，飲食長養，終歸敗壞，永棄丘塚間。故是無常，常有生老病死憂患。此無常之色，非我亦非我所，屬眾因緣，不可久保，譬如朝露，又如聚沫，須臾變滅，色性實不可得，可說即是空，空者無我無我所，受想行識亦如是·。無明至老死，此是十二因緣。苦集滅道是四諦。眼耳鼻舌身意是六根，色聲香味觸法是六塵，眼界·色界眼識界，乃至意界·法界·意識界是十八界。”

龍樹《中論》第一頌：

不生亦不滅　不常亦不斷

不一亦不異　不來亦不出

【是諸法空相】

法，是佛學中重要概念，有多義：

1）存在之本體，萬物皆可言法。

2）軌持〔Dharma〕，法則。

“釋法名有二：一能持自性，謂一切法各守自性，如色等性常不改變。二軌生勝解，如無常等生人無常等。”（《俱舍論光記》）

佛教的法是一種意譯。法在古漢語中指一種規則，佛教的法也從規則中引申出來。

《成唯識論》說：“法謂軌持。”“軌謂規範，可生物解；持謂任持，不舍自相”。就是說法是一種規範性，這種規範性規範人對其產生認識。並且是一種保持性，保持其相對穩定的特徵。如“水”有其各種特徵，人根據其特徵而認識它。

3）《俱舍論》稱“能持自相故名為法”。這是傳統的解釋，意即存在體即為法。

4）由於大小乘及派別的不同，其對法以及諸名的定義、分類也不同。

歸納之，關於法，通常分為“三科”，即把一切諸法分為“五蘊”、“十二處”（又稱十二入）、“十八界”。

【十二處】

即六根（眼、耳、鼻、舌、身、意）和六境（色、聲、香、味、觸、法）。亦即六種感覺器官及其相對的客觀對象。

【十八界】

即六根、六境，以及由此而產生的六識（眼識、耳識、鼻識、舌識、身識、意識）。

三科是大小乘都承認的分類。三科對於法的分類，要求佛教徒從這三方面來觀察人和人所面對的客觀世界，目的是破除“我執”的謬見，認識“無我”之境。

【有為法與無為法】

《俱舍論》中把宇宙間的一切物質現象和精神現象分為兩大類：

由因緣和合而產生的有生滅變化的現象稱有為法；

非由因緣和合而產生的無生滅變化的現象稱無為法。

有為法，包括色法十一種，心法一種，心所有法四十六種，心不相應法十四種。

無為法三種，分別是：虛空無為（認識真理猶如虛空的精神現象或境界）、擇滅無為（通過智慧的揀擇力，斷滅煩惱而悟得的精神現象或境界）、非擇滅無為（非通過智慧的揀擇力，而因缺乏條件致使不生的精神現象或境界）三種。

【有為法四十六種】

分為六品：

一為遍大地法：普遍都有的精神現象或境界。有受、想、思、觸（感觸）、欲（欲望）、慧（智慧）、念（記憶）、作意（意願）、勝解（以為）、三摩地（三昧），計十種。

二為大善地法：善的精神現象。有信、勤（努力）、舍（精神放鬆）、慚（慚愧，對自己而言）、愧（慚愧，對別人而言）、無貪、無瞋、不害（不殺、非暴力）、輕安（心情舒適）、不放逸（不斷努力）十種。

三為大煩惱地法：較大煩惱的精神現象或境界。有無明（無知）、放逸、懈怠、不信、昏沈（昏沉）、掉舉（心不平靜）六種。

四為大不善地法：不善的精神現象或境界。有無慚、無愧兩種。五為小煩惱地法：一般煩惱的精神現象或境界。

有忿（怒）、覆（掩飾錯誤）、慳、嫉、惱（狠戾）、害、恨、諂、誑憍（驕傲）十種。

六為不定地法：不定的精神現象或境界。有惡作、睡眠、尋（尋求）、伺（深度的或細心的貪求）、貪、瞋、慢、疑八種。

【心不相應法】

與色、心皆不相應的，即既非精神又非物質的現象。有得（成就）、非得、同分（眾生各各自我類似的一些活動）、無想果、無想定（不去思想外界，使心不動）、滅盡定（用盡力量，使思想不活動）、命根（生命的器官）、生、住（階段性的停止）、異（變化）、滅、名身（音節合成的概念）、句身（句子的合集）、文身（字母的合集）十四種。

【熊十力對法的釋義】

熊十力早年師從歐陽竟無（歐陽漸）入南京支那內學院研讀大乘佛學。在《佛家名相通釋》中有如下定義：

法字義，略當於中文物字之意。

中文物字，乃至普遍之公名。一切物質現象或一切事情，通名為物。即凡心中想像之境，亦得云物。物字亦恒與事字連用，而曰物事或事物。物字所指目者，尤不止於現象界而已。乃至現象之體原，即凡云為萬化所資始，如所謂道或誠者，亦得以物字而指目之。如老子云："道之為物。"中庸云："其為物不貳。"皆以物字指目實體也。故中文物字，為至大無外之公名。佛書中法字與物字意義相近，亦即至大無外之公名。如根塵曰色法，了別等等作用曰心法。又萬法之實體，即所謂真如者，亦名無為法。

【眼耳鼻舌身意】

此謂"六根"。

【色聲香味觸法】

此謂"六塵"。

【佛學諸家對法的釋義】

實際上，在佛教文獻中，法的含義多種多樣，用法及其內涵極其複雜。例如：

1、真理、法則、規範。見《法華經·方便品》、《維摩經》等。

2、正當的事情（非指善行）。見《出曜經·無放逸品》。

3、指作為理法的緣起。見《中阿含經》卷七。

4、教導、佛陀的教導、佛法。見《維摩經》、《義足經》、《出曜經·無放逸品》、《有部律破僧事》、《法華經》、《中論》、《百五十贊》等。

5、三寶之一。見《中阿含經》卷十一。

6、具體的戒律，學處。見《遊行經》和《大般涅槃經》。

7、指十二部經。見《般泥洹經》。

8、本性。見《中論》。

9、型。見《維摩經》。

10、意之對象，六境之一。見《般若心經》、《金剛般若經》、《中論》、《維摩經》等。

11、存在、對象。見《維摩經》、《辨中邊論》、《莊嚴經論》、《唯識三十頌》、《成唯識論》等。

12、用文字表達的意思。

13、心的活動，心的功能。

14、實體。

15、三身之一的法身。見《唯識三十頌》。

16、與主語相對之述語。見《正理門論》。

17、相當於中國因明中的義、後陳、差別、能別。見《因明大疏》。

18、密教中的祈禱、修法。見《百五十贊》、《觀音經》、《華嚴經》、《灌頂經》等。（高楊元湛）

〔《大乘百法明門論》五位百法、《瑜伽師地論—略錄名數》六百六十法和上文五位七十五法類似，《俱舍論》的作者世親，回向大乘佛教以後，根據他所學的瑜伽行派的根本論典《瑜伽師地論》略錄名數部分將六百六十種法簡單得歸納出一百種，造論

名為《大乘百法明門論》〕

《金剛經》偈語："一切有為法，如夢幻泡影，如露亦如電，應作如是觀。"

【無苦集滅道】

苦集滅道，亦名四諦，四聖締。傳説佛第一次説法所説的四件大事。

諦謂根本。真實不虛。《法華經·譬喻品》："佛昔于波羅柰，初轉四諦輪。"聖締，如來親證。

四諦者，佛説法入旨開智之四端也。

三説四諦，第一説：此是苦，此是集，此是滅，此是道。此是教示四諦四相。第二説：苦當知，集當斷，滅當證，道當修。此是教勸修行四諦。第三説：苦者我已知，集者我已斷，滅者我已證，道者我已修。此是佛舉自己證得四諦，合為"三轉十二行相"之義。

苦諦：佛説法，第一締人生皆苦。

"苦即三界輪迴生死逼惱之義。凡是有為有漏之法莫不皆含苦性，故佛經中説有無量眾苦。但就身心順逆緣境，總有三苦、八苦。

三苦，從其逆緣逼惱，正受苦時，從苦生苦，名苦苦；從其順緣，安樂離壞時而生苦惱，名壞苦；生老病死刹那變異而生苦惱，即名行苦。

八苦即：生、老、病、死、愛別離、怨憎會、求不得和五盛陰苦。外有寒熱饑渴等逼惱之身苦，內有煩惱之心苦，所有諸苦皆歸苦諦所攝。”

集諦：第二締，生離聚散。集，會合，相聚、團圓。

佛經説：“世有八苦：生、老、病、死、苦，愛、別離苦，求不得苦，怨憎會苦，五盛陰苦。於苦中作樂想，是四倒見，有為之法，實如夢幻泡影。”

佛言：“觀色如聚沫，受如水上泡，想如春時焰，諸行如芭蕉，諸識法如幻。”

滅諦：死亡，消滅。

道諦：即言語教示締。

苦為生老病死，集為生離死別，集聚骨肉財貨，滅為生死，道為言語迷障。但此四諦唯聖者所知，非凡夫能知。

如《涅槃經》卷十四：昔我與汝愚無智慧，不能如實見四真諦，是故流轉，久處生死，沒大苦海，“若能見四諦，則得斷生死”。由於聖者所證，故稱四聖諦，或四真諦。

“四諦”是佛教的基本教義，是佛教大小乘各宗共修、必修之法。佛説四諦是要眾生了知四諦的真理，斷煩惱證涅槃，若專修四諦以求涅槃者，一般稱其為小乘聲聞人。

【無智亦無得】

得，當讀為呆。

【波羅密多】

三界唯心，萬法唯識，體用雙行，渾融歸一。動靜言談，句句平等，一體同觀，名曰密多。

【菩提薩陲】

菩薩，梵語菩提薩陲，即梵文Bodhi-sattva，意為“喚覺有情”。Bodhi（喚覺，菩提），Sattva（有情，眾生）。

根據佛經意，凡是修行者，人人都是Bodhi-sattva。

【涅槃】

出自梵語，涅槃這個詞的中文意譯是圓寂。

詞源學方面，巴利文Nibbāna是源自動詞nibbāti，意為“被吹滅”或“被熄滅”。語義是出脱，指靈魂脱離肉身束縛而進入超越物質世界的靈境，從而從痛苦中解脱出來脱離煩惱，達到所謂“離恨天”。

在説一切有部《大毗婆沙論》中，對涅槃給出四個解釋：“槃名為趣（去），涅名為出。永出諸趣故名涅槃。復次槃名為臭，涅名為無。永無臭穢諸煩惱業，故名涅槃。復次槃名稠林，涅名永離。永離一切三火三相諸蘊稠林故名涅槃。復次槃名為織，涅名為不。此中永無煩惱業縷。不織生死異熟果絹，故名涅槃。”

中文舊譯作“滅度”。滅是滅見思，塵沙，無明三種惑，度是度分段，變易兩種生死。

圓寂一詞在日常中文中已被泛用；例如，常用於稱呼僧尼去世。在中文世俗用語裏，常被等同於在肉體死亡的同時精神或靈魂獲得永生或再生。

【涅槃出處】

涅槃一詞在佛陀出世前，印度《奧義書》思潮就已經在使用了。

涅槃《涅磐無名論》中的記載如下："無名曰：夫至人空洞無象，而萬物無非我造。會萬物以成己者，其唯聖人乎！何則？非理不聖，非聖不理，理而為聖者，聖人不異理也。故天帝曰：般若當於何求？善吉曰：般若不可於色中求，亦不離於色中求。又曰：見緣起為見法，見法為見佛，斯則物我不異之效也。所以至人戢玄機於未兆，藏冥運於即化，總六合以鏡心，一去來以成體。古今通，始終通，窮本極末，莫之與二。浩然大均，乃曰涅磐。"

原先涅槃系指回歸於包含一切且常樂我淨的清靜梵我，這個在耆那教教義中可以看明。而佛陀覺悟後，明白"因緣法"，對涅槃一詞有新的定義和解釋。

佛教所謂大涅槃，就是"阿耨多羅三藐三菩提"。《勝鬘經》："法身即如來大般涅槃之體。"大涅槃是諸佛的法界，是諸佛甚深的禪定，也就是"常樂我淨"的境界，此境界惟佛能證。《法華經》："惟如來證大菩提，究竟圓滿一切智慧，是名大涅槃。"

《大乘起信論》稱：“以無明滅故，心無有起；以無起故，境界隨滅；以因緣俱滅故，心相皆盡，名得涅磐。”

佛教大小乘對涅磐有不同的說法。一般分有餘涅磐和無餘涅磐兩種。一個修行者證得阿羅漢果，這時業報之因已盡，但還有業報身心的存在，故稱有餘涅磐；及至身心果報也不存在，稱無餘涅磐。

《肇論》：小乘以“灰身滅智，捐形絕慮”為涅磐，是為有餘涅磐；

《中論》等則以“諸法實相”為涅磐，是為無餘涅磐。

《楞伽經》說：由於“眾生畏無我”；為了“攝引計我外道”，所以方說有如來藏。眾生迷了如來藏，受無量苦；若悟了如來藏，便得涅槃，一切常住的，本具的清淨功德，圓滿的顯發出來。

【三世諸佛】

三世：過去、現在、未來。過去、現在、未來，三世三千佛。

更有窮劫佛，數量不可窮，不可說，全部放下，不去管他。但去靜坐，坐定再觀過去現在未來，皆同一體，於此頓悟，三世自空。

【三世佛】

（名數）三世者。過去現在未來也。過去佛。為迦葉諸

佛。現在佛。為釋迦牟尼佛。未來佛。為彌勒諸佛【賢劫】

（術語）過去之住劫，名為莊嚴劫，未來之住劫，名為星宿劫，現在之住劫，名為賢劫，現在之住劫二十增減中，有千佛出世，故稱讚之為賢劫。亦名善劫。

《大悲經》曰：“阿難！何故名為賢劫？阿難！此三千大千世界，劫欲成時，盡為一水。時淨居天，以天眼觀見此世界唯一大水，見有千枝諸妙蓮華，一一蓮華各有千葉，金色金光大明普照，香氣芬熏，甚可愛樂。

彼淨居天因見此已，心生歡喜，踴躍無量，而讚歎言：奇哉奇哉！希有希有！如此劫中當有千佛出興於世，以是因緣，遂名此劫號之為賢。”

《悲華經》曰：“此佛世界當名娑婆，（中略）時有大劫名曰善賢，何因緣故劫名善賢？是大劫中有千世尊，成就大悲出現於世。”

《行宗記》曰：“慈恩劫章云：即此住劫稱賢劫，此界成後有千佛出世，既多賢聖，故名賢劫。”此即佛經所云三世諸佛也。

【諸佛世界】

佛教本來只尊創始人“釋迦牟尼”。後來“大乘”興起，佛的教義開始演變，“佛”的身份不被“釋迦”獨有。於是，出現了“釋迦佛”作為應身，與其法身、報身同尊的三身佛；有將過去、現在和將來接班人串為一線的豎三世佛；有按空間區域承包管轄範圍的橫三世佛；密宗系統還按東南西北中確立了正方佛。

"佛"的隊伍因"佛理"的流衍，各宗派的解釋而發展，組成了這一佛國第一階層。次於"佛集團"的第二階層佛國高神就是"菩薩"了。

"菩薩"的隊伍很龐大，著名的有"文殊、普賢、地藏和觀世音"四大菩薩，還有"大勢至、彌勒、金剛手、虛空藏、除蓋障"等等。

菩薩之下，就是"羅漢"集團。在大乘佛教中，羅漢是修證的第三等果位。而在小乘佛教裏，就以羅漢為修行第一果位了。大乘對羅漢指明的任務是在世間流通佛法。

最早有四大羅漢，他們是接受釋牟尼親自託附的遺命，為佛教弘法而住世不涅磐，這四位羅漢就是著名的佛的因弟子，大迦葉比丘；啦比丘，賓頭盧比丘，羅目侯羅比丘。後來，逐漸形成十六、十八乃至五百、八百羅漢。

佛門神祇的生成，大致有如下主要原因：

①歷史上確有其人，經過大乘神化異化：如佛祖釋迦牟尼，他的弟子後來也都被尊奉為神，如"十大佛弟子"，第一次結集的五百比丘，後來形成了五百羅漢，等等。

②吸收其他神話傳說中的神祇為佛教神祇，這在護法神隊伍中最多，天龍八部和二十諸天中的絕大部分都是從古印度神話中吸收過來的。印度教和婆羅門教的許多神話傳說也在佛教中被收羅安排重新改造獲得了新的解釋。

③佛教在流傳中還大量吸收地方神話，只要地方神不自稱比佛高，都可以與佛門神連通，納入下級層次。如：道教的什麼大帝都被安排為佛門護法了。

佛教諸神的隊伍隨著民間對佛教的日益功利化、實用化的要求而發展壯大。

佛教就從自稱的無神的宗教，在實際的演化流布中，在獲取民間信眾的現實欲求中，由不具神性的教主釋迦牟尼開始，逐步發展成了多“佛”、多“菩薩”、多“鬼神”的“多神”崇拜。

【菩提薩埵】

了得人生空曰菩提，了得萬法空曰薩埵。

【依般若波羅密多故】

般若波羅密多六個字在前面已作講解。佛家認為：千日學慧，不如一日學般若。般若通透，大光明藏，有六神通應現種種相，引導群棕同達彼岸。

“三界唯心，萬法唯識，體用雙行，渾融歸一。動靜言談，句句平等，一體同觀，名曰密多。”

【心無掛礙】

悟得真空妙理，無掛無礙。

心同虛空界，無是無非。外清淨，內清淨，內外空，未有天地先有空。

視之不見，聽之不聞，此心即宙心，故無掛礙。

無掛礙即得到清靜之體，無去無來，無變無異。

【無有恐怖】

悟得性空，東西不辨，南北不分，不受明暗之拘，無掛礙，有何恐怖。

遠離顛倒夢想

【究竟涅槃】

究是打坐入靜，反究此身。本無四大，只一冷光團。眾生妄認四大，不能解脱。竟，盡也。究盡之義，全身放下，知見無見，咫尺之間，不睹人顏，故曰涅槃。

【阿耨多羅三藐三菩提】

阿耨多羅—三藐（三昧）—三菩提：梵文Anuttara samyak-sambodhi的音譯。意思是“無上正等正覺”，也可譯為“無上正遍知”

《法華玄贊》經曰：“阿云無，耨多羅云上，三云正，藐云等。又，三云正，菩提云覺，即是無上正等正覺。”

《維摩經佛國品肇注》曰：“阿耨多羅，秦（支那）言無上。三藐三菩提，秦言正遍知。道莫之大，無上也。其道真正，無法不知，正遍知也。”

《淨土論注》曰："佛所得法，名為阿耨多羅三藐三菩提。阿為無，耨多羅為上，三藐為正，三為遍。菩提為道，統而譯之，名為無上正遍道。"

無上正等正覺，是佛教理性的最高境界：真正平等覺知一切真理之無上智慧也。

《智度論》曰："唯佛一人智慧為阿耨多羅三藐三菩提。"（《佛學大辭典》丁福保編）

《華嚴》云："菩提心者，名為種子，能生一切諸佛法故。發此心者，須識其體。體有二種，一曰當體，二曰所依體。其當體者，所謂悲心、智心、願心，此三種心，乃是當體。所依體者，自性清淨圓明妙心，為所依體。性自具足，號如來藏。"

【揭諦】

出自梵語羯諦摩訶。上古漢音khrads tieg ma ka，源自梵文羅馬字Gate Maha。羅馬字GATE，梵語是"去，超越"的意思。

【波羅—僧—揭諦】

僧：佛語有三義：

1）僧家（伽）梵文 Samgha

2）和合

3）清淨

《智度論》曰："僧伽，秦言眾。多比丘一處和合，是名僧伽。”

《大乘義章》曰：“僧者外國正音名曰僧伽，此方翻譯名和合，眾行德不乖名之為和，和者非人目之為眾。”

《行事鈔》曰：“四人已上，能御聖法辦得前事名之為僧。僧以和合為義，言和合者有二義：一理和謂證擇滅故。二事和。此別有六義：一戒和同修，二見和同解，三身和同住，四利和同均（均供養之利），五口和無諍，六意和同悅。”

【菩提—娑婆訶】

“揭諦，揭諦”：第一個“揭諦”是超越分別我執，第二個“揭諦”是超越分別法執。

“波羅揭諦”是超越俱生我執。

“波羅僧揭諦”是超脫俱生法執。

“菩提Bodhi”是覺悟，“梭哈svāhā”是指“自覺”同時“覺他”，覺行圓滿。

【英譯1】Gone, gone, Gone beyond, Gone completely beyond, Praise to awakening.（去吧、去吧，超越，完全超越，以讚美那覺悟吧。）

【英譯2】go, go, go beyond, go thoroughly beyond, and establish yourself in enlightenment.（去啊，去啊，去啊，完全超越，使自己覺悟）

揭諦，GATE MAHA的意思就是“超越一切”。

（2011年8月25日原載何新博客）

《心經》傳本句讀正誤

流行本句讀：《般若波羅蜜多心經》

觀自在菩薩，行深般若波羅蜜多時，照見五蘊皆空，度一切苦厄。舍利子，色不異空，空不異色，色即是空，空即是色，受想行識，亦復如是，舍利子，是諸法空相，不生不滅，不垢不淨，不增不減，是故空中無色，無受想行識，無眼耳鼻舌身意，無色聲香味觸法，無眼界，乃至無意識界，無無明，亦無無明盡，乃至無老死，亦無老死盡。無苦集滅道，無智亦無得，以無所得故。菩提薩埵，依般若波羅蜜多故，心無挂礙，無掛礙故，無有恐怖，遠離顛倒夢想，究竟涅槃。三世諸佛，依般若波羅蜜多故，得阿耨多羅三藐三菩提。故知般若波羅蜜多是大神咒，是大明咒，是無上咒，是無等等咒，能除一切苦，真實不虛。故說般若波羅蜜多咒，即說咒曰：揭諦揭諦，波羅揭諦，波羅僧揭諦，菩提娑婆呵。

【何新按】

流行本之句讀之誤，蓋不知“故”這個字的深刻含義，而把它當成無意義的語尾助詞、虛詞。

殊不知玄奘大師乃佛學因明學大師，文本中的“故”字都乃因明推理的重要引詞。

因明學推理三段式為：宗論，述（因）論，喻論。述論與喻論引導詞都為“故”字。

故有二義，一為緣故、因故，一為所以故。

通行本只有“故知般若波羅蜜多是大神咒，是大明咒，是無上咒”的故字句讀是對的，其他句讀的故字均誤。此外流行本一讀到底以逗號，表明句讀者亦未懂此經經意。茲校正句讀如下。

《般若波羅蜜多心經》

觀自在菩薩，行深般若波羅蜜多，時照見五蘊皆空，度一切苦厄。

舍利子！

色不異空，空不異色，色即是空，空即是色，受想行識，亦復如是。

舍利子！

是諸法空相，不生不滅，不垢不淨，不增不減。

是故空中無色——無受、想、行、識，無眼、耳、鼻、舌、身、意，無色、聲、香、味、觸、法。無眼界，乃至無意識界。

無無明，亦無無明盡；乃至無老死，亦無老死盡；無苦、集、滅道。

無智亦無得——以無所得，

故：菩提薩埵，依般若波羅蜜多，

故，心無掛礙。無掛礙，

故，無有恐怖，遠離顛倒夢想，究竟涅槃，三世諸佛。

依般若波羅蜜多，故，得阿耨多羅三藐三菩提。

故知般若波羅蜜多，是大神咒，是大明咒，是無上咒，是無等等咒，

能除一切苦，真實不虛。

故說般若波羅蜜多咒，即說咒曰：

揭諦揭諦，波羅揭諦，波羅僧揭諦，菩提娑婆呵。

——南無阿彌陀佛！

《般若波羅蜜多心經》句讀

舊傳本

觀自在菩薩，行深般若波羅蜜多時，照見五蘊皆空，度一切苦厄。舍利子，色不異空，空不異色，色即是空，空即是色，受想行識，亦復如是，舍利子，是諸法空相，不生不滅，不垢不淨，不增不減，是故空中無色，無受想行識，無眼耳鼻舌身意，無色聲香味觸法，無眼界，乃至無意識界，無無明，亦無無明盡，乃至無老死，亦無老死盡。無苦集滅道，無智亦無得，以無所得故。菩提薩埵，依般若波羅蜜多故，心無掛礙，無掛礙故，無有恐怖，遠離顛倒夢想，究竟涅槃。三世諸佛，依般若波羅蜜多故，得阿耨多羅三藐三菩提。故知般若波羅蜜多是大神咒，是大明咒，是無上咒，是無等等咒，能除一切苦，真實不虛。故說般若波羅蜜多咒，即說咒曰：揭諦揭諦，波羅揭諦，波羅僧揭諦，菩提娑婆訶。

茲校正《心經》句讀如下：

《般若波羅蜜多心經》

觀自在菩薩，行深般若波羅蜜多時，照見五蘊皆空，度一切苦厄。

舍利子，色不異空，空不異色，色即是空，空即是色，受想行識，亦復如是。

舍利子，是諸法空相，不生不滅，不垢不淨，不增不減。

是故空中無色——無受、想、行、識，無眼、耳、鼻、舌、身、意，無色、聲、香、味、觸、法。無眼界，乃至無意識界。

無無明，亦無無明盡；乃至無老死，亦無老死盡；無苦、集、滅道。

無智亦無得——以無所得——

故：菩提薩埵，依般若波羅蜜多，

故，心無掛礙。無掛礙——

故，無有恐怖，遠離顛倒夢想，究竟涅槃，三世諸佛。

依般若波羅蜜多，故，得阿耨多羅三藐三菩提。

故：知般若波羅蜜多是大神咒，是大明咒，是無上咒，是無等等咒，能除一切苦，真實不虛。

故，說般若波羅蜜多咒，即說咒曰：

揭諦揭諦，波羅揭諦，波羅僧揭諦，菩提娑婆訶。

——南無阿彌陀佛！

（2018年03月21日原載何新博客）

王舍城（Rajgir）

佛陀時代巴基斯坦五河流域十六大國之一的摩揭陀國早期的都城。據《大唐西域記》：摩揭陀國定都原在舊王舍城，此城毀於火災。後向北遷移到新城。之後，摩揭陀國再次遷都至華氏城。定都華氏城後，王舍城荒廢。新王舍城的遺址，在印度國比哈爾邦（現有遺址園區，地理坐標：東經85.42度，北緯25.03度）。

比哈爾邦在佛陀故鄉尼泊爾東南方，當時屬於摩揭陀國，是所謂恒河印度地區唯一與佛教有較密切關係的遺址。王舍城是佛祖釋迦牟尼早年曾居住修行的地方。佛陀在此居住二十五年。逝世後，佛陀諸弟子在王舍城舉行了第一次佛教結集，因此此城是佛教聖地之一。

公元5世紀，法顯《佛國記》中記：王舍新城“是阿闍世王所造，中有二僧伽藍。出城西門三百步，阿闍世王得佛一分舍利，起塔，高大嚴麗。出城南四里，南向入谷，至五山里。五山周圍，狀若城郭，即是芊沙王舊城。城東西可五、六里，南北七、八里。”“城東北角曲中，耆舊于庵婆羅園中起精舍，請佛及千二百五十弟子供養處，今故在。其城中空荒，無人住。”“出舊城北行三百餘步，道西，迦蘭陀竹園精舍，今現在。”

公元7世紀，玄奘《大唐西域記》卷八記：“上茅宮城，摩揭陁國之正中，古先君王之所都，多出勝上吉祥香茅，以故謂之上茅城也。崇山四周，以為外郭，西通峽徑，北辟山門，東西長，南北狹，周一百五十餘里。內城餘趾周三十餘里。羯尼迦樹遍諸蹊徑，花含殊馥，色爛黃金，暮春之月，林皆金色。”“曷羅闍姞利呬城（唐言王舍），外郭已壞，無復遺堵。內城雖毀，基址猶峻，周二十餘里，面有一門。”“逮無憂王遷都波吒厘城，以王舍城施婆羅門。故今城中無復凡民，惟婆羅門減千家耳。”

王舍城有著名的竹林精舍，也名迦蘭陀竹園，相傳是迦蘭陀長者皈依佛陀後所獻的竹園，也是佛陀在創立佛教後所接受的第一片土地饋贈。在佛陀初轉法輪2年後，竹林精舍落成，佛陀曾在此居住10年。後舍利弗監造的舍衛城祇園精舍落成，佛陀乃冬住竹林，夏居祇園。

佛陀曾在此寺宣講《般若經》、《法華經》、《無量壽經》等。

（地理坐標：北緯25.0215921度，東經85.4163861度。）

舊王舍城東有靈鷲山（又譯耆闍崛山等），佛陀曾在此山石窟中修行，並宣講《佛説首楞嚴三昧經》等重要佛教經典。

（地理坐標：北緯25.0018945度，東經85.4410116度。）

（2017年6月10日原載何新博客）

《金剛經》十奧義

【序言】

《金剛般若波羅蜜經》（簡稱金剛經）是大乘佛教最重要經典之一。

後秦高僧鳩摩羅什翻譯的《金剛般若波羅蜜經》是最早也流傳最廣的譯本。

《金剛經》是大乘的修行方法之經。《大般若經》說："一切有心者悉有佛性，此佛性即名首楞嚴定，亦名金剛三昧，亦名般若波羅蜜多。佛佛道同，更無異路。若行人初發心時，能如是正觀心佛性者，亦即名入如來定。"

然而理解不易，誤解殊多。

何物金剛？殊不知，佛說《金剛經》的真正本意，就是無物金剛，又無物不金剛——無體無心，無色無法，無為無世界。

《金剛經》充滿了大乘佛學隨詮隨遮的獨特的辯證法。

茲不揣愚陋，謹摘要讀經札記十則，略述私見及心得如次。

【第一品　法會因由分】

如是我聞：一時，佛在舍衛國祇樹給孤獨園，與大比丘眾千二百五十人俱。爾時，世尊食時，著衣持鉢，入舍衛大城乞食。於其城中，次第乞已，還至本處。飯食訖，收衣鉢，洗足已，敷座而坐。

〔此乃應身佛。應身佛之釋迦牟尼佛，是表示隨緣教化，度脱世間眾生而現的佛身，特指釋迦牟尼的肉生身。〕

敬案：佛何以乞討為生？蓋佛有三身，分別是：毗盧遮那佛、盧舍那佛和釋迦牟尼佛。

法身佛即毗盧遮那佛（大日如來），乃宇宙本體佛，相當於上帝、太陽神。佛以法為身，故稱法身，法身處於常明光淨土。

未來佛即如來佛，乃報身佛，即盧舍那佛。出梵語，譯義曰：光明遍照，又作“淨滿”。報身佛是釋迦牟尼證得了絕對真理獲得佛果而顯示佛的智慧的佛身。對於初地以上菩薩應現之報身，報身佛處於實報莊嚴土。

現在佛即應身佛，乃釋迦牟尼肉身佛。存在肉身是表示隨緣教化，度世間眾生而現世的佛身，特指釋迦牟尼的生身。過去佛。

【第二品　善現啟請分】

時，長老須菩提在大眾中即從座起，偏袒右肩，右膝著地，合掌恭敬而白佛言："希有世尊！

【唯一無二的世尊】如來善護念諸菩薩，善付囑諸菩薩，世尊！

【佛有多身。如來，本體佛。】

善男子、善女人！發阿耨多羅三藐三菩提心，應云何住，云何降伏其心？

【云何，即如何。住，放置、設置，禪定。】

佛言："善哉，善哉。須菩提！如汝所說，如來善護念諸菩薩，善付囑諸菩薩。汝今諦聽！當為汝說：善男子、善女人，發阿耨多羅三藐三菩提心，應如是住，如是降伏其心。"

"唯然，世尊！願樂欲聞。"

【奧義】

凡所有相，皆是虛妄。

【經文】

第五品　如理實見分

"須菩提！于意云何？可以身相見如來不？"

"不也，世尊！不可以身相得見如來。"

"何以故？"

"如來所說身相，即非身相。"

佛告須菩提：“凡所有相，皆是虛妄。

若見諸相非相，則見如來。”

【翻譯】

須菩提，你意思怎樣？可以認為看見我外表的身相，就是看見佛嗎？

不可以，世尊，不可以以為看見身相就見得到如來。

為什麼呢？

如來所説的身相，並非實有的身相。

於是佛告訴須菩提：一切世間現象諸相，都虛幻不實。

若能洞悉現象的空幻性，則能見察過去、現在、未來之佛性。

【詞語解讀】

須菩提：人名，佛陀十大弟子之一，出身舍衛國之婆羅門。

相：人類目之所見曰相。

〔附注：《説文》：“相，省視也”。《爾雅·釋詁》：“視也。”相字從目、木，會意結構。即以目視木，打量、省視一顆大樹也。以漢字之語源學考究，相與見（古音讀現）二字乃同源語詞，亦同源字也。〕

相引申而有事物之相，亦即外貌，狀態之義，相即人類所感知、所知覺、所見聞者。

簡而言之，佛經所言相，乃即近代西方哲學（如康德）之所謂現象，而區別於本質與本體者也。

本質與本體，即下文所言之真，真如。而相，現象，則乃為“如”（即彷彿）。

〔附注：《楞伽經》卷五剎那品：“此中相者，謂所見色等形狀各別，是名為相。”

《大智度論》卷三十一：“一切法有總相、別相二種。總括而言，無常等為其總相；別而言之，則地為堅相，火為熱相，乃至色等之形狀各別，而皆有其特殊之相。又以性為物之本體，相則為可識可見之相狀。”〕

如來：如來，又作如去，合稱如來如去，出於梵語tathâ-âgata，音譯多陀阿伽陀，為佛性十號之一，亦為佛之尊稱。

如來如去，即無上神通，無法無身無形無相也。

目之所見曰相，曰如。相，如，非自主。左右、決定諸相、諸如的之“如來如去”的，乃是真如。

故種種現象如來如去，皆非真如。

真如為現象之真實，為現象之真理。而佛陀即真理，唯佛陀為真理。佛由真如而現身，故尊稱佛陀為“如來如去者”，簡稱如來者——即如來佛。

佛經《大智度論》卷五十五：佛“行六波羅蜜，得成佛道，（略）故名如來；（略）智知諸法如，從如中來，故名如來。”

佛陀乃無上之尊者，為無上之無上，故亦稱無上上。

據佛經《成實論》卷一、《行宗記》卷上之說，乘真如之道而來成正覺者，是為真身如來；而乘真如之道來三界垂化者，是應身如來。

也就是説，示現人間之有身佛，乃應身如來，亦真亦幻也。而真如（即真理）之佛道，方是真身如來。

【奧義】

“法尚應舍，何況非法。”

【經文】

第六品

是故不應取法，不應取非法。

以是義故，如來常說：

“汝等比丘，知我說法。

汝等比丘，知我說法，如筏喻者——

法尚應舍，何況非法。”

【翻譯】

所以不應尋求佛法，也不可不尋求佛法。

對於這一矛盾的語義，佛陀常説：

希望你們這些修行者，能理解我所言説的佛法。

你們這些修行者，要想理解我所言説的佛法，猶如乘舟筏渡水的比喻——

〔一到彼岸，即棄筏登陸〕

萬法都應舍去，

何況那萬法之外〔指色界〕呢！

【詞語解讀】

取法：即求法，修習佛法。取非法？，即不求法，不修習佛法。

比丘：梵語bhikṣu，本義乞食者，亦為佛道之修道者。男性為比丘，女性為比丘尼。

筏：舟筏，渡具。

非法：法外之物，即指色界，作為幻象的世界。

【奧義】

所謂佛法者，即非佛法！

【何新按語】

此段文字出自《第八品·依法出生分》，乃佛學特有辯證法之體現也。

此段文字表義殊為難解。往舊諸說之句讀、解釋，多謬，可謂一向被錯解多年。

而此段最末兩句"所謂佛法者，即非佛法"！佛言世間所謂佛法者，多非真佛法——乃一當頭棒喝，而實際亦然。

此中奧義無窮，可破一切執。

【經文】

"須菩提，于意云何？

若人滿三千大千世界七寶，以用布施，

是人所得福德，寧為多不？"

須菩提言："甚多"。

世尊："何以故？是福德，即非福德性？"

是故，如來說福德多：

"若復有人，於此經中受持乃至四句偈等，為他人說。

——其福勝彼，何以故？”

“須菩提，一切諸佛及諸佛阿耨多羅三藐三菩提法，皆從此經出——

須菩提，所謂佛法者，即非佛法！”

【翻譯】

“須菩提，你說說，如果有人用滿三千大千世界的七種財寶，布施眾生，

這樣的人所得到的福報功德，會不會多？”

須菩提答：“會很多”。

世尊：“怎樣說呢？其實這個福德，並非真正的福德。”

因此，如來講說什麼才是福德多：

“假使有人每天讀誦這本經，受持本經中的四句偈語，並且講給別人聽。

——那麼這個人的福德就勝過那個人，為什麼？”

“須菩提啊，一切已經成就佛果的諸佛，以及正在成佛的菩薩，

洞徹三昧及三種菩提法門，他們所修習的佛法都出自這裏的經文。

但是須菩提，其實所說的佛法，卻都不是真正的佛法！”

〔《傳心法要》上曰：“凡夫取境，道人取心。心境雙忘，乃是真法。”“人不敢忘心，恐落空無撈摸處。不知空本無空，唯一真法界耳。”〕

【詞語解讀】

三千大千世界：佛教認為，類如一個太陽系（內有千個小世界）叫做小千世界，一千個太陽系的小千世界叫做中千世界，一千個中千世界叫做大千世界。小千、中千、大千三個千，所以稱為三千大千世界。

《大智度論》："百億須彌山，百億日月，名為三千大千世界。如是十方恒河沙三千大千世界，是名為一佛世界。"

七寶：佛教以金、銀、琉璃、琥珀、硨磲、瑪瑙、珊瑚為七寶物。

布施：施捨食物及財物給佛的僧團曰布施，佛教認為布施是一種功德。

性：梵語prakṛti，與相、修相對，有不變者之義，指事物及存在本來具足之性質、事物之實體（自性）、對相狀而言之自體（本性）、眾生之素質（種性）等。性即事物不會改變之本質。

〔佛書論性：本體，本因。《唯識述記》曰："性者體也"。《探玄記》十八："性是因義。"《大智度論》卷三十一、卷三十二："性名自有，不待因緣。""不待其他因緣，無始以來法爾即有的本分之因種，稱為性。"

佛學認為性有總、別之異。總性，如無常、苦、空、無我、無生、無滅等。別性，如火為熱性、水為濕性、心為識性等。無常、無我為一切法共通之普性，熱性、濕性等則為諸法各別之自性。又男女之“愛欲”，梵語Kâma，佛經亦稱之為性。

《傳心法要》曰：“此靈覺性，無始已來與虛空同壽。未曾生，未曾滅。未曾有，未曾無。未曾穢，未曾淨。未曾喧，未曾寂。未曾少，未曾老。無方所，無內外。無數量，無形相，無色相，無音聲。不可覓，不可求，不可以智慧識，不可以言語取，不可以境物會，不可以功用到。諸佛菩薩與一切蠢動含靈同此大涅槃性，性即是心，心即是佛，佛即是法。一念離真，皆為妄想。”〕

偈：梵語伽陀（梵gâthâ）與只夜（梵geya）。伽陀即歌呵，只夜即吟雅，佛經中的歌謠口號也。

《金剛經》中有四句偈，如：“一切有為法，如夢幻泡影；如露亦如電，應作如是觀。”“若以色見我，以音聲求我；是人行邪道，不能見如來。”“凡所有相，皆是虛妄；若見諸相非相，即見如來。”

諸佛：佛教認為佛有十方（即空間佛，地佛，十方包括上下左右前後東西南北），三世（即時間佛，天佛：包括過去現在未來），以及人間佛，合稱一切佛。

阿耨多羅三藐三菩提法：菩提，梵文Bodhi的音譯，覺悟、智慧，大徹大悟。三菩提法，即三種修行方法，“三乘”方法。包括聲聞、緣覺、無上正三種菩提法。

《彌陀要解》曰：“一聲阿彌陀佛，即釋迦本師於五濁惡世所得之阿耨多羅三藐三菩提法。”

阿耨多羅三藐三菩提翻成中國話，跟阿彌陀佛名號一樣，都是屬於尊重不可翻。只得音譯。

具體說，阿是漢語無的意思，耨多羅是上，是至上；三是正，藐是等，菩提是覺悟，三藐即三昧，漢語意義正等正覺。整個翻出來，阿耨多羅三藐三菩提就是漢語的無上正等正覺之境，也就是成佛，菩薩行證到無上正等正覺，就成佛了。

根據佛經，聲聞，即受教，緣覺即發自自心，得於心證。無上正菩提，又作無上菩提。“阿耨多羅三藐三菩提”，意義即諸佛菩提。善男子善女人自發菩提心，亦復教他人發菩提心，廣宣妙法普濟眾生，修行無上圓滿智慧之方法。

〔據佛經的解釋，阿耨多羅是“無上”之意（阿為無，耨多羅為上），三藐是“上而正”之意，三菩提是通過三種緣覺達到“普遍的智慧和覺悟”。〕

以上三乘喻，有經中設三種譬喻：三種人欲渡恒河，第一人以草為筏；第二人以皮囊為船；第三人造作大船乘，以船載渡百千人。所謂大乘即出此意義。

〔參考《生菩提心經》、《雜阿含經》卷二十八、《大智度論》卷五十三〕

【奧義】

“應無所住，而生其心。”

〔《金剛經》第十品 莊嚴淨土分〕

【經文】

佛告須菩提，于意云何？

如來昔在然燈佛所，於法有所得不？

不也，世尊。

如來在然燈佛所，於法實無所得。

須菩提，于意云何？菩薩莊嚴佛土不？

不也，世尊。

何以故？

莊嚴佛土者，即非莊嚴，是名莊嚴。

是故，須菩提，諸菩薩摩訶薩，應如是生清淨心。

不應住色生心，不應住聲、香、味、觸、法生心。

應無所住，而生其心。

須菩提，譬如有人，身如須彌山王，于意云何？是身為大不？

須菩提言：甚大，世尊。

何以故？

佛說：非身，是名大身。

【翻譯】

佛告訴須菩提：你的意思怎麼樣？

以前在燃燈佛的所在，對於佛法，有所證得嗎？

沒有，世尊。

以前在燃燈佛那裏，對於佛法，實在沒有所得。

須菩提，你的意思怎麼樣？

菩薩能莊嚴佛土嗎？

不能，世尊。

為什麼呢？

因為莊嚴佛土，如同虛幻，本來沒有佛土待莊嚴，只是虛名叫做莊嚴。

所以，須菩提，諸大菩薩，要這樣產生清淨心——

不應當在色象上產生心意，不應當在聲音、香氣、滋味、觸覺、法意等產生心意，

什麼也不要沉迷，保持純淨之心。

須菩提，比如有人，他的身體如眾山之王的須彌山那樣高大，你的意思如何？這樣的身體，大不大？

須菩提說：很大，世尊。

為什麼呢？佛說：並沒有身存在，大身只是虛名。

【詞語解讀】

然燈佛：釋迦摩尼佛成佛前的老師。

莊嚴：相莊嚴，眾寶裝飾。

菩薩摩訶薩薩埵：菩薩，覺有情，摩訶薩，廣大，薩埵，眾生。

須彌山：意譯作妙高山，佛教的地中最高山，應即喜馬拉雅山。佛教之宇宙觀沿用之，謂其為聳立於一小世界中央之高山。以此山為中心，周圍有八山、八海環繞，而形成一世界，須彌世界。

【何新按語】

"應無所住，而生其心。"

宋明以後興起的儒家心學，起源於此。

【奧義】

過去心不可得，現在心不可得，未來心不可得。

〔第十八品一體同觀分〕

【經文】

“須菩提！于意云何？如來有肉眼不？”

“如是，世尊！如來有肉眼。”

“須菩提！于意云何？如來有天眼不？”

“如是，世尊！如來有天眼。”

“須菩提！于意云何？如來有慧眼不？”

“如是，世尊！如來有慧眼。”

“須菩提！于意云何？如來有法眼不？”

“如是，世尊！如來有法眼。”

“須菩提！于意云何？如來有佛眼不？”

“如是，世尊！如來有佛眼。”

“須菩提！于意云何？如恒河中所有沙，佛說是沙不？”

“如是，世尊！如來說是沙。”

“須菩提！于意云何？如一恒河中所有沙，有如是等恒河，是諸恒河所有沙數，佛世界如是，寧為多不？”

“甚多，世尊！”

佛告須菩提：“爾所國土中，所有眾生，若干種心，如來悉知。何以故？

如來說：諸心皆為非心，是名為心，所以者何？

須菩提！過去心不可得，現在心不可得，未來心不可得。”

【翻譯】

須菩提，你意思怎麼樣？如來佛有看見物質的肉眼嗎？

是的，世尊，如來佛有看見物質的肉眼。

須菩提，你意思怎麼樣？如來佛有看見未知事的天眼嗎？

是的，世尊，如來佛有看見未知事的天眼。

須菩提，你意思怎麼樣？如來佛有照見眾生根性的慧眼嗎？

是的，世尊，如來佛有照見眾生根性的慧眼。

須菩提，你意思怎麼樣？如來佛有洞見規律的法眼嗎？

是的，世尊，如來佛有洞見規律的法眼。

須菩提，你意思怎麼樣？如來佛有無事不見的佛眼嗎？

是的，世尊，如來佛有無事不見的佛眼。

須菩提，你意思怎麼樣？

恒河中所有沙子，佛說是沙子嗎？

是的，世尊，如來說是沙子。

須菩提，你的意思怎麼樣？

如恒河中的所有沙子，沙子那麼多的恒河，恒河所有沙數那麼多的世界，你說多不多？

很多，世尊。

佛告訴須菩提：那麼多國中，所有眾生，所有的心想，如來佛都知道，為什麼？

如來佛說：一切種種心都是虛妄心，只是虛名的心，為什麼？

須菩提！（因為，）對於過去心並不存在，對於現在心並不存在，對於未來心也並不存在。

【詞語解讀】

肉眼：梵語mâṃsa-cakṣus，指人之肉眼。佛經認為有五種眼，第一眼即肉眼凡胎，凡夫之眼。凡夫以此肉眼分明照見色境。《無量壽經》卷下：“肉眼清徹，靡不分了。”

天眼：五眼之二，能知照未來因果，稱天眼。《大智度論》卷五：“證得色界四大種所造淨色之眼根，稱為天眼。以此眼能照見自地及下地六道中之遠近粗細等諸物，稱為天眼通。”

慧眼：梵語prajñâ-cakṣus，智慧之眼。五眼之三。能了知諸法平等、性空之智慧，故稱慧眼。因其照見諸法真相，故能度眾生至彼岸。《大智度論》下：“為實相故求慧眼，得慧眼，不見眾生，盡滅一異相；舍離諸著，不受一切法；智慧自內滅，是名慧眼。”

法眼：梵語dharma-cakṣu，指徹見佛法正理之智慧眼。系五眼之四。“此眼能見一切法之實相，故能分明觀達緣生等差別法。菩薩為度眾生，以清淨法眼遍觀諸法，能知能行，得證是道；又知一切眾生之各各方便門，故能令眾生修行證道。”法，包括色法與心法。

佛眼：梵語buddha-cakṣus。指諸佛照破諸法實相，而慈心觀眾生之眼。係五眼之最高者。謂諸佛具有肉、天、慧、法四眼為用，乃至無事不見、無事不知、無事不聞，聞見互用，無所思惟，而一切皆總見。故稱佛眼。《無量壽經》卷下："佛眼具足，覺了法性。"

心：華嚴五祖宗密在《禪源諸詮集都序》中，將心分四種：1.肉團心，即心臟。2.緣慮心，指思想，思慮、心理活動。3.集起心，近似康德所謂先天綜合判斷，專指認識之第八識，阿賴耶識。4.堅實心，即如來藏，涅槃心，清淨自性之心，宇宙之心，故又稱真實心。

【奧義】

若菩薩有我相、人相、眾生相、壽者相，即非菩薩。

〔如果修行者心中有對自我的執著、對他人比較的執著、對眾生區別的執著、對生死分別的執著，那他就不可能成為菩薩。〕

【經文】

第三品　大乘正宗分

佛告須菩提："諸菩薩摩訶薩，應如是降伏其心！

所有一切眾生之類：若卵生、若胎生、若濕生、若化生；若有色、若無色；若有想、若無想、若非有想非無想，我皆令入無餘涅槃而滅度之。

如是滅度無量無數無邊眾生，實無眾生得滅度者。

何以故？須菩提！

——若菩薩有我相、人相、眾生相、壽者相，即非菩薩。"

【翻譯】

佛陀告訴須菩提說："諸位菩薩修行者，應該這樣去降伏自我之心。

世間有生命之物包括：孵卵所生的（鳥類爬行類）；母胎所生的（哺乳類）；水濕中所生（魚類）；蛻變而生的（蟲蛾類）；有的存在顯示生命（有色），有的存在沒有生命（無色），有的存在有欲想，有的存在無欲想。

我都希望他們超越生命而得永恆清淨解脫。

這樣普度他們是令他們自覺，其實並沒有一位眾生受到我的救度。

為什麼這麼說呢？須菩提！

你要知道，如果修行者執著於自我的私心（我相）、比較對待的人我心（人相），區別生命對待的不平等心（眾生相）、以及希望自己不死的欲心（壽者相），——那他就不可能成為菩薩。

【奧義】

是法平等，無有高下。

〔佛法是平等的，沒有高低好壞之分。〕

【經文】

第二十三品　淨心行善分

復次，須菩提！

是法平等，無有高下，是名阿耨多羅三藐三菩提。

以無我、無人、無眾生、無壽者，修一切善法，即得阿耨多羅三藐三菩提。

須菩提！所言善法者，如來說即非善法，是名善法。

【翻譯】

還有一方面要注意的，須菩提！

我們說的佛法，對人沒有高低的區別，都只是修習無上正等的圓覺之法。

所以須摒棄自我心，排他心，分別眾生的心，想自我永生的心，修習普濟一切的佛法，而達到無上正等的圓覺。

須菩提，如果有人說另有什麼好的佛法，如來會說那不是真的，只是虛名而已！

【附錄】

玄奘譯本《能斷金剛經》：

"是法平等，於其中間無不平等，故名無上正等菩提。

以無我性，無有情性，無命者性，無士夫性，無補特伽羅等性，平等故，名無上正等菩提。"

【奧義】

世尊而說偈言："若以色見我，以音聲求我，是人行邪道，不能見如來"。

〔佛說偈語：若想以顏色見到我，以聲音尋找我，這是俗人行為的邪念，不可能參見到如來。〕

【經文】

第二十六品　法身非相分

"須菩提！于意云何？可以三十二相觀如來不？"

須菩提言："如是！如是！以三十二相觀如來。"

佛言："須菩提！若以三十二相觀如來者，轉輪聖王則是如來。”

須菩提白佛言：“世尊！如我解佛所説義，不應以三十二相觀如來。”

爾時，世尊而説偈言：“若以色見我，以音聲求我，是人行邪道，不能見如來。”

【翻譯】

須菩提，你的意思怎麼樣？可以佛現色身的三十二種相而觀見如來嗎？

須菩提説：可以，可以，可以佛現色身的三十二種相而觀見如來。

佛説：須菩提，如果可以佛現色身的三十二種相而觀見如來，那麼轉輪聖王不要修行就直接是如來了。

須菩提對佛説：世尊，那麼我瞭解佛説的意思，不應以佛現色身的三十二種相而觀見如來。

這時，世尊説了如下偈語：若想以顏色見到我，以音聲尋找我，這是俗人行事的邪道，不可能參見到如來。

【註釋】

觀：佛教術語，觀察虛妄的表相世界，而達到空諦的智慧。

轉輪聖王：即轉輪王，治理凡世的聖王。

偈：梵語意譯，又譯頌，四句整齊韻語，用以表達一種對佛法的理解、讚頌。

佛教説佛有三十二相：“謂自心相，外相，所依相，所行相，作意相，心起相，安住相，自相相，共相相，麁相，靜相，領納相，分別相，俱行相，染污相，不染污相，正方便相，邪方便相，光明相，觀察相，賢善定相，止相，舉相，觀相，舍相，入定相，住定相，出定相，增相，減相，方便相，引發相。”

【奧義】

“如來者，無所從來，亦無所去，故名如來。”

〔如來的意義，沒有所來，沒有所去，所以名叫如來。〕

【經文】

第二十九品　威儀寂淨分

“須菩提！若有人言：如來若來若去，若坐若臥，是人不解我所說義。

何以故？

如來者，無所從來，亦無所去，故名如來。”

【翻譯】

須菩提，如果有人說：如來也是忽來忽去，時坐時臥，那此人沒有理解我所說的意義。

為什麼呢？

如來的意義是——沒有所來，沒有所去，所以名叫如來。

【註釋】

如來與釋迦牟尼佛如來（印度梵語：Tathāgata），音譯為多陀阿伽陀，佛的十大稱號之一。tatha 意思是“如”，agata 意思是“來”。如指真如，絕對本體，絕對真理。此乃宇宙主宰之如來。又佛稱如來者，則含兩層意思：憑藉真如之道，通過努力，不斷累積善因，最後終於成佛，故名如來佛，也就是真身如來。通過傳習，講傳真如之道，使眾生增長智慧、消除煩惱、獲取利益，故名如來佛，也就是應身如來。如來佛，也有解釋作“如諸佛而來，故名如來”。民間以為如來即如來佛，專指佛教創始者釋迦牟尼佛，釋尊，即成佛前的悉達多太子。——實際上這是不確的。如來是釋迦牟尼佛的德號之一，意思是“無所從來，亦無所去，故名如來”。如來與佛，二者只能稱其中一種。

來、去、坐、臥：這是佛教要求的四種舉止，所謂四威儀。

行、住、坐、臥四法——行如風、坐如鐘、立如松、臥如弓。

【奧義】

一切有為法，如夢幻泡影，

如露亦如電，應作如是觀。

〔一切有形有為世界萬物的總法，就是它們皆如夢幻泡沫般地在消散。

這世界有如露水閃電一樣迅速幻滅，只有如此觀察——才能洞見宇宙真諦。〕

【經文】

“須菩提，若有人以滿無量阿僧祇世界七寶，持用布施；

若有善男子、善女人，發菩提心者，持於此經，乃至四句偈等，受持讀誦，為人演說，其福勝彼。

云何為人演說？不取於相，如如不動。”

“何以故？”

“一切有為法，如夢幻泡影。如露亦如電，應作如是觀。”

佛説是經已，長老須菩提，及諸比丘、比丘尼、優婆塞、優婆夷，一切世間天人阿修羅，聞佛所説，皆大歡喜，信受奉行。

【翻譯】

須菩提，如果有人，以充滿無量數世界的七寶來布施；又如果有善男子善女人，發心上求佛果，下化眾生的話，受持實踐此經，甚至只用四句偈語來實踐、讀誦，為他人演説，他的福德勝過七寶布施。

那麼，如何為他人演説呢？不要受惑於表相，心意寧靜而不動。

一切有形有為世界萬物的總法，就是皆如夢幻泡沫般地在消散。

這世界有如露水閃電一樣迅速幻滅，只有如此觀察——才能洞見宇宙之真諦。

佛講説這部經文至此結束，長老須菩提，及諸比丘、比丘尼、男居士、女居士、一切世間，天、人、阿修羅等，聽佛所説，大家都歡喜，信受奉行。

【詞語解讀】

有為：有為，梵語saṃskṛta，指運動與行動，即有所作為。

佛學認為，整個宇宙世界都是有為世界，所以永遠變動不居。這種有為可以概括為“四象”——即四有為：生（發生）、住（存在）、異（變異）、滅（消滅，滅失）。

此四境界，即四種有為相，總言之則即一個字——變。

故世界的本質就是變幻而莫測。

法：法，梵語dharma，音譯達磨、達摩、曇摩、曇無、曇。

法乃大乘佛教認識論之重要範疇。

唯識論認為法即宇宙及萬物之自體，法乃軌則宇宙萬物之規律。宇宙有自法，法體靜謐不動而規範宇宙萬物。

故法，指物之自性，宇宙之本體、本質。佛經所言法，區別於色界（現象世界）而有法界（法相世界）。法界，亦即宇宙自然規律所存在之世界也。

〔附注：《唯識論》一曰：“法謂軌持。”“法謂軌持，軌謂軌範。可生物解，持謂任持，不舍自相。”《俱舍論光記》一曰：“釋法名有二：一能持自性，謂一切法各守自性，如色等性常不改變。二軌生勝解，如無常等生人無常等解。”《大乘義章》十曰：“法者，外國正音名為達磨，亦名曇無。本是一音，傳之別耳。此翻名法，法義不同。泛釋有二：一自體為法，二者軌則名法。”《唯識述記》二：“法者，道理義也。有般涅槃之義，名般涅槃法。”〕

法有色法、心法之別。色法即自然法，自然規律之制約。心法，即軌則人心之法，包括認識之標準、規範、倫理道德、法則、道理、教理、教說、真理、善念等。

於色法、心法等一切諸法言之，法系指所有存在之約束規律。法又分為有為法與無為法。有為，即有形而有限。無為，即無形而無限。

佛學認識論認為：人類認識世界通過六境及六種認知工具——六識。

六種認知工具，包括前五識：眼、耳、鼻、舌、身，前五識之對境亦為五，即：色、聲、香、味、觸，稱為五覺。

統攝此五覺者，乃第六識為“意”，即“心意”，“意識”。意所緣之對境，即規律之世界、本質之世界，法所在之境界，即法界dharma-dhâtu 或法處（梵dharmâyatana）。〔《大毗婆沙論》卷七十三、《俱舍論》卷一〕

諸法之自性，稱為法性、法體；其自相則稱法相。

佛陀之教說，乃宇宙之大法，即佛法，佛法無邊。

佛法之所聚集，稱為法聚、法蘊、法藏、法集、法寶藏。

佛法之義理，稱為法義。

透視諸法性空緣起真理、觀察諸法者，稱法眼。述說佛法之經論文句，稱為法文。

佛法之威力，稱為法力。佛之自體，稱為法身。佛法為進入涅槃之門戶，稱為法門。

（2019年02月06日原載何新博客）

關於《金剛經》的譯本流傳

《金剛經》是佛教重要經典。《金剛經》傳入中國後，自東晉到唐朝共有六個譯本，其中以鳩摩羅什所譯《金剛般若波羅蜜經》最為流行（約5180字）。

唐玄奘譯本名《大般若波羅蜜經》，8208字。唐義敬譯本名《佛説能斷金剛般若波羅蜜多經》。其他譯本則流傳不廣。

據學界推測，金剛經傳播是約公元前一世紀至後一世紀之間的印度河流域及克什米爾地區。東晉南北朝時代傳入中國。

2017年吐魯番吐峪溝石窟寺的第8次發掘中，考古發現初唐玄奘法師翻譯的《大般若波羅密多經》的佛經寫本殘片。出土時，文物保存較好，體量較大，有20多厘米寬，18厘米高，卷首赫然寫著“三藏法師玄奘奉詔譯”。

玄奘一生譯經74部，總1338卷（目前學界也有説法是75部，總1335卷），譯經數量為中土一切譯師之最。其中《大般若波羅密多經》又稱“空經”，總共600卷。

（2019年02月28日原載何新博客）

《金剛般若波羅蜜經》解題

金剛：梵語vajra，金剛石。又百煉成鋼稱精鋼。都有堅不可摧之義。

《金剛般若波羅蜜經》全名當為《佛説能斷金剛般若波羅蜜多經》。大略意義即：佛教導以能斬斷金剛的無上智慧，過渡到彼岸。

【詞語詮釋】

般若：梵語prajñâ，即大智慧，非人類之小心、小智慧也，而系超越人類理性之宇宙智慧，無分別無概念乃為宇宙本體光明之大智慧。佛教認為般若本體即佛性，即佛法。故玄奘説：佛法大乘，般若為本。

波羅蜜：即波羅蜜多，梵語pâramitâ，意譯為渡到彼岸，跨越無限（度無極），即脱離有限世界到達無限世界，由必然王國到達自由王國，自生死迷界之此岸而至涅槃解脱之彼岸，從而臻於終極、圓滿之境也。

《大般若經》云：“一切有心者悉有佛性，此佛性即名‘首楞嚴定’，亦名‘金剛三昧’，亦名‘般若波羅蜜多’。”

——金剛三昧與般若波羅蜜多二語之意義相通。

〔《大日經》一曰：“正覺之等持，三昧證知心，非從異緣得，彼如是境界，一切如來定，故説為大空，圓滿薩婆若。”六曰：“彼如是境界，一切如來定者。如大般若經説：一切有心者悉有佛性，此佛性即名首楞嚴定，亦名金剛三昧，亦名般若波羅蜜多。佛佛道同，更無異路。若行人初發心時，能如是正觀心佛性者，亦即名入如來定。”〕

【版本】

傳説《金剛經》於公元前994年間（約當中國西周穆王時期），成書於古印度河流域（今巴基斯坦）。是如來世尊釋迦牟尼在世時與長老須菩提的對話紀錄，由弟子阿儺所記。

《金剛經》自東晉到唐朝共有六個譯本，以最早的鳩摩羅什所譯《金剛般若波羅蜜經》最為通行。

唐玄奘譯本乃《能斷金剛般若波羅蜜經》，為鳩摩羅什後的又一重要譯本，而其他譯本則皆流傳不廣。

〔其他譯本包括：北魏菩提流支譯《金剛般若波羅蜜經》；南朝陳真諦譯《金剛般若波羅蜜經》；隋達摩笈多譯《金剛能斷般若波羅蜜經》；唐義淨譯《佛説能斷金剛般若波羅蜜多經》。〕

《金剛經》，是大乘佛教重要經典之一，為出家、在家佛教徒常所日常必須頌持。

20世紀初發現於敦煌的唐本《金剛經》，為世界最早的雕版印刷品之一，現存於大英圖書館。

【真空妙有之佛學辯證法】

《金剛經》屬於《大正新修大藏經》中般若部的經典之一，主要講述大乘佛教的空性與慈悲精神。一般認為前半部説眾生空，後半部説法空。

《金剛經》旨在論述成道境界為無上正等正覺，真空妙有，在佛教中為“不可説境界”。

經文三十二品皆篇幅短小，文字結構則晦澀複雜。文中佛語充滿禪學機鋒，隨詮隨遮，皆為悖論，表現出獨特的佛學辯證法。

經文中以此諸悖論而強調佛學“真理”本身的逆邏輯，必須躬親體驗才能感悟，而無法透過文字和形式邏輯推理而領悟得。

由於《金剛經》精神與禪宗“直指人心，見性成佛”理念相契合，故《金剛經》在五祖弘忍、六祖惠能以後的禪宗中具有至高無上的地位，其影響源遠流長。

【波羅蜜】

據《彌勒菩薩所問經》卷八所述：波羅蜜即渡河，且有已到及當到之義。成佛境界為已到彼岸，菩薩境界為當到彼岸，正向彼岸。

據《大乘義章》卷十二之波羅蜜項釋義之一，即：生死界為此岸，究竟涅槃無界為彼岸。

據《大品經遊意》所述：

（一）小乘為此岸，大乘為彼岸。

（二）魔為此岸，佛為彼岸。

（三）世間為此岸，涅槃為彼岸。又謂有相為此岸，無相為彼岸；生死為此岸，涅槃為彼岸；眾惑為此岸，種智為彼岸。有限生涯為此岸，無限生命為彼岸。〕

依據諸經論，佛教導菩薩行六波羅蜜，又作六度（渡），指大乘菩薩所必須實踐之六種修行。即：

（1）布施波羅蜜，又作檀那（梵dâna）波羅蜜，謂慈愛眾生，施惠利人。

（2）持戒波羅蜜，謂持守戒律，有所不為。

（3）忍辱波羅蜜，謂堅定忍耐。

（4）精進波羅蜜，謂上進努力。

（5）禪定波羅蜜，又作禪那（dhyâna）波羅蜜，謂寂靜守持處於一境。

（6）智慧波羅蜜，即般若波羅蜜、大慧波羅蜜，謂臻于涅槃圓滿無限之智慧。必依此大慧而能行布施而由布施波羅蜜，至修禪定而完成禪定波羅蜜，為其他五波羅蜜之根本，而稱諸佛之母。

——金剛者，砥礪學佛修行者，應當發心勇猛，求法精進。

【附注】

鳩摩羅什翻譯的原始版本久已不存。目前可見最早的版本是鳩摩羅什身後一百多年的大同本和建武本，流通最廣的底本是唐本及宋本。按江味農《金剛經校勘記》的考證，流行本與古本頗多異文。如“爾時慧命須菩提”至“是名眾生”，1908年發現的敦煌石室柳公權寫本及拓本均無，而南唐以後的石刻本則有。按鳩摩羅什弟子僧肇所注的《金剛經》乃至《纂要》，對此皆未釋及。而窺基的《贊述》已引魏譯加入釋之。所以，唐時流通本已經有變異，至五代以後本，則與古本差異更多了。

(2019年02月05日原載何新博客)

章大炎論佛哲學佚書二札

序

《致宗仰上人書》二札，是章炳麟討論哲學認識論和佛學問題的兩篇重要文章。原刊於1912年9月出版的《佛學叢報》創刊號，署名“太炎”。經查，此二札未收入〈章氏叢書》、《太炎文錄》（五卷本）、《太炎最近文錄》等章著合集。亦不著錄于湯志鈞所編《章太炎年譜長編》（中華書局1979年版）。同期《佛學叢報》在刊出章氏此兩札的同時，並載錄了後被收入章集的《頻伽精舍校刊大藏經序》。據此又可考知此序當作於1912年，而非《年譜長編·著作系年》所考訂的1913年。

在這兩封信札中，章太炎闡述了他對佛理以及康德、叔本華、黑格爾哲學的理解。因之對研究章氏的宗教和哲學思想，具有頗高的學術價值。

因之筆者試作標點，略加詮注，刊佈如下。

與宗仰上人書（一）

太炎

大法東漸，閱歲二千。大乘經論，唯留此土，西瞻佛國，盈絀有殊焉。仁山居士昔云：“中夏當為佛法之宗”，此非虛語。

絳[①]居東國五歲，數從彼土沙門宴遊。標宗談理，殊勝故鄉。其于持戒習禪，則又弗逮遠甚。弘教書院所印大藏，校勘甚精，句讀或多誤點，今者赴期摹印，未暇改更。達文字者，亦能自了。流通以後，白衣多見全經，或令末法返於正象，彌勒速於降生。則有情無窮之福也。

索序一篇[②]，今已成辦。言雖簡劣，多有對治之方。錄稿如別，以詒左右。再全藏所收唐疏，多有未完。如《海東起信疏》及《因明》、《唯識》二述記，此皆佚在東瀛。重歸禹域，金陵即有單行本矣。其《法苑義林》章、《唯識樞要》二十、《唯識論述記》，皆窺基大師所撰。實法相之勝詮，慈宗之秘寶。並已購得。如能摹資付梓，尤私心所愉快也。

東方達梵語者，頗有數人。嘗與商榷[③]，將小乘諸論（小乘論傳東土者唯“一切有部”）、及外道《吠檀多經》（此宗亦不可薄，今在印度殆與佛法爭明。雖以梵天為主，而義多同佛語，遠非基督、天方[④]可比）譯出，為之潤文，是亦參考之書矣。

書此致意，並問禪悅[5]。

註釋

①原文作“絳”。案，當為“絳”之誤。章太炎曾用名中有章絳。
②原文作“扃”，顯係“篇”（扁）之誤。
③原文作“榨”。
④“天方”係阿拉伯舊稱。此“天方”當指伊斯蘭也。
⑤原文作“悅”。

致宗仰上人書（之二）

太炎

得梵文《阿彌陀經》後，即覆一函，並略舉所得求誨。

下走於止觀六法，燀習未深，但隨分動止，以驅煩惱。尚非三賢地位，況四果耶？而間取哲學諸書，以與內典對校，則有彼此熔合，無少分相異者。特以文字不同，又更數譯，立名既異，莫能明其一致。此則爬羅抉剔，自在其人。今者偃鼠飲河[1]，未云滿腹。然亦稍稍自慰矣。

夫見識、現識，名相則殊，而實際最難分別。心王、心所，使用有別，而他書無此名詞。詳細思之，堪德[②]所謂“事前之識”者，即是能見。所謂“事後之識”者，即是能現。此説自堪德發明而後，學者無不奉之，以為圭臬。削賓霍野爾“認識充足主義”分四範疇[③]，其中所謂“先論理的真理”、“先驗的真理”者，亦皆是此能見。有此二説，而後內典大明。

若以俗情言之，能見則當時已現，能現則當時已見。何見、現之殊耶？心王、心所，即“心意”及“心意化”。而百法中尚有“心法”與“心所有法”，則非但意識，似亦兼有“末那”[④]。“遍行境”中有“作意”一法。作意者，以警覺為性，欲為之思。而當時實無於思，欲言冥極，而當時又自在進動。乃由事前之識，與色相觸，噴湧成用，即此介爾警動，分系兩頭，此非末那而何？雖然末那者，界於生滅之間。而此則界於事前、事後兩識之間。事前之識，雖非藏識，而亦永無生滅，則又不可竟屬末那。若於三界之中，見非“性境”、非“獨影境”，而與“帶質境”略有相似。然昔人亦未能明析也。

若夫“獨影境”者，則“有質獨影”，即哲學家所謂寫象。“無質獨影”，即哲學家所謂“意象”。意象所舍，得去、來、生、滅等。此瑜珈所謂“緣無識體識”也，乃如龜毛兔角等。念物非無常，而實常無。然在人之意象，則固有此龜毛兔角類。彼既常無，而我之意象所造者，則未嘗不有。此黑忌爾[⑤]所謂“有無一致”也。而削賓霍野爾則分別“世界原理”、“意想原理”為二。陸野爾[6]亦深詆黑忌爾説。

二家皆自謂“唯識一元”[7]，然亦不能不流於二元矣。自佛家觀之，色心不二，則識中本自有物。而凡人之思想所及者，即不得謂其物之無有，此非以主觀武斷也。今之所見，不過地球華嚴世界。本所未窺，教科學所可定者，不能遽認為定見（此亦陸野爾之言）。況世間常識耶？

夫此地球中，龜無毛、兔無角矣。安知宇宙之大，不更有龜毛兔角？以所未見，而謂之無，此非特於主觀不合，亦於客觀不合也。龜毛兔角，猶曰恒理所有。今使設一念曰：有石女所生之兒。有一物亦方、亦圓、亦三角。此理所無也。

然而既有此念，則不得謂無此事。即使遍遊華藏世界，初不見有此事，而此事仍不得言無。此龍樹所謂“中道觀”也。

且“無”之為名，本自無而已矣。及其名之曰“無”，而人之意中已有此“無”，是無亦（未）嘗不有也。夫是之謂絕對，夫是之謂一如。削、陸二家，立義雖精，惜其未明中觀。故是謂一元，而仍不免二元也。未識大師以為當否？如有所規，願舉菩薩造福，為之條辨，莫近語錄機鋒之説也。

註釋

①原文作“阿”。

②即康德（Kant）。

③“削賓霍野爾”，今譯為“叔本華”（Scbo-penhauer）。關於叔本華的所謂“認識充足主義”之四範疇，係指叔氏論文“關於充足理由定律的四重根”。並可參閱王國維《靜庵文集·釋理》一文所述：”至叔本華而復就充足理由之原則為深邃之研究。曰：此原則就客觀上言之，為世界之普遍法則。就主觀上言之，乃吾人之知力普遍之形式也。世界各事物無不入此形式者，而此形式可分為四種：一、名學上之形式。即從知識之根據之原則者。曰既有前提，必有結論。二、物理學上之形式。即從變化之根據之原則者。曰既有原因，必有結果。三、數學上之形式。此從實在之根據之原則者。曰一切關係由幾何學上之定理定之者，其計算之成績，不能有誤。四、實踐上之形式。曰動機既現，則人類及動物，不能不應其固有之氣質，而為惟一之動作。此四者，總名之曰充足理由之原則。”

④末那，即末那識。佛學認識論名詞。梵文Manas之音譯。即“心意”，“意識”之謂也。

⑤即黑格爾（Hegel）。

⑥即羅素（Russell）。

⑦即“唯心一元論”。

跋

宗仰上人，是辛亥革命前後佛教界著名高僧，曾主持中國佛學會工作。然其俗名及生平事蹟，筆者昧於見聞，迄未考得。

上錄二札，是太炎章氏為答宗仰上人，就集印佛教《大藏》索序事，所作的覆信。此序文，即《頻伽精舍校刊大藏經序》，已收入《章氏叢書》。

此二札之前一札，章氏論及《大藏》版本。並指出日本弘教書院所刊印本，校勘雖精，然句讀多誤。藏中所收唐本經疏，多有殘缺不全者。又指出研究佛學者，不唯當治大乘，亦當詮譯小乘及婆羅門教（“外道”）經典，作為參考。此札對治近世佛學者，是有一定參考價值的。

而對於研究近世中國思想史及章太炎哲學思想者，此處所錄之第二札，則尤有特殊價值。章氏平生，對佛教及西方哲學，皆廣有涉獵。在此札中，乃雙引而互論。札中所言：“間取哲學諸書，以與內典對校，則有彼此熔合，無少分相異者。”即此之謂也。以現代之觀點看，所論蓋多謬誤。然考於當時，則亦不無發明。在此短短一札中，章氏論及叔本華（即“削賓霍野爾”——Schopenhauer）、康德（即“堪德”——Kant）、黑格爾——Hegel）、羅素（即“陸野爾”——Russell）等人。皆近、現代西方哲學巨擘。

由此札思想立場看，章太炎係主觀唯心主義者。所謂

“色心不二，則識中本自有物”，其命題同於貝克萊“物境即心境”、“存在即被感知”。由此出發，章氏更得出了一些顯係荒謬的結論。如他認為，龜長毛、兔長角，雖然是我們人類所未見過的事物。但沒見過並不等於不存在。既然人在觀念中可以設想毛龜、角兔的存在，則它們已經是一種可能的存在了。甚至連一些自相矛盾的觀念——如三角或正方形的圓，既然是觀點上可設想，則存在也是可能的。休謨和康德曾經指出，只有在觀念上不自相矛盾的事物，其存在方是可能的。而章氏的唯心論則更認為，即使在觀念上是自相矛盾的，其存在也仍然是可能的——這種主觀唯心論更徹底，亦更荒謬。

此信中章氏又多引西方近代哲學範疇，以理解佛理。如以康德的“先天知識”（“事前之識”），解釋佛學中的“能見”範疇。“後天知識”（“事後之識”），解釋“能現”範疇。解釋固多附會，然對東、西方唯心主義認識論同源關係的比較上，亦給人以不無啟發之感。

此二札寫於1912年以前。當時國內學術界、哲學界——包括一些新學家，對西方哲學所知所論尚甚少。故章氏此二札，是十分值得治近代思想史者所注意和研究的。

（原載《學習與探索》1983年第4期）

【佛教史】

佛經關於世尊誕生、年壽及入滅的異說

根據國內外歷代佛教學者對於佛經的研究，關於世尊之誕生、出家、成道、初轉法輪、年壽、入滅等之確實年月，佛教經典中有多種不同說法。

茲略摘抄如下：

1、關於釋尊之年壽：

（一）《菩薩處胎經》卷二十三世等品，謂年壽八十四。

（二）《般泥洹》經卷下，謂釋尊年壽七十九。

（三）《金光明經》卷一壽量品、《八大靈塔名號經》、巴利文《大般涅槃經》（Mahâparinibbâna-sutta）（緬甸所傳本）等經文，謂釋尊年壽八十。

（四）《大毗婆沙論》卷一二六，謂釋尊年壽八十餘。

2、關於釋尊誕生之年代，佛教學者亦有多種不同推算：

《魏書·沙門曇謨最》曰，佛以周昭王二十四年四月八日示現生，穆王五十二年二月十五日示現滅。

日本佛教學者宇井伯壽謂公元前466年為佛誕年，中村元採用新發現之巴利文史料，考證後訂為公元前463年。

3、關於釋尊誕生之月日：

（一）《長阿含經》卷四、《過去現在因果》經卷一、《佛本行集》經卷七、《薩婆多毗尼毗婆沙》卷二等，謂二月八日。

（二）《修行本起經》卷上菩薩降身品，謂四月七日，或四月八日。

（三）《太子瑞應本起經》卷上、《異出菩薩本起經》、《佛所行贊》卷一生品、《十二遊經》、《灌洗佛形像經》等，謂四月八日。

（四）《大唐西域記》卷六劫比羅伐窣堵國條，謂衛塞月（巴Vesâkhâ）之後半八日，相當於我國農曆三月八日。

（五）印度佛教上座部謂衛塞月後半十五日，即滿月之日，相當於我國農曆三月十五日。

4、關於釋尊出家之月日：

（一）《長阿含經》卷四，謂二月八日。（二）《過去現在因果經》卷二，謂二月七日。（三）《修行本起經卷》下出家品，謂四月七日。（四）《太子瑞應本起經》卷上、《灌洗佛形像經》等，謂四月八日。（五）巴利文《本生經佛傳》，謂阿沙荼月（巴Âsâḷhâ）之第十五日。

5、關於釋尊成道之月日：

（一）《長阿含經》卷四、《過去現在因果經》卷三、《薩婆多毗尼毗婆沙》卷二等，謂二月八日。（二）巴利文《大史》（Mahâvaṃsa），謂衛塞月滿月之日。（三）《大唐西域記》卷八，謂衛塞月後半八日。（四）印度佛教上座部，謂衛塞月後半十五日。

6、釋尊初轉法輪之月日：

（一）《菩薩處胎經》卷七，謂二月八日。（二）《大毗婆沙論》卷一八二，謂迦栗底迦月白半八日。

7、關於釋尊入滅之月日：

（一）《長阿含經》卷四，謂二月八日。（二）《大般涅槃經》卷一、《善見律毗婆沙》卷一等，謂二月十五日。（三）巴利文《一切善見律》（Samantapâsâdikâ）序、巴利文《律藏》（Vinaya-piṭaka）、《大史》第三章、《大唐西域記》卷六拘屍那揭羅國條等，謂衛塞月後半十五日。（四）《薩婆多毗尼毗婆沙》卷二，謂八月八日。（五）《大毗婆沙論》卷一九一、《大唐西域記》卷六援引說一切有部所傳，謂迦剌底迦月後半八日。（六）《灌洗佛形像經》，謂四月八日。

又釋尊之入滅年代，亦眾說紛紜。日人宇井伯壽主張為公元前386年，中村元主張公元前383年，我國印順則主張為公元前390年。

綜上所述，釋尊降生之日可大別為四說，即：

（一）二月八日，（二）三月八日，（三）四月八日，（四）三月十五日。

《俱舍論法寶疏》卷一則說謂：“以立正異故，婆羅門國以建子立正，此方先時以建寅立正，建子四月，即建寅二月。故存梵本者而言四月，依此方者，即云二月。”

據此可知現在以夏曆（陰曆）四月八日為佛誕日，實誤。

關於釋尊入滅之月日亦大別為三說，即：

（一）二月八日，（二）二月十五日，（三）八月八日。

此外，北周道安之《二教論》、《俱舍論寶疏》卷一等，比較印度曆與我國農曆之月分，謂印度之二月相當於我國之四月。又印度曆每月初一相當於我國農曆第十六日，月末日相當於我國次月之十五日，其前半月稱為黑分（晦），後半月則稱為白分（朔）。

南無阿彌陀佛！

（2016年3月30日原載何新博客。2018年8月21日修訂重刊）

佛經所記佛陀生平及傳教歷程

根據國內外佛教學者研究，佛經中所記述的佛陀世尊主要生平事蹟如下：

1、世尊法號

據日本佛教學者考證，瞿曇佛陀於公元前463年在喜馬拉雅山下今日尼泊爾國的迦毗羅衛城（梵Kapilavastu，巴

Kapilavatthu）誕生。

瞿曇，梵名Gautama或Gotama，巴利名Gotama，瞿曇為貴族（刹帝利）種姓，即釋尊所屬之王者本姓。又作裘曇、喬答摩、瞿答摩、俱譚、具譚，意譯地最勝、泥土。

佛經世尊法號釋迦牟尼出於釋迦族，釋迦意義為仁者。釋迦牟尼，梵名Sākyamuni，巴利名Sakya-muni，意即釋迦族出身之聖人。

佛教稱釋迦牟尼又作釋迦文尼、奢迦夜牟尼、釋迦牟曩、釋迦文。略稱釋迦、牟尼、文尼。佛經意譯作能仁、能忍、能寂、寂默、能滿、度沃焦，或梵漢並譯，稱為釋迦寂靜。

又稱釋迦牟尼為世尊、釋尊，即佛教教祖之義。

〔以上稱號，見於《佛本行集經》卷二十觀諸異道品、《有部毗奈耶雜事》卷二十、《阿毗曇八犍度論》卷三十等。〕

2、世尊屬國

釋尊生前為今尼泊爾地區之迦毗羅衛城（梵文Kapilavastu）王者淨飯王（梵文Śuddhodana）之王子。

該城在今尼泊爾南部提羅里克（Tilori-Kot）附近，拉布提河（Rapti）東北。此城邦面積約330平方里（華里），該城邦為憍薩羅國（梵Kosalâ）之屬國。

其時尼泊爾地區存在十個小城邦，由十城中選出最有勢力之城主為共主（國王），淨飯王亦為當時十城之共主。世尊之母摩耶夫人（梵Mâyâ）為居利族天臂城（梵Devadaha）主之女。

3、出生瑞祥

摩耶夫人將分娩之前，依習俗返娘家天臂城待產。途中路過藍毗尼園（梵Lumbinî）休息，於無憂樹（梵aśoka）下突然產子，即是釋尊。

據佛經《修行本起經》卷上降身品的記載：釋尊誕生時，即能行七步，舉手言："天上天下，唯我為尊；三界皆苦，吾當安之。"

佛教的《中阿含經》卷八《未曾有法經》、《普曜經》卷二《欲生時三十二瑞品》、《異出菩薩本起經》、《過去現在因果經》卷一、《眾許摩訶帝經》卷三、《佛本行集經》卷八《樹下誕生品》、《有部毗奈耶雜事》卷二十、

《大毗婆沙論》卷七十等經典中，亦載有釋尊誕生時之種種神異瑞相。

4、世尊俗名

王子降生還宮後，命名悉達多（梵Siddhârtha ，巴Siddhattha），又作薩婆悉達（梵Sarva-siddhârtha ，巴Sabba-siddhattha）、薩婆額他悉陀（梵Sarvârtha-siddha）、薩婆曷剌他悉陀、悉達羅他、悉達，意譯為一切義成、一切事成、財吉、吉財、成利。

5、世尊幼年

摩耶夫人於分娩王子七日後去世。王子由姨母摩訶波闍波提（梵Mahâprajâpatî）撫育成人。

據《佛本行集經》卷十一習學技藝品、《有部毗奈耶破僧事》卷三等記載，王子少時隨從婆羅門毗奢蜜多羅（梵Viśvamitra，彩光甲）學習文藝，隨羼提提婆（梵Kṣântideva，同神）學習武技，皆精進。

及長大，王子迎娶天臂城主善覺王（梵Suprabuddha）之女耶輸陀羅（梵Yaśodharâ）為妻（與母同族），生子羅侯羅（梵Râhula）。

據《修行本起經》卷下遊觀品等所載，王子曾由城之四門出遊，見老、病、死、沙門等現象，深感人生之苦痛與無常，遂萌出家修道之志。

6、世尊出家

世尊年二十九歲（一說十九歲）時，夜出王宮，自脫衣冠為婆羅門沙門。

初訪毗舍離國（梵Vaiśâlî）向婆羅門跋伽婆（梵Bhârgava）求道。

復至王舍城（梵Rajagṛha）受婆羅門賢者阿羅邏迦藍（梵Ârâḍa-kâlâma）、郁陀迦羅摩子（梵Udraka-râmaputra）之教。

以所學難臻解脫之境，遂至摩揭陀國（梵Magadha）伽耶（梵Gayâ）南方之優樓頻羅村（梵Uruvilvâ）苦行林，開始六年苦行生活，淨飯王派五位侍者與之共修。

苦修期間，王子日食一麻一麥，雖至形體枯瘦，心身衰竭，而始終未能成道，乃悟苦行非得道之因，遂出苦行林。

此時，共修之五侍者以為王子已放棄道心，遂舍之而歸去。

7、世尊悟道

王子放棄苦行後，至尼連禪河（梵Nairañjanâ）沐浴。餓困，遇牧女以乳汁為供養。恢復體力後，至伽耶村畢缽羅樹（梵pippala）下，以吉祥草敷金剛座，東向跏趺而坐，端身正念，靜心默照，思惟解脫之道。

靜坐靜思四十九日後，於十二月八日破曉時分，豁然大悟。時年三十五歲（一說三十歲）。

由此因緣，後世乃稱畢缽羅樹為菩提樹（梵bodhivṛkṣa）。

〔按：釋尊成道之經過，載於《中阿含卷》五十六《羅摩經》、《修行本起經》卷下《六年勤苦品及降魔品》、《過去現在因果經》卷三、《佛本行集經》卷二十六至卷三十、《五分律》卷十五等。〕

8、世尊初轉法輪

釋尊成道後，於波羅奈城（梵Bârâṇasî）鹿野苑（梵Mṛgadâva）首先教化共修苦行之五位侍者，此即初轉法輪。

五位侍者即有名之五比丘：阿若憍陳如（梵Ajñâta-Kauṇḍinya）、跋提（梵Bhadrika）、婆沙波（梵Bâṣpa）、摩訶男（梵Mahânâma）、阿說示（梵Aśvajit）。

〔有關釋尊初轉法輪、演說四聖諦、八正道等事蹟，載於《雜阿含經》卷十五《轉法輪經》、《五分律》卷十五、《有部毗奈耶雜事》卷三十九等。〕

9、世尊教化弟子建立精舍

此後，釋尊自稱如來（梵tathâgata）。如來之語義甚多，一般意指“乘如實之道，而善來此娑婆世界”。

初轉法輪後，釋尊至摩揭陀國，化度原信拜火教之優樓頻羅迦葉（梵Uruvilvâ-kâśyapa）、那提迦葉（梵Nadi-kâśyapa）、伽耶迦葉（梵Gayâ-kâśyapa）等三兄弟，及其弟子千人。又化度六師外道之一的詭辯派舍利弗（梵Śâriputra）及目犍連（巴Moggallâna），其後皆成為釋尊之高足。

於王舍城，世尊得摩揭陀國王頻婆娑羅王（梵Bimbisâra）歸依。迦蘭陀長者（梵Kalanda）獻之竹園，國王在竹林中建立精舍，供養釋尊，稱迦蘭陀竹林精舍。

至此，佛教僧團之進展遂日漸壯大。

10、世尊返國

此後，釋尊返故鄉迦毗羅衛城。回國後歸依者眾多，包括世尊異母弟難陀、兒子羅侯羅、堂弟提婆達多、理髮匠優波離等，皆剃髮出家。

又為舍衛城（梵Śravastî）須達多長者（梵Sudatta）說法，長者於舍衛城太子只多（梵Jeta）所贈園林中建立大精舍以獻釋尊，供長期安住弘法。

舍衛城國主波斯匿王（梵Prasenajit）亦於此時歸依。

〔波斯匿王（梵 Prasenajit），是中印度憍薩羅國國王，兼領有迦屍國，與摩竭陀國並列為佛陀時代的大強國。波斯匿王與釋尊同齡，曾和釋尊辯論而結成好友，視釋尊如師，在印度與頻婆娑羅王同是護持佛教的兩大國王。〕

11、比丘尼教團建立

淨飯王死後，釋尊再度回國。

姨母波闍波提、妃耶輸陀羅等隨世尊剃髮出家，此為佛教的比丘尼教團建立之始。波闍波提即為佛教僧團第一位比丘尼。

此後釋尊巡歷印度各地說法布教，無論貴賤男女，不管其所屬種姓，有教無類，悉施教化。

佛陀反對婆羅門教的種姓不平等制度。因此，他所創立的佛教僧團，允許各個種性和賤民參加。另外，還容許接受在家生活的男女信徒為弟子，稱為優婆塞、優婆夷或在家居士。以出家之比丘及比丘尼為中心，再加上在家之信士、信女而構成佛教之僧伽（梵文saṃgha，巴同）集團。

由於佛教視眾生為平等，破除傳統種姓制度，於是佛教僧團人數大增。

12、世尊傳法多地

釋尊成道以後四十四年之夏，安居及遊歷之處所，於《僧伽羅刹所集經》卷下有詳細記載：

釋尊先後住於波羅奈國、靈鷲頂山（梵Gṛdhrakûṭa）、摩拘羅山（梵Makula）、三十三天、鬼神界、舍衛祇樹給孤獨園、柘梨山等地。

另據《八大靈塔名號經》記，釋尊曾於喜馬拉雅雪山修苦行。後歷住毗沙林、惹里岩、大野（梵Aḷâvî）、尾努聚落等。

英國佛教學者大衛斯（T. W. Rhys Davids,1843~1922）據錫蘭及緬甸之佛傳、巴利文《法句經注》（Dhammapada atthakathâ）等，謂祇樹給孤獨園建立以後，釋尊曾住於毗舍離城之大林（巴Mahâ-vana）、摩拘羅山、僧迦舍（巴Saṅkissa）、巴利雷雅卡（巴Parileyyaka）、曼特剌（巴Mantala）等地。

此外，《大智度論》卷三、《分別功德論》卷二、《高僧法顯傳》等對此亦有記載。

綜合以上諸說，可推知釋尊弘法巡遊之地多在尼泊爾地區的王舍城與舍衛城一帶。

13、世尊晚年

有關釋尊之晚年生活，據《增一阿含經》卷二十六、

《義足經》卷下、《出曜經》卷十六、《毗尼母經》卷四、《五分律》卷三、卷二十一、卷二十五、《四分律》卷四十六、《有部毗奈耶破僧事》卷十三、卷十四、《善見律毗婆沙》卷二等所記：

彼時婆羅門提婆達多欲奪釋尊教團僧眾，所欲不遂，乃不斷破僧害佛。

波斯匿王之子琉璃王即王位後，攻伐釋尊之故鄉迦毗羅衛城，滅亡釋迦族。

〔據《增一阿含經》卷二十六：波斯匿王命迦毗羅衛城的釋迦族送公主入宮和親。釋迦族違命，飾一美婢偽稱公主，是為茉利夫人。茉利夫人與波斯匿王生下了王子毗琉璃。

毗琉璃王子少年時，至釋迦族中聚會，被譏為“婢女之子”，毗琉璃忿怒，誓言報復，二十歲時發動兵變，流放了波斯匿王，自行即位，是為毗琉璃王。

毗琉璃王想起舊恨，進兵迦毗羅衛城。釋迦牟尼佛力阻三次，最後仍然無法阻擋。釋迦族人遭到毗琉璃王殘虐屠殺，終於滅亡。佛弟子目犍連尊者，欲以神通保衛釋迦族人。佛祖

哀示，以此為前世因果，而釋迦族今生又不慎再惹怨怒，毗琉璃王殺意堅決，已不可救。

不久後，毗琉璃王在舍衛城殺死了兄長祇陀太子，又流放了波斯匿王，導致其死亡。毗琉璃王荒淫酒色，在大河遊憩時，船隊遇暴風雨沉沒而死，此後憍薩羅國被摩揭陀國阿闍世王合併。〕

釋尊在世之最後一年，離開摩揭陀國，北渡恒河，經毗舍離（梵文Vaiśâlî），至波婆城（梵文Pâvâ），接受金工純

陀（梵Cunda）之供養。

14、世尊之辭世

一日，釋尊因食蘇迦拉摩達伐（巴Sûkaramaddava ，即旃檀樹茸）而罹病。

據日本佛教學者推算，公元前383年，釋尊圓寂。

臨終前，釋尊於拘孫河（巴Kakuṭṭha）作最後之沐浴。復至拘尸那揭羅城（位於印度北方邦達拉克浦縣摩達瓦爾鎮）沙羅雙樹林，頭北面西，呈吉祥臥。

夜半將圓寂前，對諸弟子作最後之教誨，而後釋尊平靜入滅。

釋尊之遺骸，初置於末羅族（梵Malla，巴同）之天冠寺（梵Makuṭabandhana-cetiya），而後施以火葬。

然參與祭事之拘尸那揭羅、波婆、遮羅、羅摩伽、毗留提、迦毗羅、毗舍離、摩揭陀等八國使節，由於分配遺骨舍利問題而起爭端。

後經香姓婆羅門（巴Doṇa）調停，乃得定議，由八國均分遺骨。香姓婆羅門得舍利瓶，另有較遲入會之畢鉢（梵Pipphalivana）村人僅得焦炭。

各國紛紛建塔供養佛骨舍利，此即後日各地諸佛舍利塔之由來。

15、佛經初次結集

世尊生前述而不作，沒有寫下任何經文傳世。

釋尊入滅之年，諸信眾於王舍城之七葉窟，舉行第一次佛教經典結集的法會。大迦葉（梵Mahâkâśyapa）為此法會的主要召集人。

原始佛典如《阿含》及諸律等，皆由弟子口誦相傳。阿難（梵Ânanda）與優波離（梵Upâli）等乃各依其聽聞佛說，據記憶背誦經、律，復經信眾討論、勘訂，記錄成文，而後成為後世經律之準則。

16、佛教分為南北二系統

世尊滅度後，佛教歷經多次變遷，教法分為兩大系統傳播：

一為以巴利語為主之南傳佛教系統。

南傳佛教以小乘佛教（梵語hîna-yâna）為主。

南傳佛教由印度及孟加拉向東到緬甸、泰國、柬埔寨、越南，向南到錫蘭（斯里蘭卡）傳佈。

南傳佛教傳承了佛教中上座部佛教的系統，遵照佛陀以及聲聞弟子們的言教和行持過修行生活，因此稱為上座部佛教（Theravàda）。上座部佛教使用的經典語言屬於巴利語體系。

一為以梵文以及漢譯經典為主之北傳佛教系統。

北傳佛教以大乘佛教（梵語mahâ-yâna）及梵文經典為主。

“北傳佛教”經克什米爾、巴基斯坦、阿富汗和西域諸古國，沿絲綢之路往東傳入中國，以及朝鮮、日本等地，也包括由尼泊爾、中國西藏傳入蒙古一帶。

此係梵文經典佛教與通行巴利佛典的錫蘭、緬甸、泰國、柬埔寨等國的佛教，風格迥異，因其係由印度向北傳佈，故稱為北傳佛教。

（愚癡居士何新輯於2016年）
（2016年3月31日原載何新博客）

釋迦牟尼佛不是印度人

——佛教起源地在尼泊爾

佛祖釋迦牟尼誕生於今日尼泊爾古代迦毗羅衛的藍毗尼園。

佛祖釋迦牟尼是尼泊爾人，不是印度人。

在歷史中，尼泊爾一直是喜馬拉雅山南麓的一個獨立地區，正如巴基斯坦所在的印度河流域也是獨立地區。

尼泊爾地區從未被南亞印度統治過。所以一直以來，史學界把古代的印度河地區、尼泊爾地區都看做從屬於印度國或者印度地區（簡稱印地），說佛教起源於印度，在地理和歷史上都是毫無根據的謬説，是偽史。

喜馬拉雅山南麓的尼泊爾地區，歷史非常悠久。考古學家從加德滿都谷地發現新石器時代工具，這些石器與青藏高原發現的石器有相關性，顯示在喜瑪拉雅山南麓早在9000年前就已有人定居。

有考古證據表明，大約在2500年前，説藏緬語族語言的人在這裏定居。這些人也是今日尼泊爾人的祖先之一。

古尼泊爾人不是印地的南亞人種系，而是血緣近似於古華夏漢藏羌人的種系。

尼泊爾是內陸山國，位於喜馬拉雅山中段南麓，北與中國西藏接壤，東、西、南三面被印度包圍，國境線長2400公里。尼泊爾是一個近長方形的國家，從東到西長度為800多公里，從南到北約150–250公里之間。

古代尼泊爾境內有很多小城邦。前6世紀，已經有人在加德滿都河谷一帶定居，後來發展成為尼泊爾境內的各個民族。

遠在公元前6世紀，尼泊爾地區就有許多古國和城邦存在。

釋迦牟尼，就是這個時期出生於尼泊爾地區迦毘羅衛國。

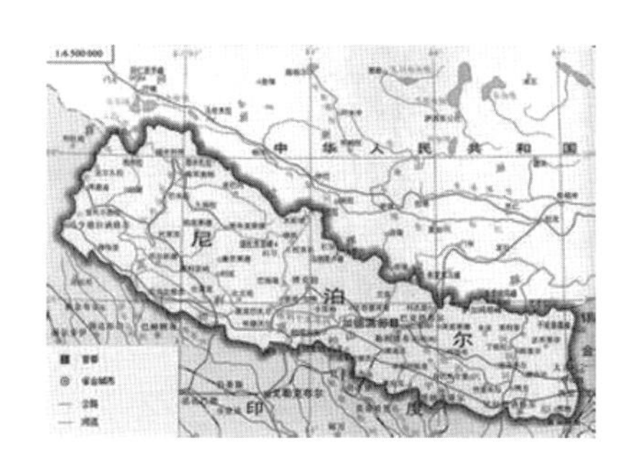

迦毘羅衛國（Kapilavastu），出自梵語，佛經中又譯劫比羅伐窣堵（《大唐西域記》）、迦毘羅蟠窣都、迦毗羅婆蘇都、迦毗羅、迦毗梨等，位置大約在喜馬拉雅雪山南麓尼泊爾的南界，為古代釋迦族的國都，也是釋迦牟尼的故鄉。

根據佛教的傳說，釋迦牟尼之父是淨飯王，又名首圖馱那，是迦毗羅衛城民眾推選出來的執政官，是一位剎帝利（武士階級）之王。在梵語中，釋迦可能是全能的意思。

迦毗羅衛國周邊與末羅（Malla）、迦屍（Kasi）、拘薩羅（Kosala）、摩揭陀（Magadha）、般闍羅（Panchala）和跋耆（Vajii）等尼泊爾的城邦為鄰。迦毗羅衛國疆土略約二千六百平方公里（50×50公里），王城周圍十公里。國族血統純正，具尚武精神，頗受鄰國尊敬。

釋迦牟尼是淨飯王的太子，本名悉達多·喬達摩。

關於悉達多太子的生年，說法不一。一種認為是在公元前543年5月的月圓日，另一則是認為在前589年或前588年。

佛祖釋迦牟尼誕生於今日尼泊爾地區古代迦毗羅衛城邦的藍毗尼園。

悉達多成年後在畢缽羅樹（佛教信徒尊稱菩提樹）下悟道，初期在尼泊爾傳道，後來南下印度地區，在恒河兩岸向人傳教。

當初隨他修行的五位尼泊爾貴族接受了悉達多的教導之後，成為比丘，也就是第一批僧侶或和尚。釋迦摩尼在其生活的幾十年中四處遊行，招收了許多弟子，佛教影響逐漸擴張。印地社會各階層和各種身份的人，紛紛都來聽他演講而成為他的弟子。

喬達摩在80歲的高齡逝世（佛教稱之為涅槃），這時他已舉世聞名，被世人尊為釋迦牟尼——全能全知的悟道者。

尼泊爾境內出土的迦毗羅衛城宮殿的遺址

尼泊爾也是文殊菩薩的顯聖故地。根據梵經《斯瓦揚布往世說》所記載的傳說，現時的加德滿都谷地本來是一座名為“納格達哈”（梵語：Naga Dah，意思就是“蛇湖”）的大湖泊。

後來文殊師利菩薩來到，用劍把湖的南面一座山峰劈開，把湖水及住在湖裏的大蛇瀉走，形成了今日的加德滿都谷地。文殊菩薩就以自己的名義在這裏建立了一座城，名為曼殊帕坦，就是今日尼泊爾的德瓦帕坦。而那個把湖水瀉走的山峽，今日被稱為佐帕爾（Cophara）。

釋迦牟尼涅槃後，摩訶男（Mahanama）執政時，迦毗羅衛國被憍薩羅國毘琉璃王攻破，釋迦族被戰象踐踏，男子盡滅。毘琉璃王以大火毀滅迦毗羅衛城。釋迦牟尼的弟子此後流散於四方。

玄奘曾到過尼泊爾地區的尼波羅國以及佛誕生地的迦毘羅衛國（他稱其為劫比羅伐窣堵）。

（2015年6月15日刊於何新網易博客）

佛祖是華族人

印度口傳史詩《羅摩衍那》稱“脂那人”為佛祖出身的“釋迦族”的一脈。

佛祖釋迦摩尼的那個脂那族，原為居住於今日所稱尼泊爾國土上的土著民族，佛經說此族是黑頭、黃色人種。傳說“脂那族人”驍勇善戰。而脂那人，即支那人，華族人。

故佛祖釋迦牟尼血脈很有可能來自中土。

【佛祖尊號釋迦牟尼】

印度河地區出土貴霜王朝迦膩色伽一世（Kaniṣka Ⅰ，約100—123年）的幾種金幣，正面是迦膩色伽王立像，背面有坐佛或立佛像，並有大夏文Sakamano（釋迦牟尼）。

大夏文Saka即梵語Śākya，即塞種人（Saka）。塞種，《漢書·西域傳》顏注：“即所謂釋種者也，譯語有輕重耳。”佛祖釋迦牟尼尊號的本意“釋迦族的聖人”，亦可解釋為“塞族”的聖人。

由此可知，雖然佛教是從尼泊爾產生的，而佛祖釋迦牟尼族系乃是來自北方的塞種人。而塞種人與華夏人曾經長期混居於中土，血緣與文化均曾經相互交融。

（2018年10月13日原載何新博客）

支那考

「支那」一詞出自梵語

支那一詞，現在國人多以為出自日語，是對中國的蔑稱。這是誤解。實際上這個語詞出自梵語，是古代南亞印度人對中國的稱謂。

玄奘的《大唐西域記》記印地人稱中國為摩呵至那，語出梵語。摩呵Maha意「大」，至那或做作脂那，即支那，出於梵語Cina，為古代印度人對秦即中國的稱呼。

（但此並非中國人對自己的稱呼。）從這一名詞，後來又衍生出異方對中國的多種稱呼，例如佛經中稱中國為支那、震旦等。

〔《大慈恩寺三藏法師傳》、《法苑珠林》、《大方等大集經》、《佛説大灌頂神咒經》、《佛產寶雨經》、《阿毗達磨大毗婆沙論》等佛教經典中有關Cina的漢譯名有：至那、斯那、脂那、脂難旃丹、莫呵至那、摩呵支那、震旦、振旦、真丹，等等。應該説，這些名稱指的都是中國。〕

支那一詞傳入歐洲，於是而有China、Chin、Cinas、Sin、Chin、 Sinoe等拉丁文以及西文諸名。

關於支那、Chin，公元前221年秦帝國統一海內，威震四方，於是周邊民族便以「秦」來指稱中國，Chin、Cina等即是「秦」的對音轉語。匈奴語言稱人為那、儺，秦那及對音china，則是匈奴語言秦人之義。

另一種意見認為，雖然Cina起源於「秦」，但這不是秦始皇的帝國之「秦」，而是公元前7世紀時強盛於中國西部的秦穆公之「秦」，這樣，就能解釋 何在公元前221年以前，Cina一詞已出現在印地人的梵語著述中了（見張星烺《中西交通史料彙編》第一冊，「支那名號考」）。

佛教的起源地與傳法路線

尼泊爾、克什米爾與巴基斯坦、阿富汗，是昔日的佛教聖地

1

公元前3000年左右，古印度河文明產生在今日巴基斯坦境內的印度河中下游流域。

公元前5世紀前後，佛陀誕生於喜馬拉雅山之南麓，與克什米爾高原所毗連的古尼泊爾地區的迦毗羅衛城（Kapila nagara）。

必須指出古尼泊爾從來不屬於南亞印度。

歷史上有兩個印度，一個是印度河印度，地在今日的巴基斯坦、阿富汗以及包括喜馬拉雅山南麓的克什米爾和尼泊爾地區。此地中國古代史籍及佛經稱為“天竺”“身毒”，得名於印度河。

一個是南亞印度，主要在恒河平原下游的印度高原地區。此地古無統一之國，以宗教被佛經稱為婆羅門地區。英

國人入侵控制南亞後將整個南亞與西南亞都統稱“印度”，因此南亞印度的得名是來自英國人，而非自古之稱。1947年印巴獨立分治後，真正的古印度即印度河流域成為現在的伊斯蘭國家巴基斯坦，而並非古印度的婆羅門南亞則被稱為“印度”。現代學人不辯其誤會，於是造成了許多歷史誤讀之錯誤。

佛教起源於古代的尼泊爾地區，而古尼泊爾地區與南亞印度並沒有歷史歸屬關係，而與印度河地區則歷史關係極為密切。

過去所流傳的一切關於佛教起源於南亞印度的說法，都是以訛傳訛的不實之詞。

2

《大唐西域記》所說的迦濕彌羅（梵 Kamira），佛經中也寫作羯濕弭羅國、迦葉彌羅國、個失蜜國，這個巴基斯坦地區的古國在克什米爾高原的西南部，屬於古代所說的印度，尼泊爾地區當時隸屬於它。

克什米爾高原位於南亞西北部，東面與中國交界，西面屬於巴基斯坦，南面是印度，北面與阿富汗接壤。據佛經，此地古代屬於迦濕彌羅國。

事實上“克什米爾”就是梵語“迦濕彌羅”的轉語。克什米爾地形包括高原、山地和峽谷。巴基斯坦與中國交界處的喜馬拉雅山喬戈里峰海拔8611米，位於克什米爾高原，是世界第二高峰。

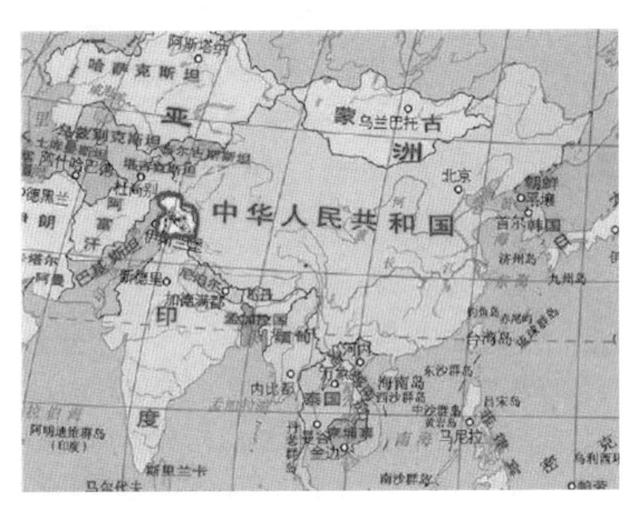

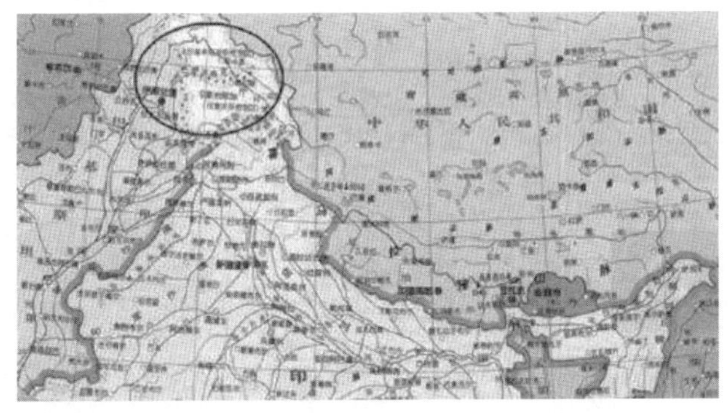

3

迦濕彌羅古國位於巴基斯坦西北部、是處在印度河上游地區、克什米爾高原、峽谷之間的一個重要古國。著名的犍陀羅國則在其西南。

佛教的雕像和造塔藝術起源於迦濕彌羅，大量存在於犍陀羅地區，其造型藝術具有生動而寫實的鮮明風格，被稱為健陀羅藝術風格。

據西方百年來的説法，迦濕彌羅—犍陀羅藝術風格來自歐洲希臘，是亞歷山大時代傳播到克什米爾高原和印度河流域的。這種説法純屬毫無歷史根據的主觀臆測，而所謂的亞歷山大遠征和帝國也只是出自想像的神話虛構故事。

事實上，我們有根據認為迦濕彌羅—犍陀羅的佛教造型藝術是印度河地區的本生古老藝術，後來向西方和北方傳播，影響了敘利亞和君士坦丁堡羅馬，文藝復興後影響了意大利的造型藝術，也影響了北方的中國佛教藝術。

克什米爾地區人文歷史極為悠久，存在許多古文化遺址。

此地我國漢朝時稱為罽賓，在魏晉南北朝時代稱為迦濕彌羅，到隋唐時代稱為迦畢試。據佛經的說法，健陀羅城邦，是迦濕彌羅的屬國。

【附注：據健馱邏文《佛本生經》（Jataka），古時健馱邏曾是迦濕彌羅國（Kasmira）的屬國。】

4

佛教由尼泊爾起源，佛陀生前主要在離家鄉不遠的舍衛城說法，佛陀身後佛教由尼泊爾向克什米爾西傳。

佛經說，孔雀王朝時代阿育王時曾經派遣僧人末闡提到克什米爾地區布教，感化當地的蠻龍族，使其解脫罪業。後來夜叉盤荼鬼的妻子及五百弟子皆相繼皈依佛法。當時迦濕彌羅國中奉持佛法的比丘有八萬人，僧侶有十萬人。

公元2世紀時，阿富汗地區貴霜帝國（月氏人建立）的迦膩色迦王召集五百位高僧編纂《大毘婆沙論》，並鏤鐫經論於銅牒之上，封存於石函中，建塔藏納。

【1931年，在釋迦摩尼誕生地的迦濕彌羅的吉爾吉特（Gilgit）地方發現一批佛教梵文寫本，字體與中亞細亞和我國新疆地區發現的相同。】

克什米爾—迦濕彌羅當年是佛教之聖地。佛經說當時有藥叉神保衛迦濕彌羅，不讓外道竊取該塔所藏的經論，如果有人想要學習佛法，就必來到塔中受業。

秦漢時期，來自西域諸國即今日的尼泊爾、克什米爾、巴基斯坦、阿富汗的包括月氏、安息、康居等地的許多高僧陸續來華譯經傳教。

5

事實上，中國的佛教不是來自南亞印度，而是來自克什米爾和巴基斯坦，經西域（新疆）而東傳。

公元前1世紀，佛教自克什米爾傳入新疆于闐，此後即沿著絲綢之路、河西走廊不斷東傳。

據佛經記載，晉代高僧佛圖澄在東來中土以前，曾經前去克什米爾地區（迦濕彌羅）修學佛法。著名的大師鳩摩羅什也曾經到迦濕彌羅參學佛法，師事盤頭達多，研習小乘經典。

南北朝時，自迦濕彌羅來華從事譯經的高僧著名者有僧伽提婆、僧伽跋澄、佛陀耶舍、求那跋摩、佛陀多羅等。我國赴迦濕彌羅求法的有智猛、法勇、智嚴等數十人，或尋訪聖跡，或修學禪法，或求取經典。

迦濕彌羅國雖以小乘教法著稱，但5世紀初期，由此地傳來中國的經典，不少是屬於大乘方等部的經典，可知迦濕彌羅在當時也弘傳大乘之教。

7世紀末，有許多克什米爾地區的沙門來到中國翻譯經典，如唐高宗時代的佛陀波利、地婆訶羅（日照）等人，都是來自迦濕彌羅，他們在中國譯出大小乘經典。

8世紀時，唐僧玄奘由新疆進入印度河地區，由犍陀羅來到迦濕彌羅，在此住留四年，學習大小乘教。據他記述，其時當地有寺院三百餘所，靈塔瑞像眾多。

9世紀以後，沙彌天息災、繼業也曾到克什米爾求教。

12、13世紀後，伊斯蘭教征服了印度河流域以及克什米爾地區，此後，流傳一千五百年之久的佛教則遭遇末法時期，逐漸銷聲匿跡。

6

從公元第1世紀至10世紀間，來自尼泊爾、克什米爾和巴基斯坦及阿富汗地區的佛教僧侶為弘傳佛法，曾攜帶大批佛教經、律、論的梵文貝葉寫本前往中亞細亞、中國西域（包括新疆、西藏等地區）和中原地區。這些地方的佛教徒隨身帶回無數的梵文貝葉經論。

特別在公元11至12世紀間，佛教僧侶因為外教侵迫，帶著許多珍貴的佛教梵文寫本，避難到尼泊爾和我國西藏地區，並在那兒定居下來，從事翻經傳道。

因此，尼泊爾和我國西藏這兩個地方保存的梵文寫本佛經比任何地方都多。

南亞地區的印度古代基本上沒有佛教流傳。

梵文寫本佛經，從19世紀起在中亞細亞，我國的新疆、西藏，尼泊爾和日本等地就被陸續發現；尤其是在尼泊爾和中國西藏地區所發現的數量最多。

在中亞細亞和我國新疆地區所發現的佛經寫本在年代上比較早，大約是公元4至6世紀的，雖然大部分只是斷簡零篇。在尼泊爾和中國西藏地區所發現的在年代上比較晚，大約是公元10至12世紀的，但大部分比較完整，殘缺的並不很多；同時，其中有許多是重要的佛教經、律、論以及佛教文學故事集和頌詩。

尼泊爾和我國西藏地區的佛教梵文寫本的發現，其意義是十分重大的。

【附錄】尼泊爾梵文寫本佛經的發現

19世紀初，有一個英國殖民主義者名叫何德遜（Houghton Hodgson）從英國來到尼泊爾這個山地古國。

從1819年至1843年，他在尼泊爾歷任英國駐尼泊爾助理政治專員、政治專員、尼泊爾郵政長官以及尼泊爾法官等職。

何德遜二十多年在尼泊爾從未間斷過搜尋和收集尼泊爾人民的各種珍貴歷史文物，並把它們偷偷的運走。被他發現和偷走的尼泊爾歷史文物中，最重要的是大批梵文寫本佛教經典。

根據大家所知道的數目，何德遜從尼泊爾運走的梵文寫本佛典共三百八十一捆、二百多種，分別存於下列英、法、印三國學術團體：

一、印度孟加拉亞洲學會（the Asiatic Society of Bengal）；八十五捆；

二、英國倫敦皇家亞洲學會（the Royal Asiatic Society of London）：八十五捆；

三、英國前印度事務部圖書館（the India Office Library）：三十捆；

四、英國牛津大學波德連圖書館（the Bodleian Library，Oxford）：七捆；

五、法國亞洲學會（the Societe Asiatique）：一百七十四捆。

何德遜盜竊的尼泊爾佛教梵文寫本運到印度和歐洲後，立即轟動整個資產階級梵文學術界，因為佛教梵文寫本的發現，在數量上那麼多，在質量上那麼好，這還是第一次。

歐洲梵文學者對這些寫本編制目錄和校刊出版。

關於目錄，首先有英國考威爾（E. B. Cowell）和艾格林（Eggling）兩教授為英國皇家亞洲學會所編的該會所藏尼泊爾佛教梵文寫本書目。

其次，1881年英國匈特爾博士（W. W. Hunter）為何德遜從尼泊爾偷到的全部佛教梵文寫本所編的總目錄；

1882年印度密多羅博士（Rajendralala Mitra）為孟加拉亞洲學會所藏尼泊爾佛教梵文寫本所編的目錄。

在最後這個目錄裏，作者把每種寫本按下列項目詳細地説明：書名、頁數、（每頁的）行數、（全書的）頌數、字體、顏色、估計年代、紙本或貝葉本、長行和重頌是否都有、語言是否正確（即是否合乎梵語語法）、有無漢藏譯本。此外，還有每種寫本的內容簡介和寫本的前序和後跋的原文摘錄。

關於校刊，從19世紀80年代至20世紀30年代的五十年間，印度和歐洲梵文學者，特別是歐洲梵文學者基本上已把這些寫本中的重要經論校刊完畢，同時還有他們對校刊本的翻譯和研究。下列就是梵文學界所熟知的這些重要經論的校刊本：

阿毗達磨俱舍論釋（稱友論師造，無漢譯本）

Abhidharmakosa-vykhya.（Petrograd《佛教叢刊》，第十卷）

般若理趣分（《大般若經》第一會）Ad-hyardhasatik-prajpramit或Prajp-ramit-naya.〔Leumann校〕

撰集百緣經 Avadna-Sataka.〔Speyer校，1907年〕

大乘莊嚴寶王經 Avaloktyevara-guna-kranda-vyha.〔Satya-vrta Samasarani校〕

般若八千頌（《大般若經》第四會）As-tasahasrik-prajpramit.〔Rajendralala Mitra校〕

菩提行經（寂天菩薩造）[②]Bodhi-ca-ryvatra.〔1890年，P.Minayeff校〕

普賢菩薩行願贊 Bhadra-car-pranid-na.〔1902年，K. Watanade校〕

天譬喻曼經 Divyvadna-ml.（無漢譯本）〔Cowell和Neal校〕

法集名數經 Dharmasangraha.〔K. Ka-sahara校〕

智炬陀羅尼經 Jnolk-dhran.（Petersburg大學刊行）

本生鬘論（即《菩薩本生鬘論》）Jtaka-ml.〔H. Kem校〕

大乘入楞伽經 Lankvatra-stra.〔南條文雄校〕

方廣大莊嚴經 Lalitavistara.〔Iermann校〕

大事 Mhavastu.（無漢譯本）〔M. E. Senart校〕

大乘莊嚴經論 Mahyna-strlanka-ra.〔1909年，Sylvain Lévi校〕

正理一滴疏（法上論師造，無漢譯本）Ny-yabinduk.〔第一版，P. Peterson校，《印度佛教叢刊》，1889年。第二版，K.Stcherbatsky校，Petrograd《佛教叢刊》〕

妙法蓮華經 Saddharma-pundarika〔H. Kern和南條文雄校〕

大乘菩薩學論 Sikssamuccaya.〔C. Bendall校〕

般若十萬頌（《大般若經》初會）Sata-sahasrik-prajpramit.〔1902年Pratpa Candraghosa校〕

金光明最勝王經 Suvarna-prabhsottama-rja-stra.〔泉芳璟校〕

須摩提女經 Sumagadhvadna.

阿彌陀經（小《阿彌陀經》）Sukhvat-vyha.〔Mar Müller和南條文雄校，1880年〕

無量壽經（大《阿彌陀經》）[③]Sukhvat-vyba.〔Max Müller和南條文雄校，1883年〕

孫陀利與難陀（《佛本行集經難陀出家因緣品》第37）Saundarananda-kvya.〔H. P. Shastri校，《印度佛教叢刊》，1910年〕

大般若經第十六會（《般若波羅密多分》）Suvikrntavikrmi-pariprceh.〔Gin-sepp Tueci，1923年〕

唯識三十頌 Trimsik-vijapti-krik.〔Sylvain Le'vi校〕

唯識二十頌 Vinatika-vijaptimtra-siddhi.〔Sylvain Le'vi校〕

毗奈耶經 Vinaya-stra.（無漢譯本）〔C. Bendall校〕

以上是尼泊爾寫本中的重要部分，有些並非不重要的寫本尚未校刊出版。例如：

悲華經 Karuna-pundarika.

守護大千國土經 Mahshara-pramar-dini.

中論釋 Madhyamaka-vrtti.[④]（月稱菩薩造）

至於次要的如陀羅尼、散文故事等較小的作品，沒有校刊的為數更多。

何德遜把尼泊爾大量梵文寫本佛經偷走，自然引起尼泊爾政府的關注及其人民的憤怒。以後尼泊爾人把陸續發現的佛經寫本和其他文物，都很好的珍藏起來了。現在加德滿都圖書館收藏著為數不少的後來發現的寫本，其中有一些比何德遜偷走的還好。

例如，英國莊士頓教授（E. H. Johnston）校刊的《孫陀利與難陀Saundarananda》（傍遮普大學出版，1928）和《佛所行贊Buddhacarita》（傍遮普大學出版，1935），主要就是根據尼泊爾以後發現的寫本。這兩個寫本比沙斯特里（H. P. Shastri）校刊的《孫陀利與難陀》所依據的、考威爾（E. B. Cowell）校刊的《佛所行贊》（牛津大學《東方叢刊》1893）所依據的何德遜偷走的兩個寫本完善得多。

其次，還有一些何德遜偷走寫本所沒有的珍貴寫本，例如，下列兩種寫本，從哲學研究角度來看是十分重要的。

辨中邊論疏注 Madhynta-vibhga-stra-bhsya-tk.（安慧菩薩造，無漢譯本）

廣百論 Catuhsataka.[5]（聖天菩薩造）

尼泊爾佛教梵文寫本的發現對於從12世紀以來就已失傳的佛教三藏聖典的梵文原本是有重大意義的。從這些寫本發現那天起，世界梵文學者就予以十分的重視，半世紀以來，不斷的對它們進行嚴謹的校刊和科學的研究，並取得了很大的成果。

繼尼泊爾寫本的發現，是我國西藏地區的更大批的梵文寫本佛經的發現。我國西藏的這批梵文寫本有一個與尼泊爾寫本不同的重要的特點：尼泊爾寫本中關於佛教因明的著作很少，而我國西藏梵本中則有相當多的重要因明學論著。因此，當它們的發現，特別受到梵學界和哲學界的重視。

解放前，殖民主義者也曾潛入我國西藏，偷走一部分珍貴的梵文寫本。不過，我國的損失並不像尼泊爾那麼大。解放後，我國把這批珍貴的文物妥為保藏，並繼續進行探尋。

現在，據已發現的和經過查明的我國佛教梵文寫本，其數目可能會超過世界各地（包括尼泊爾在內）發現的總和。這是我國文化寶藏中最重要和最珍貴的一部分。

註釋

①Mahmahopdaddhyya I. Ganapati Sstri校刊於南印度《Trivandrum梵文叢刊》。

②無漢譯本。梵本初次發表於俄羅斯《科學院學報》，其次刊於印度梵文佛典刊行社《社報》，再次刊於《印度佛教叢刊》並附有智作慧的注釋。

③大、小《阿彌陀經》是根據日本發現的梵本和尼泊爾的梵本校刊的。

④月稱菩薩有兩部作品，一是《中論疏 Madhya-maka-sstra》，解釋龍樹菩薩的《中論頌 Mlam-madhyamaka-Krik》；一是《中論釋》解釋《毗奈耶經》。因此，這兩部作品，名字上近似，內容

是不同的。

⑤玄奘大師的漢譯本只有最後八章。1914年，M. H. Shastri在孟加拉《亞洲學會記錄》上發表的附有月稱論師注釋的《廣百論》梵本斷片。1923年，P. L. Vaidya發表最後的九章，並附有藏文頌和還原的梵文頌。1931年Vidusekhara Bhattacharya重校最後九章，並據藏譯本還原月稱論師注中所缺部分。（摘錄自《現代佛學》1962年6期）

（2019年9月11日原載何新博客）

佛陀的降生及佛教起源聖地——尼泊爾

【何新補記】：

當年唐僧去西土取經，西土“印度”即是當年的西域以西及西南地區，約略為今日的克什米爾、尼泊爾、巴基斯坦和阿富汗。這個地區由於地處印度河流域古代稱為印度，而恒河平原以南的南亞印度教的婆羅門地區，並不屬於印度河流域，當年也並不叫印度。

後來英國建立了大印度殖民地才出現了近代的廣義印度。而印巴獨立後，當年唐僧去取經的西土今日卻都已不叫印度了。缺乏古地理認識的近代國人因之發生了嚴重的混淆和誤解。有必要正本清源。是為補記。

2018年2月

【尼泊爾】

尼泊爾國位於喜馬拉雅山南麓，自古有山國之稱。古代尼泊爾的範圍，僅指尼泊爾溪谷一帶，谷地以外，是許多各自獨立的小王國。

佛經及《大唐西域記》中都記述了尼泊爾，當時稱之為泥波羅國。《根本説一切有部毗奈耶》中說泥波羅國多為山地，“地多磽確，如駱駝背。”

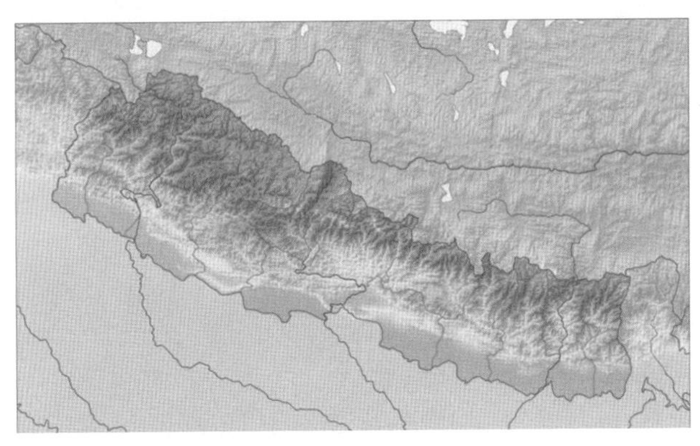

今日尼泊爾：佛教之起源地

尼泊爾是佛教真正的起源地。

可悲的是，中國佛教徒那麼多，卻很少有人知道這一點。以至於許多佛教徒把佛教母國當做印度。近代以來似是而非的偽學之流行，可悲可歎，無過於此！

佛祖釋迦牟尼誕生於尼泊爾迦毗羅衛的藍毗尼園，即今尼泊爾南部提羅拉科附近的洛明達。

神聖的佛陀山國：尼泊爾

迦毗羅衛國，是佛陀時代（公元前6-前4世紀）尼泊爾地區的一個小城邦，是佛經所述古代巴基斯坦以信德河（即印度河）為中心的五河流域的16佛國之一。迦毗羅衛城邦是佛祖釋迦牟尼佛的故國，神的國度。

迦毗羅衛為梵文的漢地音譯，其它譯名包括：迦維羅衛國（《佛國記》）、劫比羅伐窣堵國（《大唐西域記》）、迦毗羅蟠窣都、迦毗羅婆蘇都、迦毗羅、迦毗梨等；意譯為：蒼城、黃赤城、妙德城等。巴利佛經又作舍夷國，意為“證得聖位者”之國。

根據佛典記錄和西方佛學界的考證，這個喜馬拉雅山地區的釋迦部族是來自克什米爾高原地區的黑頭族人，以馬為圖騰的遊牧民族，可能在公元前7世紀（？），來到今尼泊爾與印度交界的平原地帶定居。

這個部落的王就是釋迦牟尼之父淨飯王。淨飯王是迦毗羅衛國的國王，佛陀的父親。淨飯王姓喬達摩，名字叫首圖馱那，意思是純淨的稻米，所以稱為淨飯王，釋迦族。王后叫摩訶摩耶，是天臂城善覺王的長女。

淨飯王

據漢傳佛教推算，佛陀誕生的時間是公元前565年，中國農曆的四月八日。中國佛教將這一天定為“佛誕節”，也稱“浴佛節”。

〔佛經上說：太子降生的時候，天空仙樂鳴奏、花雨繽紛，諸天神拱衛。一時間宇宙大放光明，萬物欣欣向榮。天降法雨，有兩條銀鏈似的淨水，一條溫暖，一條清涼，來為佛陀沐浴（這也是佛教定為浴佛節的典故）。佛陀剛生下來就能自己行走，連行七步。每走一步，腳下就湧現出一朵蓮花。於是佛陀右手指天，左手指地，宣示："天上天下，唯我獨尊。"〕

佛陀的降生

迦毗羅衛城邦是一個小邦。當時的克什米爾、信德河五河流域有16個城邦，包括末羅、迦屍、拘薩羅、摩揭陀、般闍羅和跋耆等。

迦毗羅衛城方圓約十公里。釋迦族人血統純正，具尚武精神，不與其他城邦通婚，釋迦族頗受鄰邦尊敬。由於周圍強國林立，隨時有被他國吞併的危險，所以此邦奉拘薩羅為宗主國。

佛陀之號釋迦牟尼是一個尊號，意思即釋迦族的聖人。佛陀的俗名是喬達摩·悉達多。他在迦毗羅衛城出生。

佛陀的祖父為獅子頰王，祖母名喀紮娜（Kaccānā）。父親淨飯王有三位弟兄：白飯王，斛飯王和甘露飯王。兄弟四人均以飯命名，所謂飯的原義為"牛乳粥"，因釋迦族原是遊牧族，認為用牛乳煮粥，是味道甜美的食物。

據佛經：淨飯王與拘利族天臂城主善覺大王的胞妹大摩呵摩耶（Mahāmāyā）結為夫妻。當摩耶夫人去世後，又娶其妹大愛道（Mahāprajapati），佛陀即由姨母養大。淨飯王曾百般努力，想使王子悉達多繼承他的王位，並曾試圖阻止太子出家，但都被佛陀拒絕。29歲時，佛陀離開故鄉，在克什米爾地區修行學道。

可能在公元前500年左右，佛陀在克什米爾地區東南的摩揭陀國王舍城修行成道。

這時佛陀的父親淨飯王重病，思念佛陀。於是佛陀回到迦毗羅衛看望父親。淨飯王見到佛陀後皈依佛教。

當淨飯王臨終躺在病床上時，佛陀最後一次為他傳佈佛法，證阿羅漢果，自我驗證了解脫之樂。七天後淨飯王圓寂，據推算當年佛陀40歲。

此後佛陀率領弟子在迦毗羅衛、尼泊爾、克什米爾、以及五河流域諸國等地巡遊說法。

而佛教最早的皈依者，就是佛陀自己的家族釋迦族人。在尼泊爾的中央溪谷地帶，佛陀建立寺院教化了釋迦族人一千多人。

至今尼泊爾還流傳著佛陀回歸後，受到淨飯王尊奉的故事，這也就是佛教的起源，佛教史的開始。

尼泊爾的加德滿都以東20英里有一所叫做“那牟囉”的寺廟，據説此寺廟是為紀念佛陀在此説《虎本生經》（南傳）而建立的。釋迦牟尼最早的大弟子阿難陀的故鄉，也在尼泊爾。

此後，佛教以尼泊爾為中心，逐漸傳佈開來。

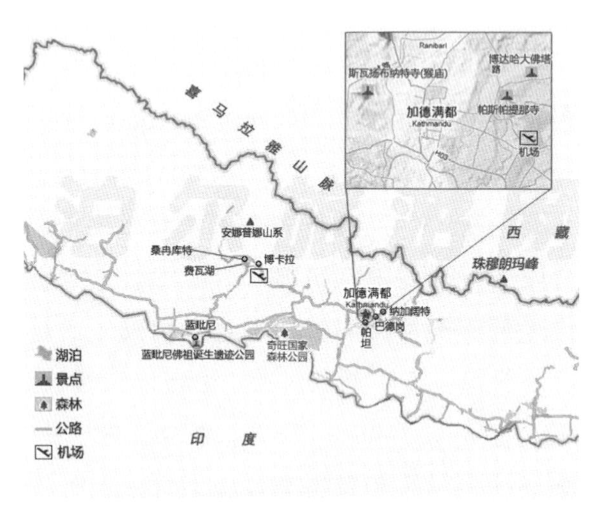

佛陀誕生地：藍毗尼位置

在佛陀身後二百多年，佛教最大的護法摩揭陀國的孔雀王——阿育王來到尼泊爾朝聖。

此時已是阿育王即位後之二十年。他在優波笈多長老陪同下，帶著女兒恰魯摩蒂到尼泊爾的藍毗尼園朝拜，在此地樹立了“尼加里瓦”石柱紀念佛陀，並在帕坦城修建了“畢波羅瓦”佛塔。

阿育王石柱·佛陀涅槃200多年後，孔雀王朝第三代君主阿育王為弘揚佛法，雕刻法敕，在各地敕建了30餘根紀念碑式的圓柱，被稱為“阿育王石柱”。

阿育王把女兒嫁給了尼泊爾的王子提婆波羅。阿育王為公主恰魯摩蒂在尼泊爾修建了一座以她名字命名的寺院。（在今加德滿都郊區，有一座恰巴希寺，就是以恰魯摩蒂而命名的。）

孔雀王朝時代，阿育王大力弘揚佛法，尼泊爾是佛教徒朝聖的中心。大乘佛教興起後，瑜伽行派的創始人世親也到過尼泊爾並在那裏傳播佛法。

根據現代地理學的研究，迦毗羅衛城的王宮遺址在今日尼泊爾國中西部的迦毗羅伐斯堵（Kapilvastu）縣的提勞拉柯特（Tilaurakot）村，地理坐標：北緯27.5739916度，東經83.0520061度。（日本考古學者曾經在這裏發掘出了公元前1000年—前600年陶器碎片。）

公元404、405年，中國的高僧法顯曾經到達迦毗羅衛城。但是，當時這個佛陀故國已經“大空荒，人民希疏，道路怖畏白象、師子，不可妄行。”法顯詳細記述了城內外有關佛陀的各處聖跡，特別是關於藍毗尼園，據《佛國記》，此園在城東五十里。

在法顯同時代，尼泊爾一位出身於釋迦族的僧人佛陀跋陀羅應中國僧人智嚴的邀請，於東晉義熙二年（406）到達中國長安傳佈禪學。他譯出《華嚴經》、《摩訶僧祇律》等15部，117卷。從佛陀跋陀羅的譯經中，可知道當時大乘佛教的菩薩行在尼泊爾流行。

中國的隋唐時期，即六世紀至七世紀初，栗呫婆族統治尼泊爾，建立了塔克利王朝。

尼泊爾佛教在梨車毗王朝盎輸伐摩王時代繼續興建一些巨大的佛教建築，唐朝時出使尼泊爾的中國使節王玄策曾來到此地拜謁，留下記錄。

盎輸伐摩王把他的女兒尺尊公主嫁給吐蕃贊普松贊干布。公主赴藏時攜去釋迦牟尼八歲時畫像和佛教文物，從此溝通了從印度經加德滿都、拉薩到長安的通道。

從這個時候起，藏地開始了翻譯梵文佛經的工作，參與翻譯的有尼泊爾僧人屍羅曼殊、香達等。

唐貞觀七年（633），中國高僧玄奘來到尼泊爾，瞻拜了迦毗羅衛和臘伐尼林。他在《大唐西域記》中記述：

“尼波羅國，周四千餘里，在雪山中……伽藍天祠，接堵連隅。僧徒二千餘人，大小二乘，兼攻綜習。”

迦毗羅衛城的東門遺址，“空荒久遠，人裏稀曠，無大君長，城各立主。土地良沃，稼穡時播。氣序無愆，風俗和暢。伽藍故基，千有餘所，而宮城之側有一伽藍，僧徒三十餘人，習學小乘正量部教。天祠兩所，異道雜居。”

“伽藍天祠，接堵連隅，僧徒二千餘人，大小二乘，兼攻綜習，外道異學，其教不詳。王剎帝利栗呫婆種也，志學清亮，純信佛法。近代有王，號鴦輸伐摩（唐言光胄），碩學聰敏，自製聲明論，重學敬德，�遐著聞。”

碑銘中還提到當時的其他著名寺院如曼納提婆寺、仰羅崛哩伽寺、閻摩寺等。這些寺院是尼泊爾佛教活動的中心並與中國藏地和其他北傳佛教國家有著宗教上的聯繫。

在隋唐時期，許多中國僧人玄照、道希、道方、道生、末底僧訶、玄會、悟空，新羅僧人玄太、玄恪等都路前往尼泊爾朝聖。道生、末底僧訶和玄會則死於尼泊爾。

在玄奘訪尼泊爾九十年後，新羅僧人慧超曾經到過迦毗羅衛。此時的尼泊爾王是濕婆提婆二世。他建立了兩座塔碑。據725和749年所立的碑銘中記載，濕婆提婆曾興建以他自己的名字命名的佛寺——濕婆提婆寺，並在寺中創立了比丘僧伽。

（2017年06月09日原載何新博客）

犍陀羅藝術的起源和西傳

犍陀羅造型藝術是文藝復興藝術的初始之源

【何新按語】

歷史和考古證明，不存在什麼希臘化藝術和希臘藝術的東傳。相反，是公元2世紀後亞洲犍陀羅造型藝術逐漸西傳。

亞洲的犍陀羅佛教藝術，通過君士坦丁堡和文藝復興影響改變了近代意大利和歐洲的雕塑造型藝術。

【犍陀羅藝術的起源地】

起源於古巴基斯坦印度河及阿富汗喀布爾河流域的犍陀羅（Gandhara）藝術，以秀美雄健的人物形象，薄衣飄拂長帶當風的獨特造型，在人類藝術史上佔有特殊的地位。

犍陀羅是古印度河流域古國之一，本部在今巴基斯坦北部印度河與流入阿富汗的喀布爾河交匯處的白沙瓦（Peshawar）谷地。犍陀羅為印度河流域的古地名、古國名。此地是由興都庫什山脈通向印度河平原必經之路線，自公元前5至前4世紀間，此地隸屬於波斯，先後有大夏、釋迦、安息、貴霜等民族活動其間。

白沙瓦谷地北邊的斯瓦特河谷、西邊阿富汗喀布爾河流域的哈達、貝格拉姆等地，都屬於犍陀羅藝術的範圍。

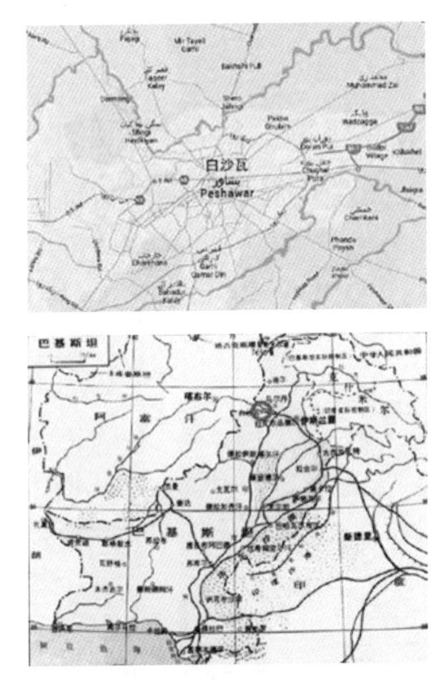

【白沙瓦——古代的犍陀羅城位於今巴基斯坦西北邊境省，是巴基斯坦最具有民族特色的城市，在公元58年被貴霜王朝犍陀羅的迦膩色伽王一世定為首都，為佛教文化的中心之一。

由於地處中亞多條貿易要道上，多個世紀以來此地一直是南亞次大陸與中亞之間的貿易重鎮。4—6世紀前後，中國晉朝高僧法顯、北魏使者宋雲和唐朝高僧玄奘曾先後到此，玄奘在《大唐西域記》中稱這裏是“花果繁茂”的天府之國。】

【犍陀羅佛教藝術】

犍陀羅藝術的主要成就在於佛像造型藝術的創造。

佛教在前5世紀末興起於尼泊爾地區後，通過克什米爾高原向西南亞傳播。

公元1世紀前後，受印度河流域自古流傳的民間雕塑藝術影響，在犍陀羅地區，形成了一種獨特的佛像的雕刻和浮雕的藝術風格。

現存最早的犍陀羅圓雕佛像出土於巴基斯坦馬爾坦地區，佛的臉型、衣衫皆有濃厚的寫實特色，但神態肅穆安詳寧靜，造型優雅，極具大乘佛教精神。

現存最早的犍陀羅藝術的佛像浮雕作品，約創作於公元1世紀中葉。是一塊表現釋迦牟尼接受商人捐贈花園的浮雕。其中佛和商人、信徒的形象皆用當地流行的風格表現，佛頭部雕有光輪以顯示其神聖。其後表現佛誕生、布道說法到涅槃的浮雕漸多，並有圓雕佛像出現。

【所謂亞歷山大東征和亞洲的“希臘化運動”是沒有發生過的偽史】

近代西方史學捏造了一個關於“亞歷山大東征”，以及建立“跨歐亞大帝國”的歷史神話。於是西方學界把亞洲古老獨特的犍陀羅藝術造型，說成是亞歷山大帝國在亞洲傳播“希臘藝術”的結果。聲稱犍陀羅的雕塑作品，反映了古希臘的造型藝術風格。這是一種流傳甚廣，乃至積非成是的偽史謊言。

所謂古希臘的雕塑造型藝術本身就是一個莫須有的虛構。

西方學界早有學者曾經揭露，那些所謂的希臘雕塑作品——沒有一件是來歷清白，流傳有序，可以驗明正身的。

這些雕塑作品，包括什麼維納斯，阿波羅，以及米羅的擲鐵餅者——儘管人們耳熟能詳，但真相可能都是文藝復興時代以後的近代作品，並非出自古希臘雅典。

因此那些雕塑作品，毫無古風，嶄新如昨，與文藝復興時代雕塑大師們的作品同出一胚，毫無二致。

我曾經考證過，歷史上並未存在過一個橫跨歐亞兩洲，從希臘半島一直征服到印度恒河流域的亞歷山大帝國。

因此，亞洲文化歷史中沒有發生過什麼文化藝術的希臘化運動，更沒有任何希臘工匠或者雕刻家，曾經不遠萬里地從雅典或者希臘來到巴基斯坦、阿富汗、克什米爾，傳播而創作什麼希臘風格的雕塑造型。

事實上，犍陀羅藝術是一種起源於西南亞本土的古典佛教藝術風格，很可能是貴霜人（月氏族人）或者古波斯人或者印度河流域古代居民的偉大創造。

這種造型藝術風格，出生以後由東方向西方傳播，最終通過君士坦丁堡，在中世紀晚期和文藝復興早期傳播到意大利半島和歐洲，影響了文藝復興時期大師們的雕塑作品，包括那些偽托為古希臘風的雕塑作品。

這才是歷史的真相。

【犍陀羅造型藝術風格通過新疆地區進入華夏而影響中國佛教藝術】

公元3世紀後，犍陀羅藝術逐漸向貴霜王朝的阿富汗東部傳播發展。

公元5世紀時，犍陀羅本部因貴霜的瓦解而衰微，但阿富汗的佛教藝術卻一直繁榮到公元7世紀，此即後期犍陀羅藝術或“印度—阿富汗流派”，亦稱巴米揚藝術。主要代表作品有巴米揚大佛遺跡（近年被塔利班炸毀）、哈達佛寺遺址、豐杜基斯坦佛寺遺址等。

這個藝術流派，將印度河地區的石窟建築和巨型造像結合起來創立石窟佛像綜合體，對南北朝時代中國新疆、敦煌、雲岡的佛教藝術有重大影響。

犍陀羅式佛塔也經中亞傳入中國，和中國固有的樓閣形式結合，形成隋唐以後中原地區常見的多層寶塔造型。

文藝復興巨匠拉斐爾的雕塑作品：聖女，具有犍陀羅藝術菩薩的風韵：

犍陀羅藝術的菩薩頭像

意大利文藝復興雕塑巨匠米開朗琪羅的造型藝術作品，也可以看出滲透了源自東方犍陀羅藝術的風格和情調。

犍陀羅藝術浮雕

米開朗基羅繪畫作品《卡西納戰役》

犍陀羅佛像

米開朗琪羅作品：大衛

偉大的犍陀羅佛教造型藝術

健馱邏（Gandhra）又譯犍陀羅、乾陀羅、建陀羅等。犍陀羅國是公元前6世紀南亞次大陸的國家，為佛教所傳列國時代十六國之一，其國名梵文（拉丁文轉音：Gandhara犍陀羅，本為梵語音譯）。漢語音譯包括：乾陀羅、犍陀衛國（《佛國記》）、健馱邏國（《大唐西域記》）、健駝邏、健陀羅、乾陀衛、乾陀等；還有罽賓、香行、香遍、香風國等。

其地域可能覆蓋今日克什米爾高原，巴基斯坦印度河中上游地區以及阿富汗東北部地區。

（有歐洲學者認為，健馱邏地區包括中亞阿富汗東部和南亞次大陸西北部的巴基斯坦西北部，位於阿富汗喀布爾河的南方，西抵印度河流域並包括克什米爾的部分地區。）

犍陀羅故王城布路沙布邏（Purusapura）在今巴基斯坦喀布爾河南白沙瓦的西北。犍陀羅國以藝術知名，它的主要歷史成就在於佛像藝術的創造。

巴基斯坦的塔克西拉古城遺址位於巴基斯坦首都伊斯蘭堡西北30多公里處，是一座建於2500年前的古城。公元前7世紀這裏已是繁華城市。公元前5世紀，古城所在地區成為波斯王朝的一部分。

古城塔克希拉遺址曾經是犍陀羅的佛教中心：

犍陀羅佛像藝術表現形式基本有三種：
一是數量眾多的單尊佛像、菩薩；
二是完整的佛傳、本生故事浮雕圖像；
三還有佛陀與菩薩及人物的各種浮雕圖像。

鍵陀羅藝術佛像，光彩照人：

結跏趺坐像的手印多為禪定印、觸地印、施無畏印。犍陀羅結跏趺坐佛像中除了禪定印外還有施無畏印，觸地印則只限於佛傳圖中的“降魔成道”。這種禪定印給中國佛教藝術帶來了很大的影響，倚坐像在中國幾乎成為佛的專有坐姿。

犍陀羅佛立像：

佛傳、本生故事浮雕圖像，表現佛陀生平和佛經故事。

在眾多的本生故事中，“燃燈佛授記本生”為著名。

“燃燈佛授記本生”在本生圖和佛傳圖中都具有重要的意義，同時它還象徵著佛陀的光明以及菩薩的誓願、佛陀的預言等。

燃燈佛授記

佛經故事：要覲見燃燈佛的少年釋迦為了獻鮮花給他，在一個賣花少女那裏買到七朵鮮花，但是賣花少女告訴他，如果她要把花賣給他，他就必須娶她為妻。少女即後來的耶輸陀羅（Yashodhara)。

畫面上，少年釋迦頭髮垂地，為然燈佛作拜，然燃燈佛宣言："你在下一世將成為佛陀。"

燃燈佛授記本生故事，約二世紀 片岩高22.2公分，美國大都會博物館藏

佛祖誕生的預兆故事

摩耶夫人曾夢見白象入腹，該浮雕就是表現此吉祥夢的故事。白象身上帶有光背，其右側是表現黑夜的燈盞，左側為女侍衛。

托胎靈夢 公元2世紀

降龍故事

佛陀在火神堂內降服毒龍，向婆羅門們展示自己的神通，表現這種故事情節的浮雕十分常見，但是單體浮雕十分罕見。

局部：

大光明故事

以跏趺坐於蓮花座上施轉法輪印的佛陀為中心，其周圍配置眾多佛、菩薩、供養人的複雜畫面，構成一種淨土變相的形式。

表現佛陀進入禪定三昧、發出大光明、照亮佛國的“大光明神變”場面。

釋迦牟尼與貴霜商人

其他：

阿富汗——佛陀時代真正的佛教中心之一

佛國重地阿富汗健陀羅地區出土2600年前佛教文物數量驚人

【2010年震驚世界的佛教聖地在阿富汗發現】

工人在珍貴遺址野蠻挖掘

一家中國礦業公司在阿富汗境內開採銅礦時，意外發現一座2600年前建在古絲綢之路上的佛教寺廟，出土了多座古代佛雕像。

遺址中出土的遠古佛像

據介紹，這處遺址位於首都喀布爾南部20英里處，屬於東部的盧格爾（Logar）省。

阿富汗考古學家早在1960年代已經知道艾娜克銅礦是古佛寺遺址所在，但由於宗教等原因，多年來卻一直沒有挖掘。最近幾年有文物竊賊為了在該遺址尋找珍貴文物而損害了寺院的一些建築。

臥佛雕塑

目前，該座佛教寺院的建築已完全出土，寺院的走道、繪有壁畫的房間、各式陶製和石製的直立佛像與睡佛，都已一一呈現在眼前。據指，在相信是寺院庭園的遺址，曾矗立數座4到5米高佛塔。

佛像表面飾以黃金

有一處作為院子的地方，分佈著多座四五英尺高的舍利塔。目前已經發現的佛像超過150座，一些大的都很重，難以搬動。

【佛陀時代佛教聖地在阿富汗——健陀羅】

法國考古隊認為該佛寺從公元前200年已經繁榮，一直到至少公元六世紀，這裏一直是繁盛的佛教中心。直到公元九世紀的時候這裏還是居民點。法國考古學家泰代斯科說：“這裏的文物如此豐富，十年時間都不多，三年可能剛完成所有文物的記錄工作。”

釋迦牟尼佛出生在大約2500多年前，而阿富汗的這座寺院從佛陀在世年代已經開始建造。可以肯定的是，早在2000年前，佛法正是經過這裏被傳播到了中國的西域，而後到達漢地。

古代中國人所說的印度——天竺、身毒，並不是指今日的南亞印度，而是指印度河流域，包括藏南地區、今日尼泊爾、巴基斯坦、阿富汗地區和毗連的部分北印地區。這個地區古代並不存在統一的國家，而是小城林立，存在許多城邦。

佛陀誕生於這個地區尼泊爾的蘭毗尼城邦，偉大的佛教文明起源、繁盛於這個區域。

西方所謂的希臘王亞歷山大純粹是一個子虛烏有的傳說人物。所謂什麼自歐洲馬其頓向印度的亞歷山大東征，是中世紀後期出現的一種神話。歷史中從來沒有發生過伴隨亞歷山大東征而引起的所謂“希臘化運動”。

古代阿富汗的佛教勝地，位於佛教歷史所稱述的犍陀羅地區，出土佛像雕刻也充滿所謂犍陀羅藝術的特徵。

健陀羅國，為印度河流域強大的古邦國之一，城邦在巴基斯坦北部。健陀羅人善於製作佛像造型。阿富汗聞名於世的巴米揚大佛和此次發現的眾多佛像都是健陀羅風格的傑出作品。

這種犍陀羅藝術風格西傳，深刻影響了西亞以及小亞細亞的造型藝術，後來傳播到歐洲影響了希臘羅馬以至意大利文藝復興時期的造型藝術。換句話說，沒有任何證據表明希臘半島的藝術風格影響到了亞洲的阿富汗、巴基斯坦，相反有充分的證據表明健陀羅藝術西傳通過君士坦丁堡的羅馬而影響了文藝復興時代意大利的造型藝術。

健陀羅藝術風格向東北方進入中國，則影響了魏晉時代以後的漢藏佛教造型藝術以及盛唐時期的龍門和敦煌佛像藝術。

漢傳佛教有不少人認為蓮師出生於犍陀羅國，而無著菩薩、世親菩薩也出生於犍陀羅國。

（2017年04月21日原載何新博客）

阿富汗的古代佛教藝術

艾娜克出土的鍍金石膏佛陀面相

2015年，阿富汗艾娜克（MesAynak）地區發現了重要的佛教遺址，出土大批光彩驚世的佛教文物。這一遺址的發現，對我們理解佛教的發展史和人類文明的交匯融合很有價值，對理解中國中古佛教文明的傳播也很有啟發。

艾娜克，在普什圖語中是“小銅礦”的意思——

“Mes”的意思就是“銅”。出土的佛教遺址位於阿富汗首都喀布爾東南三十八公里處的一塊荒蕪的土地上，海拔兩千四百五十米，屬於盧格爾（Logar）省。

在這裏，已經發現了四百多座佛塔、佛像以及百餘英畝的佛教寺院群。除了佛教遺址外，還發現了兩座軍事堡壘、一座瑣羅亞斯德教的寺院、鑄幣場，以及採銅場和礦工的生活區。目前主要挖掘的是哈梅德（GolHamid）的佛寺遺址、卡費瑞特·特佩（Kafiriat Tepe）寺院遺址以及靠近古代採礦場的瓦里（BabaWali）村。從這裏出土的千餘件文物被送往喀布爾的阿富汗國家博物館保存。

艾娜克佛教遺存可能是從貴霜王朝時期開始的，時代是公元二到八世紀，大約在八世紀後衰落和遭到遺棄。艾娜克出土的最早的錢幣屬於迦膩色迦（約一二七至一五一年），正是在這位貴霜君主統治時期，艾娜克繁榮起來，成為礦業中心和佛教中心。

在艾娜克出土的精美壁畫、高質量的錢幣、泥塑佛像和菩薩像、佛教石雕都清楚地顯示，這裏跟同時代的佛教中心哈達（今天的賈拉拉巴德地區）、巴米揚等地一樣，不但是當時的經濟中心，而且是佛教藝術的中心。犍陀羅曾經是人類文明的十字路口，來自希臘、波斯、印度的不同信仰和藝術在這裏交匯。

艾娜克的考古發現，喚起了其作為犍陀羅經濟中心和信仰中心，以及中亞絲綢之路重要節點的歷史記憶。艾娜克的地理位置非常特殊，跟大犍陀羅地區的重要文明點都相距不遠。

沿著絲路商隊或者中古時代西行巡禮的中國僧人的腳步，從艾娜克出發，往東就是保存了眾多佛陀遺物的那竭國（即賈拉拉巴德），進入白沙瓦平原，就到了貴霜帝國的都城布路沙不邏（Puruapura），也就是中國文獻中的弗樓沙和今天的巴基斯坦白沙瓦；往西就通往巴米揚，可以看到這裏的兩座巨佛。

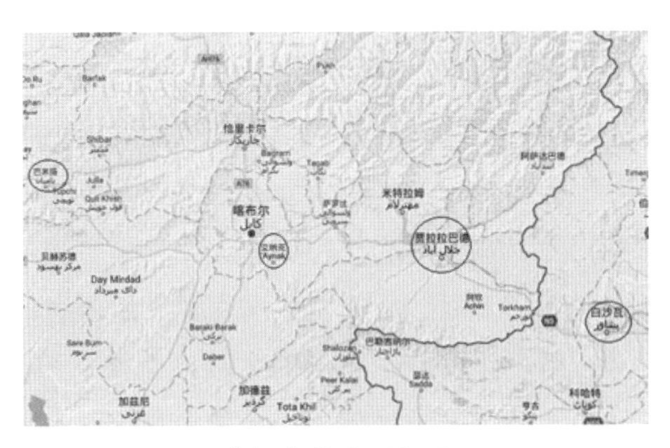

艾娜克的地理位置

艾娜克成為犍陀羅地區的經濟中心、信仰中心和藝術中心，不同於巴米揚、迦畢試等地的重要原因，是它的經濟形態。跟巴米揚和迦畢試不同——兩者的繁榮跟絲路的貿易緊密相關——艾娜克的繁榮，主要的原因可能是銅礦開採帶來的源源不斷的收入。艾娜克遺址下方是一條綿延數公里的銅礦礦脈，儲量據說有上千萬噸，是世界上最大的未開發礦床之一。也正是這個原因，2007年，中國的中冶集團跟阿富汗政府簽訂了三十年高達三十億美元的開採合同。在佛教遺址層下面發現了更加古老的青銅時代的遺跡，就包括一座冶銅場。顯然，在艾娜克作為佛教中心興起之前，這裏蘊藏豐富的銅礦已經為人所知，並開始了開採。佛教和商業貿易的緊密關係廣為所知，但是佛教和類似採礦的工業生產之間的關係，之前卻鮮為人知。從這個意義上說，艾娜克的考古發現可謂史無前例，填補了佛教史的重要空白。至少說明，佛教經濟體系可能比我們之前預想的要複雜得多。銅礦為佛教寺院帶來了巨大的財富，經濟的繁榮、人口的聚集，也讓這裏成為重要的佛教中心。這一點可以從艾娜克出土的眾多精美的佛教藝術品窺見一斑。

艾娜克出土的佛教藝術品中，包括大量精美的泥塑佛像，有的可能高達四五米，上面仍殘留各種顏色的彩繪痕跡。甚至還包括一座高二十厘米的木雕佛坐像，這是至今唯一保存完整的犍陀羅木製坐佛，佛陀結跏趺坐，施無畏印，端坐於蓮花座上。但是對筆者而言，最感興趣的是艾娜克出土的一塊“燃燈佛授記”題材的浮雕，鍍金彩繪，高四十一厘米、寬二十五厘米，時代大約屬於三至五世紀。這一片岩浮雕，是典型的犍陀羅風格的佛教石雕，但是卻有其獨特之處。從藝術形式上看，鍍金彩繪能夠保存如此完好已屬罕見，而且浮雕的背面是彩繪的佛教畫——筆者猜測是佛傳故事裏的“初轉法輪”；更為重要的是其提供了豐富的歷史信息，而這些信息，在之前出土的文物或者文獻記載裏，並未發現。令人欣喜的是，它們卻可以讓我們對佛教史和中古史上的一些重大問題有更加清晰的認識。

艾娜克出土的泥塑佛像

在釋迦牟尼的歷劫修行中，燃燈佛授記是其成佛的關鍵一步。作為過去佛的燃燈佛預言釋迦牟尼將在未來成佛，這是釋迦牟尼成佛的關鍵一步，也是其正當性的來源。從邏輯上講，燃燈佛授記既是講述釋迦牟尼歷劫修行的本生故事的終結，又是釋迦牟尼修行成道的佛傳故事的開端，意義重大。這種通過“授記”（vyakarana，即預言，賦予一方神聖性）傳法的邏輯，跟釋迦牟尼預言彌勒菩薩會在未來成佛

木雕坐佛

艾娜克出土的“燃燈佛授記”浮雕正面

的預言，是一樣的。簡單地說，過去佛燃燈佛為釋迦牟尼授記，現在佛釋迦牟尼為未來佛彌勒授記。這種授記的思想，從佛教傳入中國之初，就進入中國了。有關燃燈佛為釋迦牟尼授記的記載，廣泛出現在漢文譯經中，比如東漢竺大力、康孟詳譯《修行本起經》、東吳支謙譯《佛說太子瑞應本起經》等等。這個故事情節簡單概括，就是作為釋迦牟尼前世的儒童，買了五莖蓮花禮敬燃燈佛，並以頭髮鋪在地上讓燃燈佛得以跨過泥濘（即“布髮掩泥”），產生種種異象（撒向燃燈佛的蓮花停駐在空中，儒童升入虛空向燃燈佛禮拜），最後燃燈佛做出預言，說儒童將來會成為釋迦牟尼佛。

艾娜克出土的這塊“燃燈佛授記”浮雕，採用犍陀羅藝術中常見的一圖多景的手法描述了上述故事。浮雕中包括布髮掩泥的儒童（將來的釋迦牟尼）、手持蓮花的儒童、升入虛空禮拜的儒童，分別表現三個情節。燃燈佛形象高大，結無畏印，佔據畫面的主要部分。在其頭頂，是停在空中而不墜落的蓮花。如果僅僅從這些畫面細節看，似乎這塊浮雕跟其他犍陀羅出土的“燃燈佛授記”並沒有什麼不同。但是，如果我們把浮雕基座的內容也納入到圖景中，就會發現，這是一塊之前從未發現的類型——在浮雕基座上，出現了四人手持蓮花禮敬佛缽（Ptra）的景象。佛缽位於中央，兩邊分別站立著兩人，一僧一俗，相互對應。可以說，將佛缽信仰和燃燈佛授記連在一起，這是唯一的圖像實物證據。

我們先來看看艾娜克和燃燈佛授記信仰的關係，然後再來分析為什麼佛缽出現在了這一看似毫無關聯的浮雕上。“燃燈佛授記”，是犍陀羅佛教藝術中的一個重要主題，出土的數量之多令人驚訝。但是令人奇怪的是，這一藝術主題，在印度本土很少見到。主要就出土於今天的賈拉拉巴德和迦畢試地區。可以推測的是，燃燈佛授記思想，應該是佛教在犍陀羅地區重塑的一個結果。佛教中心從東北印度往犍陀羅地區轉移，帶來了新的觀念和藝術形式。作為歷史人物的佛陀可能從未到過犍陀羅，但是佛教文獻記載，燃燈佛為釋迦牟尼的前世——儒童——授記，地點就是在今天的賈拉拉巴德地區，玄奘稱其為那揭羅曷國（Naharahara），也就是漢文史料中屢屢出現的那竭國。玄奘在《大唐西域記》卷二特別記載了哪裏是燃燈佛為儒童授記的地方、哪裏是儒童布髮掩泥處、哪裏是儒童買蓮花的地方。燃燈佛授記的信仰和聖跡，可能是犍陀羅“再造 ”佛教聖地運動的一部分。我們感興趣的是，燃燈佛授記 “發生”的地點，就在艾娜克以東不遠的賈拉拉巴德。這讓燃燈佛授記這一主題，帶有了地方信仰的色彩。

而這一浮雕基座上的佛缽，是重要的佛教聖物。艾娜克繁榮的時代，它就保存在貴霜帝國的都城布路沙不邏（白沙瓦）。也就是說，這一浮雕基座上描述的景象，是艾娜克的僧俗大眾所熟知、在現實中存在的場面。作為距離首都不遠的經濟中心艾娜克的居民，相信他們中不少人曾去布路沙不邏親身禮拜佛缽。

根據文獻（主要是漢文佛教文獻，比如《馬鳴菩薩傳》《付法藏因緣傳》等）的記載，佛缽是貴霜皇帝迦膩色迦在公元二世紀前半期，從佛陀故地毘舍離（Vai.l）或者華氏城（Paliputra）搶到國都布路沙不邏的。也是基於這些記載，2014年，印度要求阿富汗政府歸還現在置放在阿富汗國家博物館入口處的 “佛缽”。正如研究中亞佛教的學者們認為的那樣，將佛缽搶到布路沙不邏，是迦膩色迦打造佛教中心的重要手段。比如桑山正進就認為，以佛缽為中心，犍陀羅成為新的佛教中心。至少在法顯的時代，來自中土的西行巡禮求法的僧人以及來自印度的僧人，以前往今天的白沙瓦朝覲佛缽，然後西行去那竭朝覲佛陀遺物為榮耀。而這兩件事——弗樓沙的佛缽和那竭國的燃燈佛授記聖跡——都在我們討論的這件艾娜克出土的浮雕中出現了。

矗立在喀布爾阿富汗國家博物館入口處的佛缽，被懷疑就是歷史上的那件佛教聖物

這萬里之外的事，跟中國中古史有什麼關係呢？其實關係很大。佛教在亞洲大陸的興起與傳播，不但是宗教信仰的輸出輸入，而且也是政治意識形態的融合激蕩。

在佛教傳入中國之初，佛教有關理想世俗君主轉輪王的觀念就傳入了中國。

中國傳統的君主理念是“天子”，圍繞著“天子”理念的則是“天命”“五德終始”“天人感應”等政治理念，以及“封禪”“禪讓”“革命”等政治儀式和行為，形成一整套的有關君主的理論。佛教轉輪王則是另外一套關於君主的論述：累世功德的集聚、統一君主、護持佛法等等特徵，並與彌勒信仰結合，成為佛教轉輪王觀念的內涵。

正如很多學者指出的那樣，佛缽是跟彌勒信仰和轉輪王理念密切相關的"聖物"或者符號。佛缽本質上是最重要的舍利，在很長的歷史時期，它被認為是佛法的象徵。釋迦牟尼涅槃後，經過漫長的歲月，彌勒將成為新的佛，而佛缽將傳到彌勒手中，正法得到恢復。而佛教的理想君主轉輪王，被賦予了供養佛缽的責任和角色。

也因為如此，在犍陀羅佛教藝術中，佛缽往往跟彌勒的形象連在一起。中國的魏晉南北朝時期，佛缽將來到中土的預言廣為流傳，對當時的信仰世界和政治起伏產生了深遠的影響。

大都會博物館所藏彌勒立像，基座是禮拜佛缽

饒宗頤先生認為，公元四到五世紀，中土有一個西行中亞禮拜佛缽的熱潮，這是佛教史上的大事，影響深遠，可謂慧眼獨具（饒宗頤：《劉薩訶事蹟與瑞像圖》）。

其實，也正在此時，中土出現了大量類似《佛缽經》（又叫《佛缽記甲申年大水及月光菩薩出事》）、《缽記經》、《首羅比丘見月光童子經》之類的偽經。這些疑偽經背後的政治、宗教觀念，成為民眾造反和統治者宣傳的理論工具。東晉興寧三年（三六五）四月五日，住在襄陽的習鑿齒致書高僧道安，就表達了佛缽將來到中國的觀念："月光將出，靈缽應降，法師任當洪範，化洽幽深。"（慧皎撰：《高僧傳》卷五《釋道安傳》）佛教有關月光童子出世（為轉輪王）的信仰，在中土固有的君主理念之外，提供了新的理論依據。北魏熙平年間（五一六至五一七）發生的劉景暉事件，就是利用這樣的信仰和觀念發動的——劉景暉被假託是"月光童子"出世而圖謀叛亂。另外，月光童子諸經也被翻譯進來，三國吳支謙譯《佛說月明菩薩經》《佛說申日經》、西晉竺法護譯《佛說月光童子經》、劉宋時代的求那跋陀羅譯《佛說申日兒本經》、隋代翻譯的《德護長者經》等都是同經異譯的佛經。《佛說申日經》中已經預言："我般涅槃千歲之後，經法且欲斷絕，月光童子當出於秦國做聖君。"

在塑造隋文帝月光童子轉世為轉輪王的政治宣傳中扮演重要角色，並翻譯《佛說德護長者經》的那連提黎耶舍

（Narendraysas，約517—589）約在公元六世紀四十年代，專門在犍陀羅地區巡禮，在弗樓沙禮拜佛缽，在那竭等地禮拜佛衣、佛頂骨、佛牙、佛齒等。那連提黎耶舍翻譯《佛説德護長者經》，跟艾娜克的這件浮雕，從思想和信仰層面上，存在著直接而重要的聯繫。《佛説德護長者經》中做了非常清晰的政治預言："此童子，我涅槃後，於未來世，護持我法，供養如來，受持佛法，安置佛法，讚歎佛法；於當來世，佛法末時，於閻浮提大隋國內，作大國王，名曰大行；能令大隋國內一切眾生信於佛法，種諸善根。"而且還預測了佛缽將來到中土，接受隋文帝楊堅的供養："於爾數年，我缽當至沙勒國，從爾次第至大隋國，其大行王於佛缽所大設供養。"（那連提黎耶舍譯《佛説德護長者經》卷下）

我們回看此次出土的這塊浮雕本身，也就理解，為什麼在燃燈佛授記的主題浮雕中，出現了佛缽供養的內容。

從根本上説，釋迦牟尼佛為未來的彌勒佛授記，跟過去佛燃燈佛為釋迦牟尼佛授記，其宗教邏輯是一樣的。而佛缽作為傳法（所謂"衣缽傳人"最早就是從佛陀開始的）的信物出現在浮雕中，是再合適不過了。

艾娜克出土的這塊"燃燈佛授記"浮雕跟之前迦畢試紹托拉克出土、藏於喀布爾阿富汗國家博物館的浮雕從構圖上非常相近。紹托拉克出土的"燃燈佛授記"浮雕，也是省去了儒童從少女那裏購買蓮花的場景，只表現了禮拜、布髮掩泥、升入虛空的情節。在其右下側是釋迦牟尼佛立像；在其台座上，是禮拜彌勒的場景。

學者宮治昭認為：“圖像故事以授記故事為媒介，表現了佛陀的譜系和救濟論思想。也就是說，如同過去一開始那樣，燃燈佛預言之後釋迦成就了菩提，接下去的未來，彌勒菩薩將成就菩提，宣告又一個開悟的世界，這個過程充滿了神學性內容。”（宮治昭：《犍陀羅美術尋蹤》）

如果對比迦畢試和艾娜克的兩塊浮雕，就可以發現，艾娜克的浮雕台座上，只不過是將彌勒換成了佛缽，但是其表

紹托拉克出土的“燃燈佛授記”浮雕

達的基本宗教意涵是一樣的——佛缽本來就是彌勒成道的傳法信物。可見彌勒信仰在當時的大犍陀羅地區是一種廣泛的觀念。

我們再看看這塊浮雕的背面，就更加清楚了。浮雕背面，除了中間是結跏趺坐的佛陀，還有六個人物形象。雖然模糊，但是可以清楚判斷，其中佛陀身後的一人，下身穿橫紋服飾，類似武士形象，可以判斷為佛陀的"保鏢"執金剛手菩薩；其他五人都是純棕紅色服飾，可以判斷為五比丘。

艾娜克出土"燃燈佛授記"浮雕背面彩繪

整個彩繪，可以判斷，描述的場景是釋迦牟尼初次講法，或者說“初轉法輪 ”。“初轉法輪”是犍陀羅佛傳故事浮雕常見的主題之一，除了聽法的五比丘之外，原型來自赫拉克利斯的執金剛手菩薩，也是常常出現的人物形象。而且，筆者必須指出，這塊艾娜克浮雕背面彩繪中的釋迦牟尼，結跏趺坐，施傳法印，其手勢不是無畏印，也不是禪定印，而是講法的手勢。這也更加佐證了筆者的判斷。

如果我們把這塊艾娜克 “燃燈佛授記”視為一個整體，那麼其表達的宗教意涵，應該不是隨意的，而是圍繞著一個主題展開的。畢竟，宗教藝術，是很神聖的東西，不能隨意造作。這樣看來，浮雕主體部分，是過去佛給現在佛釋迦牟尼授記；背面的彩繪，是釋迦牟尼修行得道後的初次說法；基座部分，是釋迦牟尼佛傳法給未來佛彌勒的信物。整個的意涵，就是在表達“傳法”的主題：燃燈佛授記→釋迦牟尼初次講法→傳給彌勒的佛缽。

貴霜時期，彌勒信仰興起，成為重要的信仰和思潮。艾娜克出土了大量高質量的貴霜錢幣。其中在一種迦膩色迦的錢幣上，有彌勒的結跏趺坐形象，這或許也能夠給我們的論斷提供一個小小的註腳。

【註】本文原作者孫英剛，本書引用有刪節。謹致謝！

阿富汗巴米揚大佛之劫難

作為古代貴霜王國的佛教聖地，偉大的巴米揚巨佛像群，位於阿富汗首都喀布爾西北的巴米揚鎮東北郊不遠的山崖處。這裏遍佈大小石窟6000餘座，石窟群中有6尊傍山而鑿的佛像。其中兩尊巨佛尊曾經號稱世界之最，一尊造於公元五世紀，高55米，著紅色袈裟，名叫塞爾薩爾；一尊鑿於公元一世紀，高38米，身披藍色袈裟，名叫沙瑪瑪。公元四世紀和七世紀，中國晉代高僧法顯和唐代高僧玄奘都曾先後到過這裏，並在其《佛國記》和《大唐西域記》中對巴米揚大佛作了記述。

據玄奘說：梵衍那國"王城東北山阿有立佛石像。高百四五十尺。金色晃曜寶飾煥爛。東有伽藍。此國先王之所建也。伽藍東有鍮石釋迦佛立像高百餘尺。分身別鑄總合成立"。

古代阿富汗以及印巴阿地區沒有文字歷史，因此關於巴米揚大佛的建造時間現已無從查考。我們知道，佛祖釋迦摩尼於公元前5世紀前後誕生於尼泊爾的蘭毗尼。佛教建立後首先沿克什米爾雪山下向富裕的印度河流域及以西地區傳播，當時此地城邦林立。

阿富汗的中部地區可能為貴霜或者哈扎拉人建立的梵衍那國。在佛教鼎盛時期，阿富汗中部地區當時是寺廟繁盛的佛教中心區域之一。巴米揚的巨型釋迦牟尼佛立像，可能就是在佛祖身後此地僧人為弘揚佛法而建立的。

唐代新羅僧人慧超在723年至727年前往五印度諸國巡禮曾路過此地。他稱梵衍那國為犯引國："至犯引國，國王是胡，不屬余國。兵馬強多，諸國不敢來侵……土地出羊馬氈布之屬，甚足蒲桃"。據記載，在阿富汗戰爭爆發前的巴米揚省風景秀麗，西部的班德·伊·阿密爾（Band-i-Amir）湖是阿富汗地區的著名旅遊勝地。但是，在上個世紀70年代後歷經多年的戰亂和變遷，塞爾薩爾和沙瑪瑪到上個世紀90年代後已是千瘡百孔，佛像的頭部也不復存在。

2001年3月後，巴米揚石窟佛像群更遭遇了一場法難浩劫。塔利班不顧聯合國和世界各國的反對，動用大炮、炸藥等各種現代化戰爭武器，徹底摧毀了巴米揚地區包括塞爾薩爾和沙瑪瑪在內的所有佛像和石窟。如今的巴米揚佛像群已經一片淒涼。

據媒體報道，記者在山崖下看到的只是佛像形狀的石窟和佛像的殘骸，石窟外到處是碎石和黃土塊。塞爾薩爾只剩下一個佛像的形狀，佛像巨大的胳膊留下的凹痕清晰可見。佛像不見了，但仰頭而望，仍不難想像當年的壯觀景象。石窟下，幾張巨大的灰色塑料布覆蓋著塞爾薩爾的殘骸，上面寫著由“聯合國教科文組織保護”的字樣。

不遠處，沙瑪瑪的境遇更慘，連一塊大一點的殘骸也沒有了。順著沙瑪瑪一側的臺階拾級而上，進入底部為八角、頂部為圓形的佛龕殿堂，只見殿堂內一個個空凹的佛龕。佛龕殿堂內據記載刻著的數以萬計的佛像和畫有藝術精湛的彩色壁畫現在已無蹤跡。所有殿堂內只有在一些不起眼的角落裏隱約可見零星藍色和紅色。法難是人劫的開始，從此之後，人世動蕩，了無周期。南無阿彌陀佛！

【附註】本文資料據新華社新聞稿。

對於印度的歷史認知誤會

現在叫“印度”的這個國家，即現在的南亞印度，古代其實並不是印度。

唐玄奘的《大唐西域記》記載得很清楚，”印度”這個名字是來自於印度河。印度一詞中文的另一個譯名就是“信德”，現在是巴基斯坦的一個省。

印度——信德，Sindh，這兩個詞都源於梵語詞Sindhu，意思就是“大河”。這條大河即印度河，它的中下游地區就是古代的本土印度，而今日則叫巴基斯坦。

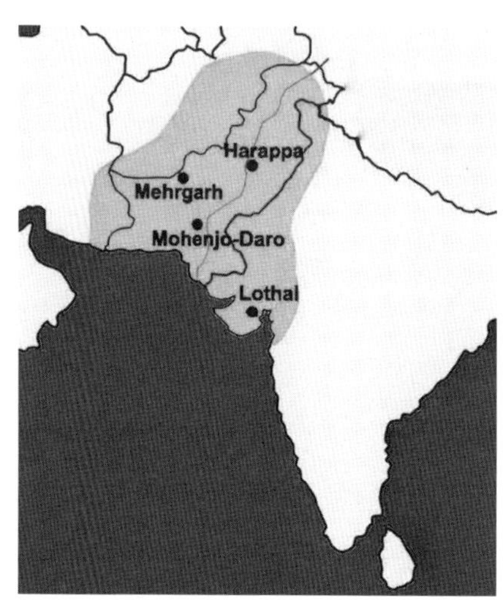

地圖說明：圖中英文地名是印度河地區的古文明。圖中河流，是來自青藏高原的印度河，左邊區域是古代的印度——現在的巴基斯坦，右邊的區域是現在的印度。印度河這個地區古代歷史非常悠久，有過很燦爛的古代文化，如哈巴拉古文明，這裏也是原始印度教的發祥地，是佛教的最早傳播地之一。所以印度河地區馳名古代世界。

佛祖釋迦摩尼誕生於喜馬拉雅山下的尼泊爾，而佛教古代最繁盛地區是今日的巴基斯坦地區以及克什米爾和阿富汗地區，而不是在南亞印度。那裏始終是印度教地區，古代中國人稱之為婆羅門。

唐僧取經之所以要去西天而不是去南天，主要就是西去印度河地區。

許多現代國人不知道印度河古文明是今日巴基斯坦地區的古文明，而錯誤地以為是南亞印度的古文明。之所以產生這種誤會，是因為在20世紀初發現這些古文明時，印度河地區的巴基斯坦與南亞印度尚是一體，都是大英帝國的殖民地，因此都曾稱為印度。

但是後來印度一分為二了。南亞的印度仍然叫印度（但此地卻並非古代的印度），而西南亞的古印度——印度河流域，卻改名為巴基斯坦。

自1947年印巴獨立和分治後，國內許多人包括一些專家都發生了地理認知的錯誤，誤以南亞恒河印度為印度本體，卻不知道真正的古印度本體是在今日的巴基斯坦地區。 由於名字的錯亂，而導致了歷史認知的許多誤會和混淆。

印地佛教教派簡史

自佛陀入滅以後，佛教流傳克什米爾及西南亞地區，經歷“部派佛教”、“大乘中觀”、“瑜伽派”、密教等次第演化。

根據國內外前人之研究，簡述其演變概況如次：

（一）原始佛教

瞿曇佛陀於公元前463年在今屬於尼泊爾的迦毗羅衛城（梵Kapilavastu ，巴Kapilavatthu）誕生，自三十五歲悟道，至西元前383年入滅。佛陀平生述而不作，沒有寫留任何佛經。其生前對弟子之教示，於滅度之後，由弟子們結集傳述之。

這一段時期之佛教，稱為原始佛教或根本佛教。

佛陀的說教最初是口傳的，為了便於記憶，採取偈頌的形式，後來弟子們編集為由經、律、論組成的佛經“三藏”。在經藏中，近代學者認為真正屬於佛陀的教說和最早的經典是《經集》、《如是語經》和《無問自説經》等，也包括一些戒律條文。

【四諦】

原始佛教的基本教義是“四諦”、“八正道”和“十二因緣”。其核心內容是講現實世界的苦難和解除苦難的方法。其次，又從緣起思想出發，提出了“諸法無常”、“諸法無我”和“涅槃寂靜”的學説。

諦，梵語satya，巴利語sacca，審實不虛、即真理之義。

四諦，即指苦、集、滅、道四種正確無誤之真理。人生中此四者皆真實不虛，故稱四諦、四真諦；又此四者為聖者——佛陀所知見宣講，故稱四聖諦。

苦諦即關於生死實是苦之真諦。集諦即關於世間人生諸苦之生起及其根源之真諦。滅諦即關於如何滅盡苦諦、集諦，達到圓寂涅槃之真諦。道諦即關於正見正思維之八正道之真諦。

四諦為原始佛教教義之大綱，乃釋尊最初之説法。苦與集表示迷妄世界之果與因，而滅與道表示證悟世界之果與因；即世間有漏之果為苦諦，世間有漏之因為集諦，出世無漏之果為滅諦，出世無漏之因為道諦。

後人把原始佛教的修持，概括為戒、定、慧三學以及慈、悲、喜、舍四無量心以及四念處、四正斷、四神足、五根、五力、七覺支等三十七菩提分法。

【原始僧團】

在佛教發明以前，南亞次大陸地區信仰流行的是婆羅門教。佛陀反對婆羅門教的種姓不平等制度。因此，他所創立的佛教僧團，允許各個種性和賤民參加。另外，還容許接受在家生活的男女信徒為弟子，稱為優婆塞、優婆夷或在家居士。以出家之比丘及比丘尼為中心，再加上在家之信士、信女而構成佛教之僧伽（梵文saṃgha ，巴同）集團。

這個教團不承認世襲的種姓制度，雖是賤民出身之比丘，只要其出家受戒之年資高，則在僧團的位置即高於貴族出身的比丘之上。

此外，僧團亦經常為在家居士解說布施、五戒、生天論等法。

【巴利語】

佛陀傳教後，一支向東，東南亞傳播，一支向西，進入克什米爾向南傳播。

南亞次大陸北部地區，古代有兩種語言文字系統，一種為巴利語文，一種為梵文。

巴利語文（pàli-bhàsà），英文名稱（pali），是佛陀時代摩揭陀國一帶的大眾語。據說佛最初就是用巴利語言說法，弟子們用這種語言記誦他的經教。

中古以後，西南亞地區種族及人口流動變遷，巴利語早已不通用了，但是靠了佛經而保存了下來，現在巴利語仍然是錫蘭（今斯里蘭卡）、緬甸、泰國等地方的佛教聖典及其注疏所用的語言。

（巴利語文，是古尼泊爾地區地方語（Prakrit）之一。巴利（Pâli）是“線”、“規範”的意思，後轉用為聖典的稱謂。如覺音將根本聖典經律論三藏稱為巴利，而稱三藏之註釋為“義疏”。及至近代，始將三藏及注疏所用的語言稱為巴利語。原來的巴利文字母已經不存在，現在緬甸、柬埔寨、泰國的巴利文三藏也都是用他們本國字母記錄的。）

佛經說，佛陀說法及弟子學習，最初皆以巴利語記憶誦讀互相傳授，其後亦以巴利語撰寫。

【梵文】

梵語（Saṃskṛta）與巴利語屬於同一語系，二者之語彙有五分之二以上同形；看似差不多，但確實一些不同之處。首先是流通地點不一樣，巴利文目前流行於斯里蘭卡，緬甸，泰國，柬埔寨，主要是信奉小乘上座部佛教的社群。

梵語則流行於克什米爾地區、巴基斯坦和尼泊爾的大乘大眾部佛教社群。現在已經沒有以巴利文為母語的人了，主要流通功能是用於經書的誦讀，抄寫和註釋。而梵語的話，現在仍然有逾10萬以上的流利程度的使用者。梵語的現代版，據說仍是克什米爾及巴基斯坦等國普通民眾的母語和主要官方語言。

【原始佛經】

原始經文中最古老的是《經集》（巴利文Sutta-nipâta）、《法句經》（巴利文Dhamma-pada）、《如是語經》（巴Iti-vuttaka）、《無問自說經》等。以上諸經及律，皆被信徒承認為佛陀本尊所說之法。至於此中是否雜有弟子的言論在內，則也無法判別，對此經典，均以“原始佛經”名之。

原始佛經之思想立場，乃在現實生活中認識“苦”，瞭解苦之根源為無常變遷，主張一切存在之物並無一主宰的我存在，而樹立“無我”之觀點。

無我的現象世界即由“緣起”而生，故佛以“十二因緣”說明緣起的道理。

（二）佛教僧團的分裂

佛陀入滅一百年左右（公元前283年前後），佛教僧團分裂為二，成為改革派之大眾部及保守派之上座部兩個部派。

1、部派佛教

在佛陀逝世後，佛教內部由於對戒律和教義看法的不同，開始分裂。

最初分為大眾部和上座部，這被稱為根本部。以後又從兩個根本部中，分裂為十八部或二十部，稱為枝末部派。

〔附注：據北傳佛教資料記載，最初的分裂原因係由於大天（梵名Mahâdeva）提倡五事新說。據南傳佛教資料《錫蘭島史》（島王統史，巴Dîpavaṃsa）、《大王統史》（巴Mahâvaṃsa）記載，則謂由於跋耆族（巴Vajjiputtaka）之比丘倡導十事新說而造成分裂。

大天為摩偷羅國（梵Mathurâ）出身之比丘，於華氏城（梵Pâṭaliputra）宣揚佛教。他在阿育王所建之雞園寺（梵Kukkuṭârâma）提倡五事新說，保守派長老斥其為妄語，僧團因此分裂為二。

大天所提引起分裂的五事指：

（1）餘所誘（餘人污染衣）。阿羅漢仍抵制不了天魔之誘惑，而有夢遺之現象。

（2）無知（無明）。阿羅漢等四果猶有“不染污無知”。

（3）猶豫（疑）。已經證四果之聖者，對於佛法諸諦尚有疑惑處，並非完全徹悟無疑。

（4）他令入（他度）。若干阿羅漢證果時，必須由他人（如佛陀）印證、提醒，才能對聖道真正悟入。

（5）道因聲故起（聖道言所顯）。修行者若修習出世智慧之聖道，必須至誠唱念“苦哉”之語，才能使聖道現起。

這是關於修行與達到佛性的分歧。跋耆族比丘所提倡之十事則皆為關於出家生活的瑣碎小事，乃指：

（1）角鹽淨。可以蓄鹽於角器中。

（2）二指淨。如未吃飽，可以於規定時間後經二指量（日影）之時間內，繼續進食。

（3）他聚落淨。即在一食之後，仍可至另一聚落復食。

(4) 住處淨。同一教區內之各群比丘，可以在各居處舉行布薩。

(5) 贊同淨。於眾議處決之時，若得應到比丘之同意，則雖應出席之總人數仍然不足，仍可舉行羯磨。

(6) 所習淨。可以隨順和尚阿闍黎之常習。

(7) 生和合（不攢搖）淨。可以飲食未經攪拌去脂之牛乳。

(8) 飲闍樓囗淨。可以飲用未發酵或半發酵之椰子汁（即闍樓囗）。

(9) 無緣座具淨。縫製坐具可以不貼邊，大小隨意。

(10) 金銀淨。可以接受金銀的布施。

跋耆族比丘倡導十事新說時，反對他的耶舍比丘得到離婆多長老（梵Revata，巴同）之援助，在毗舍離城舉行僧人大集會，一致決議新說不合法，故稱之為"十事非法"。

此次之集會，同時亦為再一次律典結集大會，參加比丘共七百人，故稱七百結集。〕

公元前280至230年之間，主張革新派的比丘成立一新的派系，佛門分裂由此開始。加入革新派的人數很多，故新派又被稱為"大眾部"（梵Mahâsaṃghika，巴同）。

原始佛教長老上座們之保守派，即稱"上座部"（巴Theravâda）。

【關於部派分裂原因的另一種說法】

關於部派佛教兩部分因爭論而發生分裂的原因，訶梨跋摩在《成實論》則概括為由於對以下論題的分歧。即：

1、人的再世有無？2、一切法有無？3、中陰（輪迴的主體）有無？4、頓悟或漸悟？5、羅漢是否有退？6、隨眠（煩惱）與心是否相應？7、未受根業是否存在？8、佛是否在僧數？9、在無人我（靈魂）？等。〕

【上座部的教義】

上座部認為佛教徒修行的最高境界應是阿羅漢果，阿羅漢果與佛果位相同。

他們把一切現實存在分為色法（物質存在形式）和心法等，色法有“四大種”（地、水、風、火四元素）及所造色（長、短、大、小、方、圓等形象和青、黃、赤、白等顯色以及其他感官對象），心法有八十九種，並作了詳細的分析。

上座部於佛陀入滅後三世紀，亦即公元前183至83年之間，又分裂為本上座部與說一切有部（略稱有部）兩個部派。

上座部後來又分為根本上座部和說一切有部。上座部流傳於雪山即喜馬拉雅山麓的尼泊爾（雪山部），說有部流傳於克什米爾地區。

說有部以迦濕彌羅為根據地，發展成一大勢力。有部之下又分出犢子部，犢子部又分出法上、賢胄、正量、密林山住四部。

到佛陀入滅後三世紀，有部又分裂出化地部，再從化地部分出法藏部。

佛陀入滅三世紀末自有部又分出飲光部（善歲部）；佛陀入滅四世紀又自有部分出經量部（說轉部）。

故原來的有部即稱為根本說一切有部，而上座部本末一共成立十一個部派。

在公元1世紀貴霜王朝迦膩色迦統治時，曾舉行一次大規模的佛法結集，編纂了《大毗婆沙論》、《發智論》和六足論等龐大的論書。主張“法有我無”、“三世實有”和“法體恒有”的經量部約成立於3世紀末，是最晚從說一切有部分出來的，主張“過去未來無本，現在實有”。

佛陀以蘊、處、界概括一切法，但未區別實有和假有。說一切有部主張蘊、處、界都是實有。經量部則主張蘊、處是假有，界是實有，這意思是說外界一切的事物或主客觀的存在形式（蘊）以及人們的認識器官和對象（處）都是一種虛假或唯名的實在，它們不過是人們認識中的感覺材料，只有人們的認識的根源（界）才是真實的存在（實有）。

上座部認為阿羅漢即佛，持有“由於修行而證得羅漢果者如佛一般”之看法。

根本說一切有部之特徵，不同於根本上座部之重視經與律，而特別重視論部。

說有部曾編輯《大毗婆沙論》、《發智論》、《六足論》等論書，主張我空法有、三世實有、法體恒有，強調一切存在之物皆為實在，故被稱為“說一切有”。

【大眾部的教義】

大眾部崇信超越的、神化的佛陀，提倡“一心相續說”和“心性本淨說”。

部派佛教後來向大乘發展。大眾部向中觀派（空宗）

發展。

上座部向經量部發展，進而向瑜伽行派（有宗）發展。

部派佛教認為佛陀乃是一種人格之超越者，而加以崇拜。主張佛的肉身異於常人，常人即使修行而證得阿羅漢果，於現世亦無法與佛相等。

〔附注：大眾部於佛陀入滅後二世紀又分出一說、說世出及雞胤等三部。此後陸續又分出多聞部、說假部二派。繼之，又分制多山、西山住、北山住三個部派，本末一共成立九個部派。〕

大眾部革新之風氣極盛。由於大眾對佛陀懷有很深的敬意，故促使大乘佛教產生，並形成新的勢力範圍。部派佛教是小乘佛教。

三、大乘佛教的興起

【菩薩眾教義】

與部派佛教平行發生之大乘佛教，產生於公元以後時代。在此之前，有許多在家信眾（居士）組成之集團，稱為菩薩眾僧團。

菩薩團於阿育王之治世（268 B.C.~232 B.C.）前後開始出現，以印度各地之佛塔（梵stûpa ，奉祀佛陀遺骨之塔）為中心而集結成團體。區別於比丘組成之僧伽團體，這個團體自稱為菩薩眾（梵bodhisattva-gaṇa）。

“眾”（行會）本為商人之組織。菩薩團中多數人員為都市中之工商業者，故也以眾稱名。此一佛塔信仰團體，發展到後來即成為大乘佛教教會。

【大乘佛教教義】

在部派佛教流行時期，大乘的思想在南印度已開始產生和傳播。當時一些在家佛教徒中流行著對安置佛陀舍利的佛塔崇拜，從而形成了大乘最初的教團——菩薩眾。參加這些教團的有出家的導師（僧侶）也有許多在家的支持者（俗人）。

他們中間一部分人為了修持和傳教的需要，編輯了闡述大乘思想和實踐的經籍，最初為般若系經典，以後又有《妙法蓮華經》、《維摩經》、《華嚴經》和《無量壽經》等出現。這些經典闡發了空、中道、實相、六度、菩薩道、多佛、三乘分別和一心本淨等等思想。

〔附注：佛塔信仰之菩薩團眾，編集出他們信奉的經典，首先有完成於公元初年之《般若經》，其次有《法華經》、《維摩經》、《華嚴經》、《無量壽經》等。

大乘佛教之基本思想為"空"（梵śûnyatâ）。所謂"空"，原指"什麼都沒有"或"什麼都沒有之狀態"，亦即認為於此現象世界中，沒有任何可以執著之物，所以除非能抓住能生存之東西，否則就不能說是真正存在。就存在本身而言，仍須透過眼前之事象方能把握，此外別無他途。

《法華經》中主張"一佛乘"之說，另又舉出"二乘作佛"之思想。所謂"二乘"乃聲聞、緣覺，亦即指傳統教團中之比丘。二乘作佛，概謂僧人教團中之比丘們皆應歸於菩薩道。

《法華經》又主張“久遠實成之佛”（即指久遠以前就存在，並且擁有無量壽命之佛），《無量壽經》則說“無量壽命之佛”。兩者同樣說明其存在之根本，源於有永遠不滅之生命，即稱為佛。

《般若經》之空，乃就哲學立場而言，而此處所說之空，則自宗教觀點來看。《維摩經》以戲劇結構來強調菩薩道精神之偉大，遠超過比丘之立場。

《華嚴經》則出現“一即一切，一切即一”之大世界觀。其中不論任何說法，皆以大乘之名而擴大人生觀及宇宙觀，此即其立論根據。〕

【印地大乘佛教的兩大教派】

大乘佛教之下包涵兩個主要教派——中觀派和瑜伽行派。

一、中觀派

大概在2世紀形成，創始人是龍樹，經提婆、羅睺羅跋陀羅傳至佛護和清辨時，因對中觀的理論有不同的解釋，分為自續派和應成派。

中觀派發揮了般若經中的思想，認為修持最高的境界是空，空是“不可描述的存在”，世界上的一切現象都是一種相對的依存關係（緣合）和一種假借的要領或名相（假名），它本身沒有實體（無自性）。對於真正的佛教徒應該證悟上述空性的“真諦”，但是對於被無知（無明）覆蓋的凡夫仍應導以“俗諦”，即承認世界相對存在的真理。

〔附注：中觀派以龍樹“中論”為根柢宣揚般若空觀。中論之説法為覺悟一切之存在皆源自緣起性（相互依存之關係），不主張“無”，亦不主張“有”，而主張真空中道之正觀。

龍樹之門人提婆（梵Âryadeva）著《百論》等書以破斥外道及小乘教義。羅侯羅跋陀羅（梵Râhulabhadra）則註釋《中論》中“八不”之意義。

笈多王朝時代初期，有梵志青目所撰《中論本頌》之註釋、婆藪開士之《百論本頌》注澤本。

其後，四至五世紀出現佛護（梵Buddhapâlita）之系統稱為具緣派（梵Prâsaṅgika）。清辨（梵Bhâvaviveka）之系統稱為依自起派（梵Svâtantrika）。此即中觀派分出之二大派系。

此二人皆為僧護（梵Saṃgharakṣita）之弟子，此外又研習龍樹之學。佛護主張緣起諸法之畢竟空，清辨強調自俗諦門觀緣起法皆無自性不可得，若自真諦門看，則主張一切法皆有常住之本性存在。

佛護的具緣派之派系中，於七世紀間有月稱論師（梵Candrakîrti）出，著《中論注》，其教勢遂盛。〕

二、瑜伽派

系以彌勒（梵Maitreya，270~350 頃）為開祖之學派。相傳《瑜伽師地論》（梵Yogâcâra-bhûmi）、《大乘莊嚴經論頌》、《辯中邊論頌》、《現觀莊嚴論》等書即為彌勒所撰。以般若空之思想為本，以瑜伽行（調息，攝心，令之與正理相應之修行）為基礎，建立唯識説（一切存在皆由心識之變現，主張唯有心識才是實在的）。

瑜伽行派興起於4~5世紀間，因強調瑜伽的修行方法並以瑜伽行總括全部佛教教義而得名，該派的理論奠基人是無著和世親，主要經論是《解深密經》、《瑜合伽師地論》、《唯識二十論》、《成唯識論》等。

由於自性清淨，而有"如來藏緣起"之思想。

無著（梵Asaṅga，310~390頃）為瑜伽派第二祖，著《顯揚聖教論頌》、《攝大乘論》（梵Mahâyâna-saṃgraha），《大乘阿毗達磨集論》（梵Mahâyânâbhidharmasamuccaya）等書，而確立瑜伽派。

其弟世親（梵Vasubandhu）著《唯識三十論頌》（梵Triṃśikâ-kârikâ）、《唯識二十論頌》（梵Viṃśatikâ-kârikâ）、《攝大乘論釋》等書，宣揚瑜伽唯識之說。

世親學系後來乃分為陳那（梵Dignâga）與德慧（梵Guṇamati）二大系統。陳那為印度因明邏輯學之集大成者。

世親的繼承者有親勝和火辨兩家。發揮親勝學說的有德慧和安慧，以上稱為無相唯識派。世親的另一繼承者是陳那，他是後期瑜伽行派的先驅。

陳那的後繼者有護法和法稱，護法發展了世親和陳那的唯識學說，法稱發揮了陳那的因明學說。瑜伽行派認為人所認識的一切現象都是由人們的認識主體即"識"所變現出來的，提出"萬法唯識"、"三界唯心"。

瑜伽派把識分為三類八識，而把第八識即阿賴耶識（藏識）看作是現象世界（現行）的根源（種子生現行），所以名之為“所知依”。

瑜伽派又把一切存在現象分為“五位百法”。另外還闡揚五種姓說，認為有一種“無種姓”的人，畢竟不能成佛。

大乘佛教中、後期，大論師輩出，並有龐大論書著作出現，佛教的美術、建築等方面亦大受影響。不久，大乘佛教傳至西域、中國、日本，而產生獨特之大乘佛教文化。

（四）密教的興起

7世紀中葉，佛教吸收印度教法術，而產生密教。

6~7世紀，印度教在中印度和南印度當時的社會和文化生活中具有佔優勢的地位，從玄奘的記述中，可知對濕婆、毗濕奴、梵天的崇拜極為盛行。8~9世紀間商羯羅創新吠檀多派，使印度教在理論上得到重大發展，與佛教理論進行競爭而空前地盛行。

這個時期，信仰伊斯蘭教之阿拉伯人佔領中亞，進入印度河流域，開始對印度地區推行伊斯蘭化。印地各小邦諸王及人民由於反抗意識，而努力保持本土宗教之印度教

於此政治背景下，佛教認為與印度教妥協乃保存佛教本身之最妥善方法，遂開始吸收印度教民間信仰而逐步密教化。在南印度和德干高原以及東印度，出現了大乘佛教與印度教結合的新教派金剛乘和易行乘等，手下秘密傳授。

此前公開傳播的佛教被看做顯教。而中觀派和瑜伽行派融合後，作為密教世界觀的基礎而繼續存在，同時吸收印度教的密法作為超度的法門。密教的主要經典為《大日經》、《金剛頂經》、《密集經》、《喜金剛經》、《勝樂輪經》、《時輪經》等。

密教以高度組織化的咒術、壇場、儀軌和各種神格信仰為主要特徵。密教的儀軌極為複雜，對設壇、供養、誦咒、灌頂皆有嚴格的規定，主張修“三密”，即手結印契（身密）、口誦真言（語密）和心作觀想（意密）。三密相應，即身成佛。

公元8~9世紀以後，顯教的佛教僧團日益衰敗，內部派系紛爭不已，從而日趨式微。又由於伊斯蘭教的大規模入侵和傳播，重要的佛教寺院被毀，僧徒星散。佛教在印度地區迄13世紀初，一蹶不振趨於消亡。

公元12世紀末，伊斯蘭教徒侵入到佛教中心地（比哈爾一帶）。佛教徒基本都融入印度教中。伊斯蘭教軍隊屢次入侵，徹底摧毀佛教寺院，僧徒逃往國外。至此以後，佛教在印度基本消聲匿跡。

於是此後，佛教的中心地區，由印度地區而轉移到了中國（北傳佛教）和東南亞（南傳佛教）。

（愚癡居士何新，2016）

（2016年4月1日原載何新博客）

【佛學真諦】

論佛學四諦與康德哲學的三識觀

西方古典哲學包括本體論、人生論（倫理學及價值學）以及認知論（認識論與工具論，包括邏輯、辯證法）三部。中國自漢武帝罷黜百家，獨尊儒術後，經學發達，一枝獨秀而壓倒其它。先秦諸子曾頗感興趣的哲學三部討論，均大為退化。蓋以其非仕進之途也。

因此，魏晉隋唐以後，哲學問題特別是本體論以及認知論問題，主要是在佛學及佛教中被深邃地討論。但是，由於佛教哲學有自己獨特的語言形式和體系，因此頗難被理解。

1

《法華經·譬喻品》：“佛昔於波羅柰，初轉四諦輪。”佛初轉輪，就是講論“三説四諦”。

諦，拉丁字母梵文satya，巴利語sacca，本為審實、不虛之義。苦、集、滅、道，佛稱四諦、四真諦。四諦為原始佛教教義之大綱，乃釋尊最初説法之教義。四諦也稱為苦諦、苦集諦、苦滅諦、苦滅道諦。

佛學據《中阿含經》卷七分別聖諦經、《大毗婆沙論》卷七十七、《大乘阿毗達磨雜集》論卷七等所說四諦之義，總括即：

（一）苦諦，苦，泛指逼迫身心苦惱之狀態。

審實世間事物，不論有情、非情悉皆為苦；亦即對人生及環境所作之價值判斷，認為世俗之一切，本質皆苦。

苦諦即關於生死實是苦之真諦。

（二）集諦，集，聚合之義。審實一切煩惱惑業，實能集合三界生死苦果。集諦即關於世間人生諸苦之生起及其根源之真諦。

（三）滅諦（梵nirodha-satya），滅，即寂滅；審實斷除苦之根本——欲愛，則得苦滅，可入於涅槃之境界。滅諦即關於滅盡苦、集之真諦。

（四）道諦，道，能通之義。審實滅苦之道，乃正見、正思惟、正論道等八正道。若依此而修行，則可超脫苦、集二諦，達到寂靜涅槃之境。故道諦，即關於八正道之真諦。

〔八正道：（一）正見，又作諦見。真見、實見。（二）正思惟，又作正志、正分別、正覺或諦念。（三）正語，又作正言、諦語。（四）正業，又作正行、諦行。（五）正命，又作諦受。（六）正精進，又作正方便、正治、諦法、諦治。（七）正念，又作諦意。即以自共相觀身、受、心、法等四者。（八）正定，又作諦定。即離欲惡不善之法，成就禪定。〕

傳説佛陀成道之後，於鹿野苑為五比丘初轉法輪之説，就是四諦，故此為佛教中之基本教義，並為生死解脱之唯一方法。

小乘、大乘經典中皆有此四諦之説，如《勝鬘經》、北本《大般涅槃經》等，不僅附有大乘之解釋，並對四諦之深義有所發揮。

2

佛陀“三説四諦”，即講論四諦有三種境界：

第一説：此是苦，此是集，此是滅，此是道，此是教示四諦之四相。

第二説：苦當知，集當斷，滅當證，道當修，此是教示修行跨度四諦。

第三説：苦者我已知，集者我已斷，滅者我已證，道者我已修，此是佛所教示自己親證之四諦。

3

佛教認為，人生生死輪迴之迷界，計分為二十五種。由因必得果，因果均不亡，稱為三界，二十五有。

何謂三界？佛教認為人類生死往來之世界分為三界：

一、欲界，人欲橫流之世界。所謂人欲，西哲心理學家弗洛伊德認為根本即二欲，食欲與性色之欲，基於人類生存及繁殖所必須解決的基本需要。佛教認為，此二欲也是人生一切苦諦之總根源。

二、色界，色為質礙之義，有形之物質也。色界即現象世界。千奇百怪五顏六色，故名色界。相當於黑格爾《邏輯學》中的"存有"世界。

三、無色界，本體、實體之界，相當於黑格爾《邏輯學》中的"本質"所居之界。

此界無色無形無物。唯以心識可以往入於深妙之禪定，故謂之無色之界，也稱空界。（據《出俱舍論》世間品，三界義。）

人生而入欲界，由欲界而入花花之色界，死而入空界；故謂之三道輪迴，三界輪迴。

4

佛學認為，三界又有二十五存有，以及二十八層天。

二十五存有，在佛經中蓋有不同說法。

第一系說法，二十五有，計欲界十四有，色界七有，無色界四有：

（一）欲界四有：

1 地獄有，2 畜生有，3 餓鬼有，4 阿修羅有。

地獄至阿修羅乃六趣中之四趣，各一有。此為欲望界四有。

（二）色界十七有：

5 弗婆提有，6 瞿耶尼有，7 郁單越有，8 閻浮提有。

9 四天處有，10 三十三天處有，11 炎摩天有，12 兜率天有，13 化樂天有，14 他化自在天有，15 初禪有，16 大梵天有，17 二禪有，18 三禪有，19 四禪有，20 無想有，21 淨居阿那含有，

此為色界十七有。

（三）無色界四有：

22 空處有，23 識處有，24 不用處有，25 非想非非想處有。

第二系說法：

四惡趣（為四），四天下天（並前為八），六欲天（並前為十四），梵天（並前為十五），無想天（並前十六），五淨居天（並前十七），初禪、二禪、三禪、四禪等（並前合二十一），無色界四天。是名二十五有。（《法門名義集》唐·李師政 撰）

第三系說法，眾生流轉輪迴之生死世界，分二十五種：即欲界十四有、色界七有、無色界四有。

第一、欲界的十四有是：

1、四惡趣——阿修羅、畜生、餓鬼、地獄、

2、四大洲所有——南贍部洲（南亞及南太平洋中大洋洲）、東勝神洲（亞洲）、西牛貨洲（歐洲）、北俱盧洲

〔在須彌山的鹹水海中（似為北冰洋以及美洲）〕

3、六欲天所有——四王天、忉利天、夜摩天、兜率天、化樂天、他化自在天。

5

佛經又言欲望六趣：眾生由業因之差別而趣向之處，有六所，謂之六趣，亦曰六道：

一地獄趣Naraka-gati，八寒八熱等之苦處也，此在地下，故曰地獄。

二餓鬼趣Preta-gati，常求飯食之鬼類生處也。與人趣雜處而不可見。

三畜生趣Tiryagyoni-gati，新譯曰旁生趣，即禽獸之生所也。

四阿修羅趣Asura-gati，鬥爭趣（魔鬼趣），常懷嗔心而好戰鬥，大力神之生所也。

五人趣Manuṣya-gati，人類之地理生所也，分閻浮提（即南贍部洲）等四大州，但四大洲隔離，不得通力者不能到。

六天趣Deva-gati，身有光明，受眾生之快樂，名為天趣，或曰天王趣。

〔《大乘義章》曰："此六種，經名為趣，亦名為道。所言趣者，蓋乃對因以名果也。因能向果，果為因趣，故名為趣。所言道者，從因名也。善惡兩業通人至果，名之為道。地獄等報為道所

詣，故名為道。”《法華經》序品曰：“盡見彼土六趣眾生。”《涅槃經》：“以心因緣故，輪迴六趣具受生死。”〕

第二、色界七有是：初禪天、二禪天、三禪天、四禪天、大梵天、淨空天、無想天。

第三、無色界四有是：空無邊處天、識無邊處天、無所有處天、非想非非想天。

耐人尋味的是，佛學中欲界、色界、無色界的三重世界，約略相當於康德劃分的人類理識三大部，即康德哲學所言的人性三識：

1、感性認識，感知世界；2、智（知）性認識，智知世界；理性認識，論知世界。

佛學所言的無色界四有，相當於康德的先驗理性，即想入非非，妄想之世界。康德認為，先驗理性必然導向空論空想以及悖論。

6

佛教認為，三界，分層次共有二十八層天，即：欲界六天，色界十八天，無色界四天。

欲界六天是：四王天、忉利天。（地居天）

夜摩天、兜率天、化樂天、他化自在天。（空居天）

色界十八天是梵眾天、梵輔天、大梵天、少光天、無量光天、光音天、少淨天、無量淨天、遍淨天、無雲天、福生天、廣果天、無想天、無煩天、無熱天、善見天、善現天、色究竟天。

無色界四天是空無邊處天、識無邊處天、無所有處天、非想非非想處天。

（欲界的四王天與忉利天，依須彌山的地界而居，故稱地居天。夜摩天以上，都是凌空而處，故名空居天。）

7

佛家認為，所謂“有”，是指人生現實之生存執情及思念執迷所在。“天”是修行上升的境界。修行目的就是超越三界破二十五有——跳出三界外，不入有無中。

破三界二十五有，須以二十五種三昧正定（禪定）之心。

——破了二十五有的煩惱，名為淨。

——破了二十五有的業，名為我。

——破了二十五有的報，名為樂。

——無二十五有的生死，名為常。

這常、樂、我、淨，就是涅槃四德。

佛說世間法，是無常、苦、無我、不淨，這是方便法。佛說出世法，是常、樂、我、淨，這是真實法。

世人人人言我，其實所言非真我，所以世人無我。修行方知何謂真我，方找到自我。

無常是眾生，常是法身。苦是外道，樂是涅槃。無我是生死，我是如來（真如）。

不淨是有為，淨是無為。

【附注：黑格爾《精神現象學》有關於我的妙言，約略謂：人人自稱曰我。但是殊不知，"我"這個詞乃是不可思議（也不可定義）的。究竟誰是我？每一個人。我是一個抽象物，所以，人人都是我。但是每一個人都是不同的"我"，所以此我並非真我。當嬰孩能說我，表明他的欲望、自我意識已經得到最初覺醒。】

8

苦為生老病死二十五有。集為集聚骨肉財貨，二十五有苦之因。

道為解脫二十五苦因，實現涅槃的正道，滅為涅槃，滅惑業而離生死之苦。

集諦，謂積聚二十五有，即苦果之總因，由苦諦入集諦。

滅諦，又名盡諦，滅謂死滅，滅二十五有，寂滅涅槃，消盡三界煩惱，超越生死患苦。

道締，謂修戒定慧通向涅槃之道。由集諦入道諦，由道諦而達到滅諦。

苦、集二諦為世間生死因果。滅、道二諦為出世因果。以集去苦，以道入滅，而達到涅槃。

《涅槃經》卷十二說："有漏果者則名苦，有漏因者則名為集，無漏果者名為滅，無漏因者則名為道。”此四諦唯聖者所知，非世人能知。

《涅槃經》卷十四：“昔我與汝愚無智慧，不能如實見四真諦，是故流轉，久處生死，沒大苦海。”“若能見四諦，則得斷生死”。聖者所證，稱四聖諦，或四真諦。

四諦是佛教的基本教義，佛說四諦，是要眾生了知四諦的真理，斷煩惱證涅槃。專修四諦以求涅槃者，為行菩薩道。

但是《心經》則說：出離四諦仍不夠，要超越而徹無苦集滅道，才能達到最終彼岸——波羅蜜多。

佛教哲學深妙無比，深不可測。以上討論，實為初步，但也多存古今人所未發之義。必多荒謬，謹發表於此，願求教於海內外高僧大德。

（2016年3月22日原載何新博客）

中國佛學的理性主義

1、宗教與邪教

記者：對宗教問題你怎麼看？

何新：歷史上有兩類宗教。一種是巫教、巫術。現代的巫教即邪教。另一種是具有偉大傳統的宗教。邪教與宗教的區別不僅體現在教義的內容上，更重要的是體現在宗教與政治、與國家的關係上。英國近代啟蒙哲學家霍布斯指出：無論國家和教會，其權力都不是來源於上帝，教會決沒有理由掌握獨立於國家之外，甚至淩駕於國家之上的權力。反之，教會只能依附於國家，它同道德一樣，只在國家存在的條件下才能存在，只有國家容許和贊同的信仰才能成為宗教。宗教是為了國家統治的利益，為向人們灌輸對權力的畏懼和服從才有存在的價值。邪教之所以是邪教，根本之點在於其具有反世俗生活和反國家性。應當指出，對邪教，是世界上那些具有偉大傳統的宗教本身都反對的。特別是那種欺世惑眾的、非理性的邪教。真正的宗教、偉大的宗教在本質上是理性的。例如宗教改革後的新教，又例如大乘佛教。

有人認為，宗教是愚昧無知的產物，隨著科學進步，有一天會滅亡。這種觀點，有人認為是馬克思主義的觀點。實際上它的歷史要早得多。它是近代英國唯物主義最早提出的，例如霍布斯的名言“宗教起源於人類的愚昧無知和恐懼”（《利維坦》）。然而這種觀點是很粗陋的宗教觀。是18世紀啟蒙思潮的幼稚觀念。相比之下，19世紀德國古典哲學對於宗教的理解，要深刻得多。康德說，在人類意識中：哲學和科學告訴人們世界以及人是什麼。倫理學和美學告訴人們什麼是善的和美的。宗教告訴人們生存的意義是什麼以及人應該作什麼。宗教絕非愚昧的產物。宗教是人類崇高精神的傑作，是人類理性精神、倫理精神、美學精神的至高昇華物和文化結晶。人類各民族最聖潔的感情，最美的藝術作品，總是體現在宗教文化和藝術中。歷史證明，一個社會制度，沒有信仰不行。沒有意識形態不行。沒有偉大的宗教也不行。只要有人類精神世界存在，就會有宗教存在。但是宗教必須接受國家的管理。因為宗教不單純是一個個人信念問題，不單純是一種意識形態。宗教還是一種組織和制度。作為一種社會政治組織，宗教可能與國家分庭抗禮，宗教領袖可能利用人們的信仰而成為政治領袖（例如20世紀的霍梅尼）。絕不能使宗教社團成為蔑視法律和國家權威的國中之國。

在世界歷史上，每當發生這種情況必然會導致國家與宗教的對抗。只有國家才是世俗社會的唯一權威。國家本身就是神聖的。不論你信仰任何宗教，你都是國家公民的普通一員，你必須服從法律和憲法。國家應該倡導宗教的理性化，宗教與科學和哲學可以互相兼容而不是敵視。國家應該對合法的宗教給予尊重的地位。尊重信仰自由。宗教與國家的協調與和諧，這也是社會穩定的基礎。

2、佛教與中國文化

記者：你前面講過，宗教的基礎是信仰。那麼，難道可能存在理性的宗教嗎？

何新：信仰是一種意志，也是一種感情。信仰左右著群眾。但是另一方面，歷史上那些偉大宗教的原創者，耶穌，佛陀，孔子，都是偉大的哲學家和理性的思想家。中國文化的傳統精神在本質上是崇尚人文主義和理性主義的。在這種傳統中，也吸納著宗教（特別是佛教）中的理性主義。對中國文化影響最大的宗教是佛教。而中國佛教中的若干宗門，其所主張的教義是極具理性主義的。

記者：有什麼根據這樣說？

何新：佛，佛陀，是梵語的音譯。佛在梵文中，意義是覺醒，覺悟。佛陀（梵語：大徹大悟的智者），即覺醒者和喚醒者。佛學中有一個根本性範疇是"般若"。般若是什麼？就是智慧。何為智慧？慧是明察和領悟，智是決斷。中國佛學的根源來自般若學。"般若學"在中國佛學中的地位，相當於認識論。般若並不是一般意義的知覺、知識，而是“至深至徹至明至圓通”的大智慧。所以，佛學的本旨是求智，求覺，尋求覺醒和覺悟。還有一個有趣的事。中國人稱佛教教門中的出家人為“和尚”。“和尚”是梵語的音譯。“和尚”的本義是什麼呢？

記者：不知道。

何新：這個詞在梵語中的本義就是師傅、老師。

記者：原來如此，那麼和尚就是教士。

何新：佛教崇尚“覺”。覺的字根是見。除感性的雙目，佛家認為人還有心目（心眼）。目之所見，謂之見。心中目之所見，則謂之“覺”。即“覺悟”，“知覺”。覺也就是意識。意識這個詞，本來也是佛經譯語。中國哲學中的很多範疇，都不是傳統學術之所本有，而是來自佛經譯語。除意識外，還有“現象”、本體、因果、因緣、格義（格物）等等。佛教要使人“覺悟”什麼呢？即覺悟於人生欲界的空幻不實，從而引導人追求一種超越於感性、感官、即經驗世界的更高境界的人生。通過這種超越人生的追求，達到溝通有限而昇華於無限。

3、中國佛學的理性主義

記者：那麼您信仰佛教嗎？

何新：我是在家的居士。在當今世界上，影響最大的三大宗教是佛教、基督教和伊斯蘭教。對伊斯蘭教我沒有研究。佛教和基督教都是具有博大救世精神和向善精神的偉大的宗教。作為一個東方人，佛學的理性主義及其系統精深的理論至為令我傾心。

記者：您認為佛學的精諦是什麼？

何新：佛教理論博大精深，很難籠統言之。佛教也是一個非常複雜的宗教。歷史上的佛教有三大流域。一是原生的印度佛教，一是次生的西域（于闐）佛教，三是再次生的中國佛教（以及再傳於日本、朝鮮的東方佛教）。在歷史上，于闐一度曾是大乘佛教的中心。在中國傳播的佛教，不是直接從印度傳入的，而是通過西域主要是于闐的中介〔唐·傅奕云：佛教："初止西域，漸流中國。"（《舊唐書》傅奕傳）〕。並且佛教最終是在中國得到創造性闡釋，從而發揚和光大。因此雖然佛教起源於印度，但它的主流卻在中國。而且中國佛教與原生的印度佛教在理論和宗教形態上，具有許多根本性的差異。

記者：是不是大乘與小乘的不同？佛教何以要有大乘、小乘之別？

何新：不僅是如此。印度佛教還是原生形態的佛教，其教義中仍具有濃重的婆羅門古教的色彩和影響。梁啟超說："印度佛教，先有小乘後有大乘。小乘為正統，大乘為閏位。"但是，晉、隋、唐以後在中國流傳的佛教，主要是來之於于闐的大乘佛教。大乘與小乘之別，在印度佛教中已存在。但大乘精義，在中國與玄學、儒學的傳統相匯合而互相闡發之後，則形成了極其獨特的中國特色的大乘佛學。

記者：大小乘究竟是什麼意思？

何新：乘的語源，也來自於梵語。本義有車乘、乘載、行道、道路的涵義，近似於漢語的“道”，希臘哲學的“邏各斯”。大乘主張眾生普渡，小乘則側重於修煉自我。實際上，佛教有兩種形態，一種是寺廟中的現世世俗形態。一種是精神哲學的抽象形態。前者面對大眾，後者面對深入參證宇宙本質和人生真諦的智者。前者側重在“教”，後者側重在“學”以及“理”。“教”有偶像和神靈，“學”則主張“眾生平等”，並不承認有主宰的神靈偶像。神靈和偶像崇拜，乃是印度、西域佛教原生的俗世形態。所以梁啟超說：“佛教之初傳，曾假借神通、法咒、魔（幻）術而傳佈。此期佛教只有宗教的意味，絕無學術的意味，即以宗教論，亦只有小乘絕無大乘。神通小術，本非佛法所尚。為喻俗計，偶一假途。然二千年來之愚夫愚婦，大率緣此起信。”（梁啟超《佛學研究十八篇》，中華書局版。）而後來在中國興起來的禪宗則敢於呵佛罵祖，就是要打破偶像。

記者：但是佛寺中是有偶像的。

何新：偶像是面對世俗大眾的。大眾需要偶像。梁啟超論佛教在中國興起及傳播的社會原因時曾說：“一般小民，汲汲顧影，旦不保夕，呼天呼父母，一無足恃。聞有佛如來，能救苦難，誰不願托以自庇？此一般愚民奉之之原因也。其在有識階級之士大夫，聞萬行無常，諸法無我之教，還證以已身所處之環境，感受深刻而愈覺親切。其大根器者，則發悲憫心，誓弘法以圖拯拔。其小根器者，則有托而逃焉，欲覓他界之慰安。”

總之，因為人類的心靈總有軟弱的一面，幼年時軟弱尋靠父母投助。成年人尋靠什麼？只能尋靠神靈。但是高境界的理性的佛學中是不崇拜偶像的。

記者：這話怎麼講？

何新：《五燈會元》中記述有這樣一個故事：“師問：如何是佛？童豎起拇指，師以刀斷其指。童叫喚走出。師曰：如何是佛？童舉手不見指頭，豁然大悟。”

記者：這個禪機是什麼意思？

何新：禪師問佛是什麼？弟子舉起拇指，意謂佛爺是老大。禪師斬去這手指，就是告訴他，並沒有這老大。

記者：也就是說並沒有佛？

何新：所以禪宗說佛就是人的自心。禪宗要人做個自了漢。中國最高境界的大乘佛學實際上是一種無佛論的佛學。佛教入中國後，通過中國歷代士僧的修悟參證，在翻譯研求講述中，給予了一種創造性的改造。所以中國佛教與本來的印度佛教，不僅僅是地域和時代的區別，也不僅是“宗論”的區別，而已具有本質的、根本意義的區別。在中國佛教形成的一些流派，可以說已成為一種智慧的哲學，甚至是理性的哲學。一種崇尚自然主義的泛神論哲學。我在日本曾經參訪過清水寺，據說那是唐代遺留至今而仍保持著原貌的一座大乘古剎。我注意到，這個寺廟與中土寺廟不同，梵剎中只有簷與柱，簷柱不施彩繪，也沒有任何偶像。這體現了大乘理性佛旨的真精神。

4、破除“我相”

記者：佛學理性的宗旨是什麼？

何新：佛教雖然具有其他宗教的共性，但與其他宗教有重大不同。佛教的哲學至為宏大精深。理性佛學認為在宇宙和人生中並沒有“人格神”的主宰。宇宙間一切事物，大至宏觀世界，小至微觀世界，無時無刻不是前後相續，自然生滅的。一多大小，統攝萬有。這種萬物流轉不息的現象，用現在的話說叫做“宇宙生命之流”。眾生、萬物，都是無始無終的生命大流中的現實。而現實世界中的一切存在，都是因緣所生。過去是因，現在是果；現在為因，將來為果。因果重重，相續無盡。一切現象的生起，都是由各種現象相互關聯所造成的，然後經過“成、住、異、滅”四個階段，又孕育了新生命的開始。這就是一體多相“一即一切，一切即一”的道理。通常所指為某物，只是眾緣和合，等流相續的假相而已。這種世界流變、萬物無常的觀點，與老子的“有無相生”，赫拉克利特的宇宙是一道川流的觀點，與黑格爾的辯證宇宙論，在義旨上是殊途同歸的。佛教認為，“覺”

的境界可以使人縱觀歷史，橫察世界，既然我們看到了宇宙人生是這樣的無始無終，我們就能夠把個人的心量放到無量無邊之大，而與真如世界相契合，與天地精神相融通，破除一切“我相”的偏執，達到“無我”而成“佛”，即達到“醒覺”的境界。佛者，理性的醒覺也。這就是理性佛學的要義。大乘佛教這一學說，是針對當時在印度流行的小乘及其他宗教哲學（外道）提出的。佛學對宇宙人生問題主張採取具體分析、區別對待的態度。八不中道（不生不滅、不斷不常、不一不異、不來不去），就是一種不走極端而取中道的辯證觀點。

5、佛教的濟世情懷

記者：佛教的目標何在？人們說學佛的目的是要進入西方極樂世界。這種極樂世界存在嗎？

何新：學佛的目的，是追求對人生與世界達到徹悟（覺醒）的境界。小乘極力渲染和宣講極樂世界。但大乘主張諸法無常，諸法無我，一切境由心造，“境”只是主體、本體的虛幻意識，是緣起性空的變動之流，因此哪有什麼永住不遷的極樂世界？佛學的涵攝性極廣，其流派亦繁多。般若的基本原理是主張“性空”。般若學中的“緣起性空”論，指諸法（法即現象）的自性空，本旨正是反對小乘有部執名相為實有的虛妄。因此，真正的般若智慧，是了悟於“他性空”及“自性空”的。研求之要探索“中觀正見”，決非念佛即可得佛。所以，所謂“極樂世界”，只是佛教面對俗世的一種象徵的說法。實際上，何來極樂世界，哪有仙山瓊閣？

記者：那麼學佛的目的又何在呢？

何新：在於追求和實現一種超越自我，進而普濟眾生的濟世情懷。這正是大乘佛教修持的目標。最重要的一點是，大乘理性佛學認為佛陀並不是神。佛陀被看作導師、引路者。佛學認為，眾生平等。人與佛也是平等的。自然萬物和人，沒有一息不與全宇宙呼吸相通。一手指可以攪動五洲六洋的海水，一呼吸可以變換全宇宙的空氣。大乘佛教最基本的修行就是發“四無量心”，即慈無量心、悲無量心、喜無量心、舍無量心。其中慈就是愛；悲就是同情；喜就是隨喜（例如看見別人好就高興而不嫉妒）；舍就是捨棄，對人生的一切拿得起，捨得下，不執著。達到這種境界就是所謂“看破紅塵”。也就是了悟。一物多相，諸法無常。法相俱空，空亦非空。其來勿喜，其去勿悲。研究佛學的最高境界是追求精神的這種了悟，實現人生境界的提升。不迷，不執，不妄，不滯。由這種精神的徹悟中方能領略到“極樂”，實際這恰恰也是無樂。所謂不悲不喜、不嗔不怒，從而隨境而安，緣起性空，獲得精神的自我解放——大解脱。

記者：這實際是要追求一種精神境界。

何新：這是一種至明至哲的精神境界。精神愈痛苦，就愈需要追求這種境界。宋代的兩大名士王安石、蘇東坡，在政治上一生對立。但在晚年卻都浸心於禪悦，結果和解而成為朋友。這也是解脫。達到這種境界才有幸福可言。因為佛教認為人生是苦，如何能夠度過這苦難的人生呢？就靠這種精神境界。小乘佛學上座部中有毗曇一派。這一派最講究“戒、定、慧”之學。戒是持戒，堅忍而有所不為。定即“禪定”，實際是凝想主觀，主體意志的堅定。慧就是明哲。以慧觀“數”——數非數字之數，而是“數法”（這個概念相當於哲學中所謂規律、尺度。）在此三諦中，慧是目標，戒是根本，定是方法。以戒立定，以定求慧。以智慧而尋求從人生欲界、物界、情界、苦界的解脫。學佛修持，目的就是喚醒人心中本有的智慧（即慧根，儒學所謂良知）。這個命題與柏拉圖的命題相似。柏拉圖認為理性（理念，Idea）先驗地存在宇宙及於人心。因此學習就是回憶。佛道與仙道不同。佛的境界比仙的境界要高。高在哪裏呢？仙人只是長生的俗人。求仙是為了使世俗的享樂永恆化。保持世俗的一切物欲享樂。所謂“一人得道，雞犬升天”，因為成仙後還需要雞和犬。而佛則不同。成佛是追求達到一種精神境界。這種境界超越了感性的物界，感情的情界，欲望的欲界，超越於整個世俗世界。佛的智慧有三大特性：一是對一切事物有徹底的認知與把握；二是他的智慧與行為都達到至高的境界，止於至善。即所謂“正覺”（正確認識）、“等覺”（普遍認識）、“圓覺”（貫通融匯的認識）的境界。

佛教倫理主張對人世間一切生靈充滿關愛，對人類中弱者苦者不幸者充滿同情（大悲心）和冷靜剛毅（大雄）的父性愛（大慈）。

6、説緣

記者：常常聽到人們説佛時談“緣”，談“緣分”。究竟什麼是緣？

何新：緣，在漢語中是個複雜概念。（1）緣是遇，遭遇，機遇，機緣，即偶然。（2）緣是聯／連，關聯，牽連，攀緣，也是緣。（3）緣是果報。有因才有緣，有前因才有後緣。佛教的人生論是一種非常廣義的因果論。又是一種非常廣義的泛生命論。佛教認為人生並非一世，人性與非人性（包括動植物以至山水沙石等無生物）在本性上相通。此生本是沙石，是竹木，是動物，來生可以成人，而再來生又可能墮入輪迴道，再成為畜生，或花木，或沙石。這種廣生性的生命循環論，聽起來似乎荒謬，實際上具有深刻的理性根據。個人生命的起點是一個受精卵，但若再追究這個受精卵的前身，卻是父母體內所攝食的動植物、維生素與礦物質等等。人死後或腐化而入泥土，或燒煉而成灰燼，都是將本體內的物質還原於大自然，而再入循環道，又轉化成為沙、石、植物、動物……生生不已，物質不滅，能量不滅，永在宇宙生命的不盡循環之中。這種循環的一個階段，就是“業”，其所暫寄就是“緣”。執著於一“業”，就是“障”，就是“執”。執障必會破，不想破也會破。“緣”的形成則有因。因緣相聯，有惡有善。這就是佛教所謂慈悲心的根據之一，通過觀想事物及自我緣起性空，而認識到我與事物或他人都沒有自性，其位相都只是暫（時）性。所以“他”、“你”和“我”都是動態的，不斷與外界發生相互作用而不斷改變著的，是宇宙整體的一個動態的部分，“他”和“我”，“內”和“外”都是人為的劃分。

7、佛教哲學博大精深

記者：我也曾參習佛理。但是每讀佛教史，就感到宗派林立，異說橫出，術語奇僻，佛經浩瀚。

何新：不論研究任何學術，治學必須要找到一個綱，治學必須“提綱挈領”，綱舉才能目張。研求佛學也如是。佛教發展的第一階段是印度佛教。創始於佛祖釋迦牟尼。在梵語中，“釋迦”是族名，“牟尼”是聖人。這個名號的本義即釋迦族的聖人。釋迦牟尼的思想學說大致可分為：佛心，即宗門；佛言，即教義。前者，以靈山法會，世尊（釋迦）心心相印為宗旨，在西天從迦葉至達摩，共傳了二十八代。後者，以“四諦”為中心說，對機說法，形成了大、小乘的分別。為了保存和發展佛教的學說，傳說釋迦生前十大弟子在佛陀逝世當年，用口傳記誦的方法，舉行了第一次大結集。結集的內容共分經、律、論三藏。釋迦逝世百年後，因為教團內對律藏的理解和踐行發生分歧，而出現了宗派的分裂。以後，在學說觀點上不斷出現分歧，產生了部派佛學，由上座部和大眾部分裂成為十八部或二十部大／小乘派系。許多佛教徒以及阿育王和迦王，都曾為統一教團內部的分裂做出努力。他們在不同時代和地點，先後主持了第二、第三、第四次的大結集。自從釋氏開創佛教，然後發展、演變，直到佛教在印度本土衰頽，前後大約歷時1500年。

記者：佛教何時傳佈到中國？

何新：應在秦漢之間，佛教來自西域。當時佛教的主流（大乘）已由印度傳到中國西部的雪嶺大漠之外，如月氏、于闐、龜茲。晉、隋、唐之際，我國僧人冒千辛萬苦西行，欲求佛教之真諦。理解漸精，不僅能融貫印度之學說，而且自創宗門，如天臺宗、禪宗，已成為純粹的中國佛教，而與印度本來佛教義理迥然發生分別。

8、佛教的中國化

記者：你說秦漢之間佛教東傳。但一般的看法是在東漢。

何新：據我看來似應提前。《史記》“秦始皇本紀”記始皇33年，用事於西戎，“禁不得祠，明星出西方”。所謂“禁不得”，語頗難解。其實“不得”一語古音通於“浮屠”，似即佛陀入華的初名。“不得祠”似就是指初傳於秦之西陲的佛祠。此雖孤證，但可備一說。又湯用彤曾據魚豢《魏略》的一則材料，指出西漢初年已有月氏使者來漢傳寫佛經。總的來說，中土與西域、印度的往來，早在夏商周三代已頗頻繁，宗教文化浸漸而入，互動影響，時代可能比近世人們所想像的更早得多。佛教入中國不是直接傳自於印度，而是通過西域，自西向東，自北而南傳播。到隋唐以後，佛教浸為大流，形成了具有中國特色的一種有哲理、有倫理、有體系的偉大宗教，即中國佛教。

記者：佛教在中國主要有哪些部派？

何新：中國佛教中最有中國特色的是禪宗、天臺、淨土、真言以及中國密宗五大宗門。這五大宗門，與本生的印度及西域佛教，都已具有深刻的不同，而形成了中國獨有的特色。眾生都誦持“南無阿彌陀佛”六字。但你是否知道這個佛號的真實義諦？

記者：那不就是對釋迦牟尼的頌稱嗎？

何新：不。“南無阿彌陀佛”是梵文，漢譯文的意思其實乃是：“衷心頂禮洞徹一切的智者。”因此，佛學、佛理的本質，是理性主義。正是佛學中這種理性主義的超越性，深深地吸引了唐宋元明以來中國的許多學者和仁人志士，包括晚年毛澤東（據說毛澤東晚年枕邊書中有多卷佛經及關於佛教的史論）。只是在世俗形態上，所謂“人間佛”，才具有宗教信仰和僧團組織的形態。

【選自何新《思考：我的哲學與宗教觀》，時事出版社，2001年第1版】

談佛教的濟世情懷

1. 佛教以慈悲為情懷

記者：佛教的目標何在？人們説學佛的目的是要進入西方極樂世界。這種極樂世界存在嗎？

何新：學佛的目的，是追求對人生與世界達到徹悟（覺醒）的境界。小乘極力渲染和宣講極樂世界。但大乘主張諸法無常，諸法無我，一切境由心造，“境”只是主體、本體自身所設定的虛幻意識，是緣起性空的變動之流，既然如此，又哪有什麼永住不遷的極樂世界？

佛學的涵攝性極廣，其流派亦繁多。般若的基本原理是主張“性空”。般若學中的“緣起性空”論，指諸法（法即現象）的自性空，本旨正是反對小乘部執名相為實有的虛妄。

因此，真正的般若智慧，是了悟於“他性空”及“自性空”的。研求之要探索“中觀正見”，絕非念佛即可得佛。

所以，所謂“極樂世界”，只是佛教面對俗世的一種象徵的說法。實際上，何來極樂世界，哪有仙山瓊閣？

記者：那麼學佛的目的又何在呢？

何新：在於追求和實現一種超越自我，進而普濟眾生的濟世情懷。這正是大乘佛教修持的目標。最重要的一點是，大乘理性佛學認為佛陀並不是神。佛陀被看作只是人生的導師、引路者。

佛學認為，眾生平等。人與佛也是平等的。自然萬物和人，沒有一息不與全宇宙呼吸相通。一手指可以攪動五洲四洋的海水，一呼吸可以變換全宇宙的空氣。大乘佛教最基本的修行就是發“四無量心”，即慈無量心、悲無量心、喜無

量心、舍無量心。其中慈就是愛；悲就是同情；喜就是超越憎恨、畏懼與痛苦永遠保持一種寧靜、穆樂的心理狀態；舍就是捨棄，對人生的一切拿得起，捨得下，不執著。達到這種境界就是所謂“看破紅塵”。也就是達到了了悟。

由量而達到精神上的一種澄明之境。一物多相，諸法無常。法相俱空，空亦非空。其來勿喜，其去勿悲。

研究佛學的最高境界是追求精神的這種了悟，實現人生境界的提升。不迷，不執，不妄，不滯。由這種精神的徹悟中方能領略到“極樂”，實際這恰恰也是無樂。

所謂不悲不喜、不嗔不怒，從而隨境而安，緣起性空，獲得精神的自我解放—大解脱。

記者：佛教的真正宗旨實際是要追求一種精神境界。

何新：精神的解放、解脱。這是一種至明至哲的精神境

界。精神愈痛苦，就愈需要追求這種境界。宋代的兩大名士王安石、蘇東坡[①]，在政治上一生對立。

但在晚年卻都浸心於禪悅，結果和解而成為朋友。這也是解脫。達到這種境界才有幸福可言。因為佛教認為人生是苦，如何能夠度過這苦難的人生呢？就靠這種精神境界。

小乘佛學上座部中有毗曇一派。這一派最講究"戒、定、慧"之學。戒是持戒，堅忍而有所不為。定即"禪定"，實際是凝想主觀，主體意志的堅定。慧就是明哲。以慧觀"數"—數非數字之數，而是"數法"（這個概念相當於哲學中所謂規律、尺度）。

在此三諦中，慧是目標，戒是根本，定是方法。以戒立定，以定求慧。

以智慧而尋求從人生欲界、物界、情界、苦界的解脫。學佛修持，目的就是喚醒人心中本有的智慧（即慧根，儒學所謂良知）。這個命題與柏拉圖的命題相似。柏拉圖認為理性（理念，Idea）先驗地存在宇宙及于人心。因此學習就是回憶。

佛道與仙道不同。佛的境界比仙的境界要高。高在哪裏呢？仙人只是長生的俗人。求仙是為了使世俗的享樂永恆化，保持世俗的一切物欲享樂。所謂"一人得道，雞犬升天"，因為成仙後還需要帶上雞和犬。

而佛則不同。成佛是追求達到一種精神境界。這種境界超越了感性的物界，感情的情界，欲望的欲界，超越於整個世俗世界。

佛的智慧有下述特性：一是對一切事物有徹底的認知與把握；二是他的智慧與行為都達到至高的境界，止於至善。即所謂“正覺”（正確認識）、“等覺”（普遍認識）、“圓覺”（貫通融匯的認識）的境界。

佛教倫理主張對人世間一切生靈充滿關愛，對人類中弱者苦者不幸者充滿同情

（大悲心），以冷靜剛毅（大雄）態度直面人生，對人類廣持博厚的父性愛（大慈）。

2.說 緣

記者：常常聽到人們説佛時談“緣”，談“緣分”。究竟什麼是緣？

何新：緣，在漢語中是個複雜概念。（1）緣是遇，遭遇，機遇，機緣，即偶然。（2）緣是聯／連，關聯，牽連，攀緣，也是緣。（3）緣是果報。有因才有緣，有前因才有後緣。因此，緣也是愛。是愛之情與愛之境。佛教的人生論是一種非常廣義的因果論，又是一種非常廣義的泛生命論。

佛教認為人生並非一世，人性與非人性（包括動植物以至山水沙石等無生物）在本性上相通。此生本是沙石，是竹木，是動物，來生可以成人，而再來生又可能墮入輪迴道，再成為畜生，或花木，或沙石。這種廣生性的生命循環論，聽起來似乎荒謬，實際上具有深刻的理性根據。

個人生命的起點是一個受精卵，但若再追究這個受精卵的前身，卻是父母體內所攝食的動植物、維生素與礦物質等等。人死後或腐化而入泥土，或燒煉而成灰燼，都是將本體內的物質還原於大自然，而再入循環道，又轉化成為沙、石、植物、動物……生生不已，物質不滅，能量不滅，永在宇宙生命的不盡循環之中。這種循環的一個階段，就是“業”，其所暫寄就是“緣”。執著於一“業”，不能破，不能超越，就是“障”，就是“執”。但執障必會破，不想破也會破。“緣”的形成則有因。因緣相聯，有惡有善。有福有禍，有喜有悲。

學佛就是掌握一種意識論，達到“了悟”，了悟就是看得破。所謂“看破紅塵”，這句話已經被庸俗的理解搞得混沌不堪。其實看得破就要解得脫。解脫，這就是所謂“慈悲心”的根據之一，通過觀想事物及自我緣起性空，而認識到我與事物或他人都沒有自性，其位相都只是暫（時）性。所以無論“他”、“你”和“我”都是動態的，不斷與外界發生相互作用而不斷改變著的，是宇宙整體的一個動態的部分，“他”、“你”和“我”，“內”和“外”都不過是人為的劃分。

3. 佛教哲學博大精深

記者：我也曾參習佛理。但是每讀佛教史，就感到宗派林立，異說橫出，術語奇僻，佛經浩瀚。

何新：不論研究任何學術，治學必須要找到一個綱，治學必須“提綱挈領”，綱舉才能目張。研求佛學也如是。

佛教發展的第一階段是印度佛教。創始於佛祖釋迦牟尼。在梵語中，“釋迦”是族名，“牟尼”是聖人。這個名號的本義即釋迦族的聖人。

釋迦牟尼的思想學說大致可分為：佛心，即宗門；佛言，即教義。前者，以靈山法會，世尊（釋迦）心心相印為宗旨，在西天從迦葉至達摩，共傳了二十八代。後者，以“四諦”為中心說，

對此說法之不同，形成了大、小乘的分別。

為了保存和發展佛教的學說，傳說釋迦生前十大弟子在佛陀逝世當年，用口傳記誦的方法，舉行了第一次大結集。結集的內容共分經、律、論三藏。釋迦逝世百年後，因為教團內對律藏的理解和踐行發生分歧，而出現了宗派的分裂。以後，在學說觀點上不斷出現分歧，產生了部派佛學，由上座部和大眾部分裂成為十八部或二十部大／小乘派系。許多佛教徒以及阿育王和迦王，都曾為統一教團內部的分裂做出努力。

他們在不同時代和地點，先後主持了第二、第三、第四次的大結集。自從釋氏開創佛教，然後發展、演變，直到佛教在印度本土衰頹，前後大約歷時1500年。

記者：佛教何時傳佈到中國？

何新：應在秦漢之間，佛教來自西域。當時佛教的主流（大乘）已由印度傳到中國西部的雪嶺大漠之外，如月氏、于闐、龜茲。

晉、隋、唐之際，我國僧人冒千辛萬苦西行，欲求佛教之真諦。理解漸精，不僅能融貫印度之學說，而且自創宗門，如天臺宗、禪宗，已成為純粹的中國佛教，而與印度本來佛教義理迥然發生分別。

4. 佛教的中國化

記者：你說秦漢之間佛教東傳似乎與通常的看法不同，一般的看法是在東漢。

何新：據我看來似應大大提前。《史記》“秦始皇本紀”記始皇三十三年，用事於西戎，“禁不得祠，明星出西方”。所謂“禁不得”，語頗難解。其實“不得”一語古音通於“浮屠”，似即佛陀入華的初名。“不得祠”即浮屠祠，似就是指初傳於秦之西陲的佛祠。此雖孤證，但可備一說。又湯用彤也曾據魚豢《魏略》的一則材料，指出西漢初年已有月氏使者來漢傳寫佛經。

總的來說，中土與西域、印度的往來，早在夏商周三代已頗頻繁，宗教文化漸浸而入，互動影響，時代可能比近世人們所想像的更早得多。

佛教入中國不是直接傳自於印度，而是通過西域，自西向東，自北而南傳播。到隋唐以後，佛教已漸浸為大流，形成了具有中國特色的一種有哲理、有倫理、有體系的偉大宗教，即中國佛教。

記者：佛教在中國主要有哪些部派？

何新：中國佛教中最有中國特色的是禪宗、天臺、淨土、真言以及中國密宗五大宗門。這五大宗門，與本生的印度及西域佛教，都已具有深刻的不同，而形成了中國獨有的特色。眾生都誦持“南無阿彌陀佛”六字。但你是否知道這個佛號的真實義諦？

記者：那不就是對釋迦牟尼的頌稱嗎？

何新：不。“南無阿彌陀佛”是梵文，漢譯文的意思其實乃是：“衷心頂禮洞徹一切的智者。”因此，佛學、佛理的本質，是理性主義。正是佛學中這種理性主義的超越性，深深地吸引了唐宋元明以來中國的許多學者和仁人志士，包括晚年毛澤東。只是在世俗形態上，所謂“人間佛”，才具有宗教信仰和僧團組織的形態。

註釋

① 元豐七年七月，蘇軾過金陵，與人書云：“某到此時見荊公，甚喜，時誦詩説佛也。”又有詩云：“騎驢渺渺入荒陂，想見先生未病時。勸我試求三畝宅，從公已覺十年遲。”（《王荊公年譜考略》卷 23）

【讀經札記】

佛號善逝

【善逝】

善逝是佛教用語，善是好，逝當“往”字講，來源於《地藏經淺釋》。又譯“好去”，來源於《地藏經淺釋》。

善逝，佛教語，梵語sugata意譯。又譯“好去”。諸佛十號之一。十號之第一曰如來，第五曰善逝。善逝有如實去彼岸，不再退沒生死海之義。

《大乘義章·十號義》：“言善逝者，此從德義以立其名。善者名好，逝者名去。如來好去，故名善逝。”

明李贄《觀音問·答自信》之四：“故佛上稱號，只曰善逝而已。善逝者，如今人所言好死是也。或曰好走是也。

宣化上人在《地藏經淺釋》中開示：善逝，世間解。善是好，逝當“往”字講。“善逝，世間解”的另外一個名號，就叫“妙往菩提號”。為什麼叫妙往呢？他善到十方諸佛國土，用權巧方便來教化眾生，所以就叫妙往菩提號。

東北淨慧法師在《大日經淺釋（五）》中講道：善逝，法義為妙往；即佛是證悟無上菩提的覺者，已超越生死，無來無去。

賢頓法師在《妙法蓮華經·觀世音菩薩普門品》講記中講述：善逝——逝，斷也。能以妙德智慧，斷無盡煩惱。

（2017年11月05日原載何新博客）

關於佛學中的般若學

《心經》全名“摩訶般若菠蘿蜜多心經”，摩訶，大。般若，即智慧。

但《心經》又言：“故無智亦無得”——無智，即不要智慧。二説豈非矛盾？

一

漢語的“智慧”非本有之語詞，是出自佛教的外來語。如《增一阿含經》曰：“智慧無窮，決了諸疑。”

但佛學認為，智與慧二字又有不同。《大乘義章》九：“照見名智，解了稱慧，此二各別。”《瑜伽論記》曰：“梵雲般若，此名為慧，當知第六度。梵雲若那，此名為智，當知第十度。”注疏曰：“分言之，決斷曰智，簡擇曰慧。”“俗諦曰智，照真諦曰慧。”“梵語若那，譯曰智。般若，譯曰慧，後者又譯智慧、明慧、黠慧。合而言之，乃曰智慧。”

《法華經義疏》："經論之中，多說慧門鑒空，智門照有。"

也就是說，佛學認為，智與慧都是認知意識（意識一詞也是佛語），但是不在一個層次，大體而言，知解事相（現象、表像）叫做智；瞭解事理（真實因果及本原）叫做慧，既能瞭解現象也能洞悉因果關係，叫做智慧。

能夠明見一切事物及道理之高深智慧，佛教稱為"般若學"。般若意譯為慧或者智慧，但是實際這個概念在佛教中的意涵非常複雜。

二

按照佛教的學說，學佛修行的根本目的是通過智慧——般若獲得對人生和宇宙的了悟。修行者（菩薩）為達彼岸，必修六種行，亦即修六波羅蜜。

其中之般若波羅蜜（智慧波羅蜜）最為首要，稱為"諸佛之母"，是研修其他五波羅蜜之總根據。

根據佛典，般若有二種、三種、五種之別。

A、般若包括如下之三者；

（一）共般若與不共般若。（共般若，即為聲聞、緣覺、菩薩共通而說之般若；不共般若，則僅為菩薩所說之般若。）

（二）實相般若與觀照般若。（實相般若，即以般若智慧所觀照一切對境之真實絕對者；此雖非般若，但可起般若之根源，故稱般若。觀照般若，即能觀照一切法真實絕對實相之智慧。）

（三）世間般若與出世間般若。（世間般若，即世俗的、相對的般若。出世間般若，即超世俗的、絕對的般若。）

B、實相般若與觀照般若，若加上方便般若或文字般若，則稱三般若。

方便般若系以推理判斷，瞭解諸法差別之相對智；文字般若系包含實相、觀照般若之佛學諸經典。

C、又實相、觀照、文字三般若，再加境界般若（般若智慧之對象的一切客觀諸法）、眷屬般若（隨伴般若以助六波羅蜜之諸種修行），則稱五種般若。

〔諸說詳細可參看《大品般若經》卷一序品、《大寶積經》卷五十三、《解脫道論》卷九分別慧品、《攝大乘論》卷中、《大智度論》卷四十三、卷七十二〕

有意思的是，佛學的般若這個概念，可以對應即康德、黑格爾哲學所言的理性。實相般若相當於客觀理性，觀照般若相當於主觀理性，世間般若相當於實踐理性。而所謂出世間般若，則相當於黑格爾所言的絕對理性。

三

佛學認為，俗諦曰智，照真諦曰慧，通為一也，合名智慧。

芸芸眾生中，唯佛有最高智慧，稱“佛慧”。《智度論》：“一切眾生智，唯除佛世尊。欲比舍利弗，智慧及多聞，於十六分中，猶尚不及一。”

從近代認知論哲學的觀點看，佛經對智與慧的區別很為深刻。智，所指是人的主觀智性，私智，知辯之智，略相當於西方近代哲學認知論中康德及黑格爾所言的知性（即智性）。而慧，般若，則相當於康德黑格爾所言的比智性更高級的超越理性。

佛學所謂般若菠蘿蜜多，是以心證得到大智慧，而渡達真理（真如）的彼岸。這個通達彼岸的大智慧不是個人的私智，智知，不是普通般若，而是摩訶般若（即大智慧）。不是相對智慧而是絕對智慧。不是主觀私智，而是客觀智慧即本體智慧——相當於康德所說的先驗理性，黑格爾說的絕對理性。

佛學認為，為達彼岸，菩薩（修行者）必修六種行，亦即修六波羅蜜。其中之般若波羅蜜（智慧波羅蜜），乃為“諸佛之母”，為通向其他五波羅蜜（彼岸——真理）之根據，而居於最重要之地位。

由此可知，佛學中的般若學，實際就是研究關於認知論以及方法論的佛教學説。而佛教中的有無（存在論）及性空學説，則實際是關於宇宙及世界的本體論學説。因明學，是佛學的工具論——論理學、邏輯學。

漢魏以下，作為中國學術主流的是儒教的經學。而儒經學自孔子以來所注重是政治學和倫理學，基本忽略本體論、存在論的形而上研究、思考和論辯。經學也很少研究認知論和工具論（邏輯學）問題。這些學術，中國人是通過外來的佛學研究和思考的。

還有必要指出，中國佛學在魏晉隋唐時期對於本體論、存在論和認知論研究，就其深妙精微看，遠超過歐洲中世紀的經院哲學（不包括同時期阿拉伯人的學術）。

但遺憾的是，唐末中國特色禪宗興起，沒文化的惠能和尚鼓吹所謂“不立文字，教外別傳，直指人心，見性成佛”的反智論，以至呵佛罵祖。古典佛學這些深刻精妙的形而上研究，在宋明以後逐漸衰微而中斷了。除了幾部耳熟能詳的經典外，浩如煙海的佛教典籍，也多數失去了傳人。

（愚癡居士何新，寫於2016）
（2016年3月23日原載何新博客）

“無智無得”之我見

一

《心經》說：無智亦無得。此句頗難解，妄解尤多。

得與無得，皆為佛學中有特殊含義的概念，與世俗語言的意義不相同，也絕非世俗語言所說的得失之得。

得，佛經梵語（拉丁字母）prâpti。佛經稱一切法造作成就而不失，為得。據此，得有“存在”的意義。反之，一切法不能成就，為無得。所以得即得見法（顯身法），不得即不得見法（不顯身法），二者都是佛教般若學認知論中的重要概念。

竊以為《心經》此所言無智無得，與《大般若經》等佛經所言的“不可得”，具有相同意義。不可得，梵語an-upalambha，為空之異名。佛經言須破私智邪見而十八空，其中特別有“不可得之空”（梵語anupalambha-śûnyatâ，又稱無所有空），即諸因緣法中，求我、法皆不可得——於是“無智亦無得”。（《大般若經》四七九）

二

佛教認為，生死涅槃等一切諸法，性相寂滅，求之不可得，稱為不可得空。也就是《心經》所言的“無智無得”。

佛教謂一切諸法之存在，並無固定不變之形態。法相無界，不可定，不可塑，不可知，不可求。

若推察尋求之，皆不可得，此即不可得之空——也就是知性（康德黑格爾哲學的知性、智性）所不可得之空。

根據佛經的教義，“不可得”一名至少包含四義：

（一）不可能。（二）不存在。（三）無自體存在之執著，“諸法不可得”。（四）對於不確定而無本質之物，求亦不可得。

所以《心經》說：“以無所得，故菩提薩埵，依般若波羅蜜多，故心無掛礙。無掛礙，故無有恐怖，遠離顛倒夢想，究竟涅槃，三世諸佛”。

這也就是說，求法不可得，悟空而才能達到正慧般若。

而生死涅槃等一切諸法，性相寂滅，求之皆不可得，包括：

（一）於蘊、處、界中求我不可得，

（二）於其因緣中求法之自性不可得。（如於五指之中求拳不可得。）

（三）求法之因緣不可得。（求五指亦不可得。）〔看《大品般若經》卷一序品、卷三、《大智度論》卷三十一、

《大乘義章》卷二、卷四〕

以至上升到破一切邪見之十八空中最高的“無法有法空”（又作無性自性空）——總三世一切法之生滅及無為法，一切皆空——“無得”故“不可得”。

明楊卓說：“習無分別智，遠離所取能取，離諸戲論，故說無得。”（《佛學次第統編》）

我釋《心經》，竊以為“無智亦無得”句中之得，意釋之可曰呆癡，即私智、知智的反面。而無智無得，則超越知智與呆癡諸所見法而空空如也。

未敢自必，謹求教于海內外諸高士、大德、方家。

【附注】佛經論破私智邪見之十八空如下：

(一) 內空，指眼等六內處中，無我、我所及無眼等之法。

(二) 外空，指色等六外處中，無我、我所，及無色等之法。

(三) 內外空，即總六根、六境內外十二處中，無我、我所及無彼之法。

(四) 空空，不著前三空。

(五) 大空，即於十方世界，無本來定方彼此之相。

(六) 第一義空，又作勝義空、真實空。即離諸法外，別無第一義實相之自性可得，於實相無所著。

(七) 有為空，即因緣集起之法與因緣之法相皆不可得。

(八) 無為空，即於涅槃法離定取。

(九) 畢竟空，又作至竟空。即以有為空、無為空破一切法，畢竟無有遺餘。

(十) 無始空，又作無限空、無際空、無前後空。即一切法雖生起於無始，而亦於此法中舍離取相。

(十一) 散空，又作散無散空、不舍空、不舍離空。即諸法但和合假有，故畢竟為別離散滅之相無所有。

(十二) 性空，又作本性空，佛性空。即諸法自性空。

(十三) 自相空，又作自共相空、相空。即諸法總別、同異之相不可得。

(十四) 諸法空，又作一切法空。即於蘊、處、界等一切法，自相不定，離取相。

(十五) 不可得空，又作無所有空。即諸因緣法中，求我、法不可得。

(十六) 無法空，又作無性空、非有空。即諸法若已壞滅，則無自性可得，未來法亦如是。

(十七) 有法空，又作自性空、非有性空。即諸法但由因緣而有，故現在之有即非實有。

(十八) 無法有法空，又作無性自性空。即總三世一切法之生滅及無為法，一切皆不可得。

此十八空，各經典依廢立互異，而又有十三空、十四空、十六空、二十一空等諸說。

〔以上十八空說，參考《大品般若經》卷一序品、《大般若經卷》四七九、卷四八、《仁王護國般若波羅蜜多經》卷上、《大智度論》卷三十一〕

(愚癡居士何新，寫於2016)

(2016年3月24日原載何新博客)

關於法、色、空、無

《心經》經文："是諸法空相。色不異空，空不異色，色即是空，空即是色。故空中無色。"

這裏有幾個重要述語，極其深刻地概括了佛哲學的本體論，就是法、空、無、色。但是，這幾個語詞與世俗語言的理解均非常不同。

1）什麼是法？

佛學所言法，不是法律、法則（規律）。法也不是"佛法無邊"的"佛法"。佛法是佛所宣説之教法，包括各種教義及教義所表達之佛教真諦。

佛學所言的"法"，是梵語dharma的音譯，在佛哲學中，"法"不是教法概念，而是一個本體論概念。所謂法，即包含一切事物、物質、精神，以及所有現象之存在，是物質存在世界之總稱。一切諸法、一切法，就是現世界存在的一切，也就是所謂萬法世界。所以"法"的概念與"有"的概念意義有交集，萬法就是萬有。但是“法”，強調現世界的本體方面，“有”則強調現世界的存在（有）方面。

佛教認為，萬法都是因緣所生。“由因緣而起之存在者”。（《攝大乘論》卷三十一、《大智度論》卷二）所謂因緣，就是際遇（偶性）因果。世界萬物都存在於偶然際遇的因果鏈條中。生生滅滅，變幻不已。

《金剛經》說：“一切有為法，如夢幻泡影，如露亦如電，應作如是觀。”

《華嚴經》卷二十五：“如（汝）實知一切有為法，虛偽誑詐，假住須臾，誑惑凡人。”

這就是說，佛教認為，凡有作為（生而動）、有造作（有生化）之一切因緣所生法（包括物質世界與精神世界）——本質都是虛幻的，這就是諸法空相。

2）什麼是空？

世俗語言空就是虛無，什麼都沒有。

但是佛學言空並非虛無。所謂五蘊皆空，色即是空云云。

佛教認為，世間萬物經歷四劫、四個階段，即指成劫、住劫、壞劫、空劫。此係佛教對於世界生滅變化之基本觀點。成即生成，住即持有，壞即敗壞，空即消亡、寂滅、空無。

〔附注：有關四劫說，詳論見《長阿含經卷》二十一三災

品、《起世因本經》卷九、《俱舍論》卷十二等諸經論。〕

空為“空有”之對稱。有者，指現象界所羅列之萬物之相；空者，指一切現象存在之實體本體空無。故有即是空（真空），稱為有空；空即是有（妙有），則稱為空有。

但是，佛學所言的空無並不是絕對虛無，所以“空”的概念不等於“無”的概念。

《肇論·不真空論》云：“有相為空性，而空性亦為有相”。“雖有而無者，即所謂之非有；雖無而有者，即所謂之非無。”

這是什麼意思呢？舉個例子，一場大火燒過，火中萬物皆化為空。但是火去煙存，猶有灰燼在。萬物的非有、變化莫不類同於此。火為空相，而煙、燼則為空相中的有相。所以佛經有“有空不二”的對立統一律之説，佛學中充滿了辯證法。

3）什麼是色？

梵語、巴利語rûpa。梵語研究者説rûpa係自rûp（造形）之動詞語根變化而來，故含有“有形象”之意。又謂rûpa是由rû（壞）之動詞語根轉變而來，故又有變壞、變化之意。故佛學認為，色乃質礙（佔有一定空間），且會變壞者，變壞即向空。

所以，在佛教看來，色就是存在現象世界之總稱，色是五蘊中之色蘊，五位中之色法（與心法相對）。

在佛經中，色這個概念有廣義狹義之別。廣義言之，色乃全部物質現象之總稱。

狹義言之，色這個語詞則專指眼根所取之色境，即眼所見主觀現象之世界。所以色，佛經中又稱作色境、色處、色界。據《瑜伽師地論》卷一所論，色境包括：

（一）形色，即長、短、方、圓、高、下、正、曲等八種。

（二）顯（顏）色，即青、黃、赤、白、雲、煙、塵、霧、影、光、明、暗等十二種。

（三）表（情）色，即人類的動作語言，如行、住、坐、臥、取、舍、屈、伸等，種種動作形態，表示於外，而可以目見者。

蓋此皆存現於五根、五境等色蘊中，特指眼根所取之境，故稱為色。〔參看《識身足論》卷十一、《大毗婆沙論》卷十三、卷七十五、《順正理論》卷一、《阿毗達磨藏顯宗論》卷二、《俱舍論光記》卷一、《成唯識論述》記卷二，等〕

《心經》云："色不異空，空不異色。色即是空，空即是色。"認為色（存現）與空（虛無）是對立而同一的辯證關係。所以佛經説此即"有空不二之境界，乃大乘無所得教義之真髓。"〔參看《維摩經·入不二法門品》、《中觀論》疏卷四、《三論·玄義》卷二〕

最後還有必要指出，佛家關於色空不二的證論還蘊含論物質不滅和能量守恒的物理原理。仍以前例，表面上大火中燒去了一切，但是物質不滅，能量守恒，被燒毀的一切只是色相改變了，轉化為新的色相（物體化為煙氣和灰燼）。但是質量不變，能量守恒，所以一切仍然未變——“色不異空，空不異色”，這就是佛教關於色空的守恒定律。

〔愚癡居士何新寫於2016〕

（2016年3月25日原載何新博客）

佛學本體論——四大皆空

佛經《俱舍論》及唯識論（法相宗）學說認為，宇宙中一切物質之色、法世界，無不由地、水、火、風等四要素所構成。此四大要素即所謂“四大”（拉丁梵語catvâri mahâ-bhûtâni，巴利語cattâri mahâ-bhûtâni），四大就是四大種（子、範疇）之略稱。

必須指出的是，這四大所言的四物，都並不是世俗語言意義的四物——地並不是土地，水並不是水，火不是火，風不是風。實際上，四大所說的四種元素是抽象物，代表四種性質，所以稱作四大種子而不是四大物，即：

（一）本質為堅性，而有保持作用者，稱為地大之種（梵pṛthivî-dhâtu，巴paṭhavî-mahâ-bhûta）。

（二）本質為濕性、流動性，而有攝集作用者，稱為水大之種（梵ab-dhâtu，巴âpo-mahâ-bhûta）。

（三）本質為熱性，而有爆發和成熟作用者，稱為火大之種（梵tejo-dhâtu，巴tejo-mahâ-bhûta）。

（四）本質為運動性，而有生長作用者，稱為風大之種

（梵vâyu-dhâtu，巴vayo-mahâ-bhûta）。

〔“種”這個概念，接近於西方邏輯學所說的“範疇”的概念。〕

依世親《俱舍論》之說，四大具有假與實之分別：上述之堅、濕、熱、動之四大，為實四大、性四大；而世間人所謂的地、水、火、風四物，則為假四大、事四大。

前者屬於身根之所觸，為觸處所攝，後者則屬於眼之所見，為顯色、形色所攝。

這一分別非常重要。我竊以為，據此，佛學所論之四大，實際闡述的就是物質的四相，四態：

——地元素象徵物質的固態。

——水元素象徵物質的液態。

——風元素象徵物質的氣態。

——火則是物質的一種極特殊形態。

火是物質燃燒過程中散發出的光熱現象，溫度很高，是物質能量釋放的一種特殊方式。

從現代物理學觀點論，火的可見部分稱作焰，隨著燃物基本粒子的振動而有著不同的形狀，火的本質是能量與電子躍遷的表現方式。火焰大多存在於氣體狀態或高能離子狀態，燃燒化學反應的兩個要素——燃料分子和氧化劑（通常是氧氣）分子，借助質量輸送而相互碰撞，假如碰撞的動能夠大，超過了化學反應所需的活化能，在溫度足夠高時，火的能量能以等離子（物質之第四態）的形式出現。

〔有意思的是，前5世紀小亞細亞以弗所（Ephesus）的哲人赫拉克利特認為萬物的本原就是火，認為宇宙的本質乃是永恒的活火。黑格爾指出，赫拉克利特所説的火也不是燃燒的火，而是宇宙能量的象徵。〕

由此可見，佛學的四大範疇（種論），實際是一種深刻的宇宙本體論學説。佛學在很早的時代已經總結了宇宙物質存現和轉化的四大基本形態——液態、固態、氣態、火態（即現代物理學定義的物質第四態等離子態）。

佛學認為，四大種子為根而生成萬物，故四大又稱能造之色、能造之大種（四大具有生因、依因、立因、持因、養因，故稱能造之色　）；被造作之諸色法即物質世界。

而四大種之“種（子）”，則以此四大為一切色法所依之性，具有能生、母因等義，如父母為子女所依，然父母亦具有能生之因，故稱為種；而由四大所產生（造）之物質（如五根、五境等），與四大之關係，如同父母與親子而各自獨立存在。

所以佛教中的這一派學説認為，世界萬物包括人之身體，均由四大所聚合而組成。四大種通於一切色法。然而在不同色法之中，僅有其中之一顯現，其它三大則潛伏。例如岩石，暫時之顯現態為“地大”（而水火風三大則為潛伏態）；在河海等濕物中，唯有水大顯現，而火、地、風則為潛伏態。未顯之三大，潛在於顯現態之內，靜待“緣會”出現可得顯現。所以，打石而能生火，天寒則水會結冰等等。

一切有部認為，世界萬物與人之身體，皆由地、水、火、風之四大種子和合而成。但是，本質上此四大也皆為妄相，而非萬法世界之本體——所以四大皆空。必須了悟此四大之本質亦為色空，而非可以恒常不變之實體，方可體悟萬物之本皆以空無為基礎之諦理。

〔上述對四大種之解釋，深入研探可看《俱舍論》卷一、卷四、卷十三、《大毗婆沙論》卷七十五、卷一二七、卷一三一。〕

蓋佛教的本體論學說，一切有部《俱舍論》以及唯識論等宗以四大立說，以四大造作一切色法。但是除四大學說外，其他宗派則還有五大、六大諸說。

五大即地、水、火、風四大外，還以空為第五元素。六大則再加識為第六元素（密宗）。

〔附注：五大指體性廣大，能生成萬法之五種要素，又稱五大種。即：地、水、火、風四大及空大。五大之性質為堅、濕、軟、動、無礙（得）。

蓋佛教另有四大、五大、六大、七大諸說。俱舍、唯識等宗概取四大之説，以四大造作一切色法，故稱四大種。密教則持五大、六大（地、水、火、風、空、識）之説，謂四大等不離心大，心色雖異，其性無二，而以六大能生四法身、三世間，為法界之體性，即如來之三摩耶身。〕

【俱舍論】

《俱舍論》是佛教一切有部著名論典，全稱《阿毗達磨俱舍論》。作者是梵僧世親大師（約380年–約480年），有玄奘譯本，30卷。

世親大士早年在說一切有部出家，後來接受新的大乘學說，與其兄無著一起創立唯識論宗。世親曾經在克什米爾和犍陀羅（今巴基斯坦）講《大毗婆沙論》。每日講完一段，即概括其義作一頌，全論講畢，成六百頌（最初為五百九十八頌），即《俱舍論本頌》。後來續作長註釋，合稱《俱舍論》。

該論以《雜阿毗曇心論》為基礎，廣泛吸取說一切有部重要的阿毗法教義如《發智論》、《識身足論》、《法蘊足論》等以及《大毗婆沙論》的要義，並參考當時的經量部學說，不拘成說，根據自己的觀點，把說一切有部的全部教義，概括地加以歸納而成。是系統體現佛教本體論的重要著作。

1934~1938年間，印度羅睺羅在西藏寺院裏陸續發現了約在12~13世紀之際所寫的《俱舍論本頌》和《俱舍釋論》的梵文原本，攝影攜回。1946年由郭克雷校勘其《本頌》刊印。

研究俱舍論的佛學稱為俱舍宗，為中國佛教十三宗和日本佛教八宗之一。有人認為俱舍宗屬於小乘佛教，實際俱舍介於小乘與大乘之間。玄奘早年曾從學俱舍論，後來創立了中土大乘法相宗（屬於唯識宗）。

〔愚癡居士何新寫於2016〕

（2016年3月26日原載何新博客）

論宗教戰爭

網友提問

何老，你如何看待當今的宗教衝突？對中國的領土爭端問題有何看法？

何新回答

宗教不僅是信仰，精神力量，也是一種強大的社會組織。要知道組織就是政治。組織就是力量。所以歷代王朝對於宗教都不敢掉以輕心。

作為信仰，宗教可以使人鄙棄塵世生活，使虔信者不畏懼死亡。宗教組織可以立神國而對抗世俗國家。宗教戰爭發生的根源在於此。

中東地區自伊斯蘭化以來信仰單一，文化單一，經濟生活也比較單一。過去主要是遊牧業經濟，現在主要是石油經濟。中東地區國家的特點是，世俗政權的力量，一般都弱於宗教神權的力量。

現代生活方式的傳入對傳統宗教力量和利益集團構成強

大破壞和衝擊。現代化造成階級鬥爭和貧富兩極化的社會分化。宗教力量把這種鬥爭和分化解釋為異教信仰的侵入和異端的罪惡，於是發生原教旨主義的運動和宗教戰爭。

這種戰爭非常容易被某些世界性政治力量所利用。某些國際力量認為可以從中東亂局中牟利，希望把這種宗教戰爭控制在一定範圍和一定方向上，但並不想根本解決問題。所以他們在經濟和技術兩方面對戰爭雙方都提供支持。

近30年來我們已經看到中東地區越來越亂，而且動亂在向外部擴散，根源在此。

所以並沒有什麼亨·廷頓模式的文化衝突，只有各大利益集團的現實較量以及階級鬥爭。這是我的基本看法。

（2017年4月8日原載何新博客）

偶語與思

如果有一個字能表達這個世界一切存在者的真理，那就是：逝。

所以孔子臨川而悟：逝者如斯夫。

所以莎士比亞說：一切都是過眼雲煙。

逝，就是說——一切都會過去。

真諦就是這個“一切”——一切皆逝，所以四大皆空而且萬象皆空。

因此，一切開始，也就意味著結束。

對於失者、痛苦者，逝，是慰藉。

對於勝者、驕傲者，逝，是告誡。

而上蒼無語，默觀一切。

佛有別號曰“善逝”：即入於涅槃。

（2012年7月寫，2017年10月修改）

（2017年10月07日原載何新博客）

南無阿彌陀佛

吳原鋒04-18 23:21提問：

何先生好，很多人都說你是大師，其實何老頭只是個玩世不恭又放蕩不羈的老魔頭而已。不過老頭確實很厲害，恭維的話還是要說幾句，畢竟我也是看著先生的書長大的，嘿嘿……有幾個問題想請教老頭，請老頭賜教：您曾說不相信有什麼極樂世界，地獄未嘗不是解脫。那淨土宗信仰的西方極樂世界是不是根本不存在，西方極樂世界只是虛妄？有日本學者指出，阿彌陀佛信仰源於太陽神崇拜，難道阿彌陀佛只是太陽神崇拜在佛教的化身嗎？請老頭賜教，以解我惑，不勝感激。

何新回答：

阿彌陀佛，即無量光佛，另一名號為無量壽佛，又稱為無量佛、無量清淨佛、彌陀佛、甘露王如來；在大乘佛教信仰中，阿彌陀佛是西方極樂世界的主佛。

日本東密興教大師，根據金剛界經典，認為阿彌陀佛即毗盧遮那佛的化身。毗盧遮那佛，即大日如來。明朝淨土宗的蓮池大師也有相同的看法。

大日如來乃無量壽佛與無量光佛的合一。此說始於鳩摩羅什《佛說阿彌陀經》，師將“無量壽佛（Amitāyus）”、“無量光佛（Amitābha）”二合翻譯為“阿彌陀佛”。

“阿彌陀”是佛的名號，也有“阿彌陀如來”的稱呼。“阿彌陀佛”來自於《佛說阿彌陀佛經》中“其土有佛，號阿彌陀”。

漢傳佛教淨土宗的一個修行方法，是通過念誦佛號“阿彌陀佛”及“南無阿彌陀佛”六字達到轉生西方極樂世界的目的。“南無”來自梵語的“Namo”，是皈依投拜的意思。〔《康熙字典》：“梵言南無呼那謨，那如拏之上聲，謨音如摩。猶云歸依也。”〕

佛經《阿彌陀秘釋》：“一者無量壽。法身如來居法界宮，不生不滅。是故大日如來或名無量壽佛。二者無量光。法身如來妙觀察智光，遍照無量眾生，無量世界，常恒施利益。故大日如來或名無量光佛等等”。

無量光佛源於宇宙中的大光明神太陽神。無量壽佛代表宇宙本體浩瀚無垠。無量光佛與無量壽佛結合就相當於基督教之上帝。近代西方佛學研究者認為，阿彌陀信仰受到古代中亞波斯的瑣羅亞斯德教中的太陽神崇拜影響。有語言學者根據語源學認為，阿彌陀（Amita）從詞源上可以追溯到上古波斯和北印度神話中的太陽神密特拉（梵語：Mitrá，密陀羅，Mitrá，阿維斯陀語：Miθra）。

自唐代以來，漢地的大乘佛教各宗普遍接受阿彌陀佛為佛號之一，而淨土宗則專持信仰阿彌陀佛。

在大乘佛教初期發展時，阿彌陀佛作為西方佛與東方妙喜國土的阿閦佛有同等地位。密宗以阿彌陀佛為五方佛之一，為蓮花部主，主妙觀察智。蓮花作為大吉祥之花，在佛教中有特別的意義，也是太陽無量光的象徵。

但自唐朝之後，淨土宗信仰流行中土，阿彌陀佛乃成為漢傳佛教的信仰主神。明清以後的中國佛教徒，以藥師如來主消災延壽，以阿彌陀佛主往生事。

淨土宗，簡稱淨宗、蓮宗、佛土宗，是漢傳佛教十宗之一，源於大乘佛教的淨土信仰，專修往生西方阿彌陀佛淨土之法門。

淨土法門在中國肇始于漢晉時代的東林寺慧遠大師，開證於北魏高僧曇鸞，經唐代的善導法師發揚光大。在漢地佛教中，淨土宗與禪宗並行而為影響最大的兩個宗派，影響極為深遠，自唐代後，淨土宗也得流傳於中、韓、日本及東南亞等地，至今不衰。"淨土崇拜"的觀念對宋元以後的民間密教白蓮教的形成也產生了重大影響。

佛法高深無際，宗派無邊。所持在於信仰，但是萬法歸一，條條道路皆通菩提，修行並無統一法門。承蒙設問，在此只答一個問題，援據典籍，化繁為簡，僅供你參考。

（2017年04月23日原載何新博客）

讀金剛經：佛為什麼乞討？

【金剛經第一品】

> “如是我聞：一時，佛在舍衛國祇樹給孤獨園，與大比丘眾千二百五十人俱。爾時，世尊食時，著衣持缽，入舍衛大城乞食。於其城中，次第乞已，還至本處。飯食訖，收衣缽，洗足已，敷座而坐。”

——初讀此奇怪，佛無所不能，佛無所不有，何以飯時要持缽乞討？

答案是：此佛乃應身佛，幻身為人的佛。應身佛之釋迦牟尼佛，是表示隨緣教化，度脱世間眾生而現的佛身，特指釋迦牟尼的肉生身。

那麼，佛何以乞討為生？

蓋佛教認為：佛有三身，分別是：毗盧遮那佛、盧舍那佛和釋迦牟尼佛。

法身佛即毗盧遮那佛（大日如來），乃宇宙本體佛，相當於上帝、太陽神。佛以法為身，故稱法身，法身處於常明光淨土。

未來佛即如來佛，乃報身佛，即盧舍那佛。出梵語，譯義曰：光明遍照，又作“淨滿”。報身佛是釋迦牟尼證得了絕對真理獲得佛果而顯示佛的智慧的佛身。對於初地以上菩薩應現之報身，報身佛處於實報莊嚴土。

現在佛即應身佛，乃釋迦牟尼肉身佛。存在肉身是表示隨緣教化，度世間眾生而現世的佛身，特指釋迦牟尼的生身。過去佛。

（2019年02月09日原載何新博客）

讀佛札記：論佛學認識論

【佛學認知論】

佛學之認識論，最早為佛陀宣教，後來為迦葉、阿難、世親等析論，出現於2千年以上。後來被不斷闡述，具有驚人之超越性與深刻性。集合近代心理學、哲學認知論之大成，基本理論未能過之耳。

佛學認為，精神世界包括心、意、識三者。

心為拉丁梵語citta之意譯，音譯作質多，集起、統合之義，以今語言即相當於人的全部精神世界也。

意為拉丁梵語manas之意譯，音譯作末那，思量、思考之義，相當於今語之意識。

識為拉丁梵語vijñâna之意譯，音譯作毗若南，即了別、分類、判斷、論證之義。

但是，有關此三詞之語意，大小乘論典有種種不同之說法。大略言之，佛學認為心是主體，意與識則是心作用之兩面。

【俱舍論六識】

據俱舍宗，心、意、識三者為六識之異名，其體實為同一。

六識，乃是人類認知世界的基本方式，即：眼、耳、鼻、舌、身、意等六種認識作用。六識之主者稱為心王。

佛教所謂之心，非關心臟也非實體，且不與實際世界相關聯（純粹自性）。心為宇宙之心，乃獨立廣大無所不包自由活動之主體。個人之心，從屬分有此廣大宇宙之心。此為佛教心之教義之根本原理——也就是後來哲學唯心論一詞之起源。

故佛學認為，個人思慮之心在此宇宙心中則為真理，離此宇宙之心則為謬誤及妄想。所以並非我佔有真理而是真理佔有我也。

佛教認為，心，能集起（統合）各種精神作用或作業，故一切精神活動統稱為心之活動。心能思惟量度，故稱為意；心能了知識別物類（分析判斷），故稱為識。

唯識宗主張心有八識。八識包括：眼識、耳識、鼻識、舌識、身識、意識之六識，以及特殊之末那識、阿賴耶識二識。

近代西方哲學自弗朗西斯·培根著作《新工具》以後，發生認識論轉向。即由中世紀哲學之關注神本論（神正論）以及本體論的形而上學，轉變為關注認知論研究。培根、洛克、休謨等之認知論研究皆認為一切知識始於感覺和感知，由此創立近代經驗主義哲學。

佛學認知論則與經驗主義不同。佛學認為眼耳鼻舌身五感知器官為人類了知之工具，但知識之根源則不在感知中，而在宇宙之心中。故唯識宗認為，八識之順序非以感官五識為本而以第八識阿賴耶識為第一識。

【法相宗——唯識論，絕對唯心論】

唯識宗乃俱舍論及法相宗傳佈中國後形成之純粹中國佛教宗派。

法相宗，起源於俱舍論，乃佛陀去世後世親法師所創關於認知論之梵學，出於俱舍宗。

法相宗主張剖析一切事物（法）的相對真實（相）和絕對真實（性），從而得識真我。

唐玄奘周遊西域印度，歸國後徹悟而創立大乘佛學之法相——唯識宗。主張究明萬法性相之宗，明萬法唯識之理。

法相宗認為萬法心造，心外無獨立之境，故稱唯識宗——相當於哲學中之絕對唯心論。

由於其創始者玄奘及其弟子窺基常住長安大慈恩寺，故又稱慈恩宗。

【八識】

唯識論之主要理論是析解八識。八識，拉丁梵語aṣṭau vijñânâni。

瑜伽行派及唯識論皆認為心有八識。包括：感官五識即：眼、耳、鼻、舌、身，此五官的感知五識，為覺識。

而後綜合五感覺形成主觀心理之綜合意象，即意識，相當於近代心理學所說的印象或者表像認識，乃為第六識。表像、印象與記憶有關，具有初步抽象化意象之特點，是類別概念（命名，即符號化概念）之起源。

第七識則為末那識。末那是拉丁梵語manas的音譯，末，我也，那，意思，思慮，思量之義。第八識是阿賴耶識。

【末那識】

若取意譯，則第七識末那識與第六識之意識意義近似，容易混同。此二識于梵語原文中皆有“意識”之意。末那識原文manas，表示“意動是識”，其識之本身即名為“意”，即自由主觀之意識。此乃兩者名義接近、所依與作用迥別，所以佛學一用音譯、一用意譯以區別之。

實際上，末那識相當於近代西方哲學所言之知性（智識）、理智的範疇。

唯識論認為，末那識是主體思維意識的根本，其本質是恒審思量。主體意識出自我覺（覺識）和我意（意識）。但是覺識、意識都是被動的感知。脫離感官的純粹自我意識，是末那識，所以末那識又稱為"我識"。我識反映自我，所以也是我執，即主觀意識。

末那之義為我執，謂執持我之見者。末那為意，意為思量之義，我執，即我癡、我見、我欲、我愛，故名自我意識。前之第六識必須以我意為所依，故名第七識為我意識，主觀意識。我執，是為一切眾生妄惑之根本。

佛學認為，第六識以第七末那識（我意）為所依，第六識之所以稱為"意"者，即由"依意之識"而來。

竊以為末那識者，即純粹思維，純思維（惟）也。思維與意識之不同，就在於運用符號概念之自由想像。

【阿賴耶識】

阿賴耶識為第八識，阿賴耶，梵語âlaya之音譯，相當於西方哲學之先驗理性（理識）、絕對理性（主客合一）的範疇。

佛教認為，世界現象（萬法）都由第八識即"阿賴耶識"所變現，故阿賴耶識方為宇宙萬法之實體。而人類則須通過前七種識，得以察知外境影像，緣慮執取，反以幻境為實在。

在阿賴耶識中蘊藏著變現世界的潛在原根，佛學稱之為種子。

阿賴耶識作為始原，在佛學中亦稱初剎那識，初能變、第一識。因宇宙萬物生成之最初一剎那，唯有此第八識而已，故稱初剎那識。而此識亦為能變現諸境之心識，故亦稱初能變。由本向末數為第一，故稱第一識。

由於有阿賴耶識才能變現萬有，故唯識學主張一切萬有皆緣起于阿賴耶識。

至於阿賴耶識為清淨之真識，或染污之妄識，乃佛學界所爭論之一大問題。阿賴耶識依攝持諸法因果之義，亦即從自性而立名。

佛教認為阿賴耶無法意譯表達，故以梵音音譯，又稱為藏識，含能藏、所藏、執藏三義，是一切善惡種子寄託的所在。

【諸家異說】

阿賴耶識其含義佛教各派解說不同。

唯識論認為，阿賴耶識乃絕對意識，宇宙萬物生成之最初一剎那，唯有此第八識而已，故稱初剎那識。而此識亦為能變現諸境之心識，故亦稱初能變識。由本向末數其為八識之第一，故稱第一識。由於有阿賴耶識才能變現萬有，故唯識論主張一切萬有皆緣起於阿賴耶識，即如來藏。

佛學其它學派則對此異說紛紜。

據佛學論者考述，《阿含經》中已有“阿賴耶”一詞，意義專重心理學上的貪愛、執著，阿毘達磨時代的《論書》亦同。瑜伽行派的經論，最早使用阿賴耶識一詞，其語義在《解深密經》中，意指“隱藏於肉體中的識”。首出的意義為“隱藏”，其次說它有生物學上的執受義。《攝大乘論》側重此識與諸法的關係，將阿賴耶識詮釋成“與諸法相互攝藏的識”，進而是有情會“執藏”以之為自我的識。

《成唯識論》立基於種識不一的立場，從能藏、所藏、執藏三義解釋阿賴耶識的語義，有別於《攝大乘論》種識是一的立場。主張區分現行賴耶和種子賴耶為中心的窺基與圓測二系。

【唯識宗的認知論】

我竊以為，唯識論的阿賴耶識，相當於黑格爾所云能生成世界（萬法）以及作為精神運動之本原的宇宙絕對理性。

唯識論認為，人的我識都是執取第八識（阿賴耶識）的“見分”或其種子。我的具體生命在過去現在未來所思想所經驗的東西，有其根源，皆以種子的形式，攝藏於第八識的阿賴耶識中。

末那識在下意識層面執取這些種子，以之為我識。實際上，這些種子都是無始來前／滅後生、非常非斷的無限性。

唯識論認為，眼等五識為前五識，屬於感知性，感覺及感受。

依唯識宗之說，眼、耳、鼻、舌、身等前五識各緣色、聲、香、味、觸等五種對境。五識僅能各緣自境，故又稱各別境識。感覺是緣於外界外物，是被動的。此五識僅由單純的感覺作用來攀緣外境，而不具有認識、分別對境之作用。

眼等五識為前五識，屬於感性，感覺及感受。意識為第六識，相當於康德所謂統覺、知覺。

末那識為第七識，末那識Manas相當於知性（智識）、理智。末，我也。末那識即主觀意識。

意識為第六識，相當於近代心理學所謂綜合印象，即來自感官知覺的綜合而形成的關於對象的心象、印象，康德所謂統覺和知覺。意識具有認識、分別現象界所有事物之作用——基於記憶、回憶形成事物分別之意象和印象，然後分類命名，故又稱分別事識；意識乃赫赫前五識共同所依據者，故又稱意地（諦）。五識須與此第六識共同俱起，方能了別對境。

狹義而言，意識專指八識中之第六識。廣義而言，則意識包括眼、耳、鼻、舌、身、意等六識之全部，可以涵蓋全部心智之活動。故意識能遍緣一切境——具有普遍性。舉凡對內對外之境，不論有形無形，皆可廣緣，或過去、現在、未來三世，皆可亙及。具有比知、推測之作用，故意識又稱一切境識、廣緣識。

盡廣大，致精微，要言之，第六意識乃八識中最猛利、最敏捷者，具有自由自在之能力，三界九地，一切迷悟升沉之業，無一不由意識所作。

人所有諸種經驗，從原始之感覺至自由之概念思考，凡能統攝多種經驗內容之作用，皆稱為廣義之意識活動。

思維者，思量所對之境而分別之也。《無量壽經》上曰："具足五劫，思惟攝取莊嚴佛國清淨之行。"又對於定心之無思無想而定前一心之思想，謂之思惟。《觀無量壽經》曰："教我思惟，教我正受。"《善導序分義》曰："言我思惟者，即是定前方便，思想憶念彼國依正二報四種莊嚴也。"

正思惟即真理，邪思維即謬誤。（諦、真諦，就是真理。）

（2016年4月17日原載何新博客）

【雜論】

研究佛學要正本清源

研究佛學要正本清源。

何為本源？佛經為本源。

後人特別是近人、今人的傳教説論，則不是本源，一概可以視同放屁，不足取信。

但是，佛藏浩如煙海，如何能找到本源？

首先須尋找正法眼藏，分別經，論，説三部，同時分辨各大宗派。

漢地佛門十三宗，教説各異，誰為真諦？

〔十三宗包括：毗曇宗（或以俱舍宗代之）、成實宗、三論宗、涅槃宗、律宗、地論宗、淨土宗、禪宗、攝論宗、天臺宗、華嚴宗、法相宗、密宗。〕

所以宗門各種異説傳論，皆不是是非之標準。

佛教是信仰，而佛學則是學説和學術。二者相關，又有根本區別。

信仰不受質疑。存疑即無信仰。信仰唯定於一尊。

我佛釋迦牟尼創立佛教，獲之天啟。世尊在天，目照人間，自會對有緣者作直接啟示。

〔《法華經·信解品》：“一切諸佛秘藏之法，但為菩薩演其實事。”〕

學說則不同。一切學說和學術都是理性研究之對象，必須接受理性的質疑和探討。佛學也如是。不疑，不辯，不析，不論，則概念混沌，妄想隨意。

佛云他去後佛教將歷三時：500年正法，1000年像法，然後進入無邊（萬年）末法時代。

中土自釋迦牟尼佛去世約一千五百年左右發生會昌法難，武宗滅佛。此後，佛教進入末法時代。所以一千年來，偽佛遍地，邪說橫行。正法衰頹，僧風濁亂。

《法苑珠林》卷九十八：佛涅槃後當有五亂，一者當來比丘從白衣學法，世之一亂。二者白衣上坐比丘處下，世之二亂。三者比丘說法不行承受，白衣說法以為無上，世之三亂。四者魔家比丘自生現在，於世間以為真道諦，佛法正典自為不明，詐偽為信，世之四亂。五者當來比丘畜養妻子奴僕治生，但共諍訟，不承佛教，世之五亂。

佛經云末法五千年間，僅殘存教法而已，雖有秉教，皆不能修行證果。

當今之世，諸多披著袈裟的假冒偽劣，都是自欺欺人的騙子！

所以，我唯一信仰世尊。

但是我用理性辨析方法研究佛學。

〔愚癡居士何新寫於2016〕

（2016年3月28日原載何新博客）

聖地五臺之奇遇

五臺山位於中國山西省東北部，距省會太原市230公里，距北京400公里。因五峰如五座天臺而得名，是中國唯一兼有漢地和藏傳宗派的佛教道場。五臺山周邊現有建築比較完整國家重點文物保護單位6處：南禪寺、佛光寺、顯通寺、廣濟寺、岩山寺（繁峙縣）、洪福寺（定襄縣）；省級重點文物保護單位15處：塔院寺、菩薩頂、圓照寺、羅睺寺、殊像寺、碧山寺、南山寺、龍泉寺、金閣寺、尊勝寺、延慶寺、公主寺（繁峙縣）、三聖寺（繁峙縣）、惠濟寺（原平市）、石佛堂（河北省阜平縣）；全國重點佛教寺院有11處：顯通寺、塔院寺、菩薩頂、羅睺寺、殊像寺、碧山寺、金閣寺、廣宗寺、廣仁寺、黛螺頂、觀音洞。

2002年秋10月杪，余及友七人，分駕二車，去京共赴五臺山進香，夜抵臺懷鎮休宿。次日晨起，早餐後驅車上山。

為免山大迷路，乃聘當地一職業導遊為嚮導。

是日也，秋風颯爽，天朗氣清。余等先登顯通寺。此寺乃五臺第一名剎，果然規模雄大，居高臨下，氣象軒昂。殿堂雖多依舊址新建，但猶有明清金殿等遺跡及故事流傳。

進香後，再去菩薩頂、五爺廟、塔院、碧山等寺。一路皆香火興旺，香客絡繹不絕，熙熙攘攘。廟宇多為近年重修，壯麗宏偉。唯遊人嘈雜，到處市場攤販環繞，多假宗教噱頭以牟利。

余觀此景，不禁惋歎：五臺乃文殊菩薩之聖山，何以遍地多討債小鬼，褻擾聖地。不知此名山叢林，尚有清涼之處可參禪否？導遊云，五臺山有廟宇千所，何處不可參禪？

時間已過午，回鎮上午餐畢，復出。方迤邐間，忽見對面半山處現一寺院叢林。藍天白雲之下，雖無金頂輝煌，唯覺祥雲瑞氣氤縕其間。問導遊此寺何寺？導遊懵然曰不知。遂命司機驅車疾往。

山路盤桓，迨至寺前，乃見一大停車坪場，數畝見方，青石鋪地，坪中唯有吾輩二車。寺門前亦不若其他廟宇，竟無一攤販及售香火者——真佛門清淨地也。余等下車，空中有白鴿數十隻盤旋，見人不避，且落地自由逐玩。隨行者乃以所攜食物飼餵，白鴿喜人，或上肩、手。余甚驚訝，蓋此景多見於國外，而因國內俗人貪利，見禽則或捕或殺，鳥獸鮮有不避人者矣。

此寺廟門，在余記憶中似並不甚壯觀，亦無見寺名題匾。唯大門道口設一小桌，桌後坐一素衣老嫗，似尼非尼。見余等人多，老嫗乃抬手指一銅牌阻之曰：本寺非開放場所，只可進兩人。余觀銅牌上有刻字為書：國家重點文物保護單位。余乃屏眾人，僅攜一友進入，其他人則皆被拒，而逍遙門外也。

入寺門，覺院落甚宏闊，夾路青松翠柏，竹林草地，修剪甚工。入門有放生水塘，漢白玉為欄，百餘錦鯉，皆尺餘長，嬉遊池中。廟宇皆青瓦頂，四壁剝落陳舊，古色古香，非如他寺新近裝修者。然而氣象莊嚴，環境靜穆，但除我二人外再無香客。余甚驚訝，曰：此寺環境幽美，而靜肅氣氛何若似大內禁苑也？

及至各殿，則見皆崇門緊閉，且有鎖具。鎖乃古舊式插閂鐵鎖，鏽痕斑累。余更訝異，歎曰：怪哉！余遍遊天下，此乃第一次見大白天鎖殿之寺廟也。

徜徉寺中久之，不能入殿，亦不見人，只得感歎所來非時。及轉身方欲退出，忽見後苑中步出一駝背老僧，小步行來不急不緩，且臂間吊掛一串鑰匙，似為此寺知客僧。余大喜，急迎上施禮曰：阿彌陀佛！師傅，可開門進香否？僧不答，若無視，逕自前行。余等緊隨其後，至第一大殿前，老僧乃抖動鎖鑰打開殿門，余等跟隨進殿。

殿中窗明几淨，陳設法物皆樸舊，古色古香。楹柱樑壁悉以黑漆為色，雖陳舊斑駁，但樸素潔淨。柱上有多幅長聯，有真書亦有篆文，余一一默觀，詞語古雅上口。其中一長聯題康熙御製，令余印象頗深刻，但可惜詞句甚長，不能默記。

最歎為觀止者，是大殿正中神座上之巨型黑色紫檀文殊造像，千手千眼，法相極莊嚴，為余平生所僅見耳。又頗令余不可解者，菩薩造像非如通常面向殿門坐北朝南，而乃坐西朝東（此寺中唯此殿如此）。

余覓香欲敬拜，老僧仍不言，默默遞過已代余點燃之三炷香。余持香頂禮，再叩首三過，俯身下拜，閉目默禱，叩禮一百有八。心中念誦：敬謝菩薩賜福，令弟子得至清涼道場！

拜過文殊殿，再進大雄寶殿，余依式入殿參拜釋迦牟尼諸佛。叩禮敬香，參拜如儀。

惟每出一殿，老僧則即鎖閉殿門如故。及余等全部拜過，老僧鎖門轉身將去，余匆忙向其拜禮致謝，老僧僅眯目略頷首為答，始終未發一聲，遂轉身入內院去。

參拜後余遊步寺苑中，頓覺身清氣爽，心曠神怡。

惟令余深感奇怪者，係遊遍全寺，竟未見一處題署寺名之匾額及石碑，故始終無知其寺名。出寺後，欲問門前候門之老嫗，則已不見蹤影。余乃命助理為余等在山門前合一影留念。

其後，余等驅車下山。詢問導遊，導遊雖自稱熟知五臺諸寺，卻茫然云從未來過此地，故亦不知其寺名也。

余驚奇此行所遇及所見，以告諸友，諸人皆以未得進入寺門為憾。歸途中，余仍久久沉浸及回憶寺中景象，猶有若干疑團在腦中，百思不得其解。因囑司機小張務須牢記路徑標記，並相約：明春必重返此寺以還願耳！以上皆余等當時親臨之境，至今猶歷歷在目也。

所不可思議者，是次年5月以及再次年8月，余乃與友人兩度重訪五臺，欲歸此寺還願。仍為當年司機小張駕車尋舊路上山。然而兩度遍訪群山，皆莫見其寺。後兩次遊山為余等嚮導者，有五臺本地臺懷之鎮長及旅遊局長諸輩，然余述以此寺名物及所見所聞，彼等亦皆茫然困惑，云：五臺山現存寺院50餘座，山上、山下國家級重點文物保護單位僅4、5座，從未知五臺山上有如此一寺耳。余亦遂隨其輩導引，一一訪諸名剎，皆非是。

最可訝異者，乃余歸京後命助理整理昔遊五臺之影集，覽之諸影像皆尚在，唯於此寺山門前所攝之一幀則幻然無跡，如空谷足音，百覓無蹤影也。

心經曰：色不異空，空不異色，色即是空，空即是色，受想行識，亦復如是。噫吁嚱！一十二年過去，事過境遷，是真是夢，是實是幻，余今日竟亦茫然不能知矣。惟記所憶，以證如來。南無阿彌陀佛！

〔愚頭陀何新記於2014年3月〕

孫中山先生自述：在普陀山的奇遇經歷

孫中山（資料圖）

1916年八月二十五日，孫中山先生到普陀山視察。《普陀山志》稱，中山先生當時在佛頂山上看到奇異景象，並留下一篇題為《遊普陀志奇》文章記述此事。《遊普陀志奇》文尾蓋有“月白風清”印章，全文如下：

余因察看象山、舟山軍港，順道趣遊普陀山。同行者為胡君漢民、鄧君孟碩、周君佩箴、朱君卓文及浙江民政廳秘書陳君去病，所乘建康艦艦長則任君光宇也。

抵普陀山，驕陽已斜，相率登岸，逢北京法源寺沙門道階，引至普濟寺小住。由住持了餘喚將出行，一路靈岩怪石，疏林平沙，若絡繹迓送於道者。紆回升降者久之，已登臨佛頂山天燈檯。

憑高放覽，獨遲遲徘徊。已而旋赴慧濟寺，纔一遙矚，奇觀現矣！則見寺前恍矗立一偉麗之牌樓，仙葩組錦，寶幡舞風，而奇僧數十，窺厥狀似乎來迎客者。殊訝其儀觀之盛，備舉之捷，轉行轉近，益了然。見其中有一大圓輪，盤旋極速，莫識其成以何質，運以何力。

方感想間，忽杳然無跡，則已過其處矣。既入慧濟寺，亟詢之同遊者，均無所睹，遂詫以為奇不已。余腦藏中素無神異思想，竟不知是何靈境。然當環眺乎佛頂臺時，俯仰間，大有宇宙在乎手之慨。而空碧濤白，煙螺數點，覺生平所經，無似此清勝者。

耳吻潮音，心涵海印，身境澄然如影，亦既形化而意消焉乎？此神明之所以內通。已下佛頂山，經法雨寺，鐘鼓鏜鞳聲中急向梵音洞而馳。暮色沉沉，乃歸至普濟寺晚餐。了餘、道階精宣佛理，與之談，令人悠然意遠矣。

民國五年八月二十五日 孫文 志

譚嗣同佛學及反儒思想散論

【導讀】

本文原題《論譚嗣同〈仁學〉及其對佛哲學的改造》（原載《學習與探索》1982年第6期）。是何新中國近代思想史研究論文——《康有為譚嗣同經學佛哲學思想新論》的下篇。後以《譚嗣同佛學及反儒思想散論》為題，收入《何新集——反思·挑戰·創造》（黑龍江教育出版社，1988年8月第1版）

在這篇文章中，何新通過對譚嗣同身世背景、早期經歷、思想體系和悲劇性的人生結局的分析，深刻指出，譚嗣同為變法而血濺法場，實現了佛家“以身飼虎”的最高理想。譚嗣同所言之“仁”不同於傳統儒家之“仁”。譚氏之仁被釋義為“通”。“通”，就是平等；主張君輕民重，國恒以昌。這是民主及平等思想的萌生。但是譚嗣同也深感這套理論在他的那個時代的難以實現。所以，譚氏的反抗愈徹底，則其內心的孤獨與痛苦亦愈強烈。

這篇論文是何新研究中國近代思想的早期作品。與何新後來的研究比較，此文某些術語後來有所修正。但文中對譚嗣同仁學思想的闡發，視角獨特，筆力遒勁，在近代思想研究中別開生面。

一

如果說，對於康有為，精神的覺悟，是以借考證偽經而否定封建思想的形式實現的；那麼對於譚嗣同來說，他的精神覺醒卻獲得了一種更具有特色的形式——他是以一個理性的佛教徒，一個入世的修行者的矛盾形式，對於封建思想，走上了一條更徹底的異端道路。

當從總體上縱觀中國文化史和中國思想史時，研究者必定會注意到這樣一個極其引人深思的現象，這就是自漢晉隋唐以後從西方印度傳入中國勃然興起的佛教。這一宗教在哲學思想、文化藝術等方面給中國傳統固有文化注入新的生機和因素。而在哲學思想方面，其影響更十分深遠。佛教哲學構成了中古以後中國哲學史中極為重要的一環。而在近代思想史中，其影響尤劇。梁啟超曾謂：

> 晚清之所謂新學家者，殆無一不與佛學有關係。（《清代學術概論》）

這是為什麼？

列寧指出：

> 從粗陋的、簡單的、形而上學的唯物主義的觀點

> 看來，哲學唯心主義不過是胡說。
>
> 但是從科學的、辯證的觀點看——
>
> 僧侶主義（哲學唯心主義）當然有認識論的根源，它不是沒有根基的。它無疑地是一朵不結果實的花，然而卻是長在活生生的、結果實的、……人類認識這棵活生生的樹上的一朵不結果實的花。[①]

對於列寧的這些話應作這樣的理解。宗教唯心論也從屬於人類認識體系，它與科學具有同一目的——認識宇宙、征服宇宙。但它走錯了路子，所以成為不結果實的花。因此，宗教不僅僅是統治階級製造出來欺惑愚民的精神手段——不僅僅是，而並非完全不是。宗教在人類精神進化和人性進化的歷史中，具有自生的、深刻的精神文化根源。僅僅從十八世紀法國機械唯物主義的觀點咒罵宗教是不夠的。從歷史看，宗教哲學豐富了人類哲學史，宗教藝術豐富了人類藝術史，宗教鬥爭構成階級鬥爭和政治鬥爭史的重要內容。因此對它採取理性研究的態度，而不是站在另一種信仰作為異端加以排斥的態度，才是科學的。

從中國學術思想史的總體來看，佛教這種僧侶主義所以能發生如此深遠重要的影響，的確是具有深刻原因的。佛教也同一切影響深遠持久的宗教文明一樣，包括兩個組成部分。一是原理、哲學的部分。這是宗教中超越於信仰之上的理性內核、認識論內核。是佛教中最富有生命力、最頑強的東西。也是極有研究價值的東西。一是信仰的儀式、神話奇跡、戒律教規等。前者為宗教哲學，後者由宗教藝術和宗教迷信所構成。如果說宗教的歷史反映了人類精神愚昧的歷史，那麼宗教哲學的歷史卻反映了人類理性從這種愚昧中掙扎而求解脫的歷史。

中國以儒家經典為主幹的傳統學術，如果應用現代學術分類的眼光觀察之，則其重點在於：

1. 歷史學
2. 政治學
3. 社會學
4. 倫理學

以上四端，構成中國傳統思想學術的四大內容。

其中所不足者，除了實驗自然科學外，還有本體論、認識論和人生目的論的研討。如果我們注意到，在先秦諸子時代，本體論是在老莊道家中發展的，而認識論（包括邏輯工具論）則是在墨家、名家和不屬於正統儒家的荀韓派法術家中發展的，就更可注意到傳統儒家學術的這種內在缺陷。

佛教哲學的傳入和研究，恰恰從本體論、認識論和人生目的論這三方面填補了傳統儒學的不足。

佛哲學有三大特點：

1. 以流變諸相觀宇宙，視萬物為流遷體，對存在總體，作形而上學的邃密分析（本體論）。

2. 其論理因明學嚴謹填密，在認識論和邏輯學上極有特色（認識論、工具論）。

3. 在人生目的論上，要人超越此岸世界的痛苦現實，而放眼於未來世界之彼岸。具有強大的迷幻麻醉作用。（人生論）

前論康有為時筆者曾言及，早自明清之交，中國知識分子中已有人從封建迷夢中覺醒，這種覺醒首先表現為一種具有獨立人格的批判和探索精神，於是在儒學中興起了具有反傳統方向的考證經籍運動。逮於清末，這種批判探索更趨深入，於是當新的西方資產階級學說尚傳播不廣時，佛哲學遂成為吸引當時許多先進知識分子用以批判傳統思想的武器。這也正是引導譚嗣同在青年時期幾度經歷思想彷徨之後，終於"捨身求法"、"精研佛理"的原因。

譚氏出身於世家高門，但個人身世遭逢卻多所不幸。幼年時遭虐待於父妾之手。十一歲親母及長兄相繼亡故，嗣同亦大病幾死。及跨入世途後，人生路上，橫多梗阻。多次參加科舉均不成功。以錢捐官後始終未得實任。目睹官場黑暗，民生疾苦；以及晚清政治、經濟內外交困之局，因此早懷憤世嫉俗之心。他曾痛詛人間：

> 天下可悲者大矣！如此黑暗地獄，直無一法一政，足備記錄，徒滋人憤悶而已。[②]

由此而生苦悶之感，輕生之念，出世之心，曾自謂：

> 吾自少至壯，遍遭綱倫之厄，涵泳其苦，殆非生人所能忍受。瀕死累矣，而卒不死，由是益輕其生命。以為塊然軀殼，除利人之外，復何足惜！深念高

望私懷墨子摩頂放踵之志矣。[③]

1896年前後，嗣同客居北京，其時他已年屆三十，連科不第，冷心於功名利祿，觀政治社會現實及人生前途滋生一片空虛悲涼之感，當時他的一封書信中言：

> 京居既久，始知所願皆虛，一無可冀。慨念橫目，徒具深悲。平日所學，至此竟茫無可倚。[④]

又在一篇文章中言：

> 少更多難，五日三喪。唯親與故，歲以凋謝。茕茕四方，幽憂自軫。加以薄俗診氣，隱患潛滋。遷學孤往，良獨悵然。[⑤]

這些話生動地寫照了他當時的心境。

也就在此時，他開始潛心佛典，忽得證悟。遂傾心皈依，向禪機中尋求解脫。

在近代改良主義的代表人物中，譚嗣同不僅是一個充滿浪漫色彩的奇男子，而且是一個嶔崎磊落的英雄。他平生做人認真，做事業認真，學佛也十分認真。

引薦康有為於光緒的大官僚翁同和在《日記》中曾記：

> 譚嗣同，號復生，“……三十二歲，通洋務，高視闊步，世家子弟中桀傲（傑出）者也！”（光緒二十二年丙申四月十三日記）

梁啟超撰譚氏傳論亦曰：

> 君資性絕特，於學無所不窺，而以日新為宗旨……少年曾為考據、箋注、金石、刻鏤、詩、古文辭之

> 學，亦好談中國古兵法。三十歲以後，悉棄去，究心泰西天算、格致、政治、歷史之學，皆有心得。
>
> 既而聞……《華嚴》性海之説，而悟世界無量，現身無量，無人無我，無去無往，無垢無淨，舍救人外更無他事之理；聞相宗識根之説〔註一〕，而悟眾生根器無量，……自是豁然貫通，能匯萬法為一，能衍一法為萬，無所掛礙，而任事之猛亦增加。作官金陵之一年，日夜冥搜孔佛之書；金陵有居士楊文會者，博覽教乘，熟於佛故，以流通經典為己任。君時時與之遊，因得遍窺三藏，所得日益精深。其學術宗旨，大端見於《仁學》一書。

在這裏，作為譚嗣同知友並同志的梁啟超，生動地寫出了譚嗣同在人生觀上接受佛哲學影響的過程。

昔之論者，多論譚氏哲學思想屬於唯物論〔註二〕。此其大謬不然也。實際上，譚氏的哲學，純然是一種主觀唯心論哲學。在這一點上，從科學研究實事求是的立場出發，我們正不必為賢者諱。

譚嗣同在致其受業師歐陽中鵠的一封信中曾言：

> 自此猛悟，所學皆虛，了無實際，唯一心是實。
>
> 心之力量雖天地不能比擬，雖天地之大，可以由心成之，毀之，改造之，無不如意。
>
> 人為至靈，豈有人所做不到之事！何況其為聖人。因念人所以靈者，以心也。

人力或做不到，心當無有做不到者。

嗣同既悟心原，便欲以心度一切苦惱眾生，以心挽劫。[6]

由這裏我們可以清楚地看出，譚嗣同不唯是唯心主義者，而且是把“人心”看作宇宙本體的相當徹底的主觀唯心主義者。但是，這種主觀唯心主義，從積極的方面看，卻使譚嗣同從中獲得了一種蔑視黑暗現實，奮不顧身、不計功利地挺身向之搏鬥的思想力量。不僅如此，正是在這種主觀唯心主義哲學主導下，譚嗣同把遁世、避世、消極、涅槃的佛教哲學，也予以改造，並與近世西方的民主民權人道主義的社會學說相溶合，從而構成了他那十分獨特的《仁學》體系。

原來，譚氏學佛，從一開始就不是僅僅為了尋求個人解脫。而是為了兩個目的：一、“普度眾苦”、“以心挽劫”，為了求人生宇宙之大原理。因此他曾對佛教作了分析，指出：

唯佛教精微者極精微，誕謬者極誕謬。

他所謂“誕謬者”，即佛教中關於天堂、地獄、輪迴果報的宗教迷信，以及種種炫世欺俗的宗教儀式。因此他在學佛信佛的同時又批評佛教說：

果報輪迴之說，愚夫愚婦輒易聽從。（仁學四十）

若夫諸儒所解之佛，乃佛家末流之失，非其真

> 也。據佛書，如來佛嘗娶三妻，諸菩薩亦多有妻子者，何曾似今日之僧流乎？⑦
>
> 又凡長齋誦經，日以佞佛為事者，人不過笑其庸陋。⑧

對於自己學佛的目的，譚嗣同講得甚明白：

> 獨嗣同無所皈依，殆過去生中發此宏願，一到人間，空無依倚之境，然後乃得堅強自植，勇猛精進耳！〔註三〕

又說：

> 佛說以無畏為主，已成德者名“大無畏”。教人也名“施無畏”。而無畏之源出於慈悲。故為度一切眾生故：無不活畏，無惡名畏，無死畏，無地獄惡道畏，乃至無大眾威德畏，蓋仁之至矣！〔註四〕

也就是說，要通過學佛，樹立“勇猛精進”和“大無畏”的信念，以“普度眾生”、改造世界為目的。“蠢爾軀殼，除救人外，毫無他用。”為此目的不怕擔惡名、挨世罵以至殺頭顱、下地獄！這就是譚氏從佛哲學中所悟得的第一禪機。

在宗教中，對於個體的否定和對於個體所依歸的共相——實體、主體（佛）之認同，在實踐中常可導致極富英雄主義的為信仰而獻身的精神。每一種宗教的初創，如果沒有這種犧牲精神，就不可能傳播成功。這是早期基督教史、伊斯蘭教史和佛教史所共同證明的。而另一方面，則正是在佛教中，把人的內省的主體意識發展到極端強大的境界，不僅要求人對外部世界絕對超然漠不關心，而且在“瑜伽”行中，更要求人的主體意志能動地把一切外界悲苦，在自我意識中轉化為安寧靜謐，從而達到對人心“五蘊”的自由駕馭。〔註五〕（正是通過這種瑜伽行的理論和實踐，發展起了後來的“氣功”。）譚嗣同從佛學中所首先汲取的正是這種“無我”獻身的精神。因此他投身於變法維新運動後，在寫給友人的一封信中曾這樣感人地寫道：

> 平日互相勸勉者，全在“殺身滅族”四字。豈臨小小利害而變其初心乎！耶穌以一匹夫而攖當世之文網，其弟子十二人皆橫被誅戮，至今傳教者猶以遭殺為榮。此其魄力所以橫絕於五大洲，而其學且逾二千年而彌盛也。嗚呼，人之度量相越豈不遠哉！今日中國能鬧到新舊兩黨流血遍地，方有復興之望！不然，則真亡種矣。佛語波旬曰：今日但觀誰勇猛耳！⑨

在這些議論中，他一舉推翻了小乘佛教清淨無為、靜持修行的俗見，而斷言佛教唯一精神是拋棄個人私慮，入世海度（救）眾生。因之他在《仁學》中言：

> 佛教尤甚——曰“威力”、曰“奮迅”、曰“勇猛”、曰“大無畏”、曰“大雄”。（《仁學》十九）

> 夫善於佛者，未有不震動奮厲而雄強剛猛者也！（同上）

譚嗣同是這樣想、這樣寫的，在政治上亦正是這樣實踐的。

在變法失敗之際，康、梁倉惶奔逃海外。譚嗣同則堅拒出走，毅然表示：

> 大丈夫不作事則已，作事則磊磊落落，一死亦何足惜！目外國變法，未有不流血者。中國為變法流血者，請自嗣同始。

在獄中作書致康有為言：

> 受衣帶詔者六人，我四人必受戮！……魂當為厲，以助殺賊。

而後慷慨臨刑，英年獻身。在一部中國史上，如譚嗣同這樣認真、忠實、執著地獻身於一種政治信仰者，還是罕見的！

佛經上曾言佛陀“投身飼虎”，又曾謂弟子曰：“我不下地獄，誰下地獄！”但這些都只是神話。而譚嗣同在這一歷史關頭，卻的確表現出了這樣一種為改革中國社會而挺身甘下地獄的英雄氣慨！不怪乎梁啟超曾言：

> 治佛學而真能赴以積極精神者，譚嗣同外，殆無一、二見焉！（《清代學術概論》）

二

《仁學》作於1895年前後。此書是譚嗣同以佛學為主幹，雜糅了今文經學的變法改制思想及西方傳入的社會進化思想，〔註六〕而主以己見的一部富有獨創性的著作，是近代中國哲學史上的一部傑作。

譚嗣同著此書之立意極為鮮明。他在致好友唐才常的信中曾自述其志曰：

頗思共相發明，別開一種沖決網羅之學。[10]

又謂：

非精探性天之大原，不能寫出數千年之禍象，與今日宜掃蕩桎梏，沖決網羅之故。

也就是說，創建一種徹底突破沖決封建思想網羅的新學說，是為譚氏著此書之宗旨。

要真正理解《仁學》，首先應解通譚嗣同之所謂“仁”究竟是指什麼。舊之論《仁學》者，則多未通其塞。以至竟有謂“仁”即“以太”，“以太”即“氣”，“氣”即“物質”。遂謂《仁學》是所謂“氣一元論”之唯物主義哲學著作者。實際在《仁學》中，譚氏對“仁”給出了二十七個定義（“界說”）。略去其中為避當時文網，故作玄言以障人眼目之辭，則其言“仁”之真義，實深藏在第一、第七、第四這三項“界說”中。要言之，即：

仁以通為第一義。以太也，電也，心力也，皆指出所以通之具。（界說之一）

通之象為平等。（界說之七）

通有四義：中外通……上下通，男女內外通，……人我通。（界說之四）

在這裏，譚氏對“仁”之真實涵義，其實講得既隱晦又明白——“仁”就是“通”，而“通”就是“平等”。平等包括四個方面——（1）中國與外國平等（中外通），（2）上與下平等（上下通），（3）男女平等（男女內外通）（4）人與我平等（人我通）。這種平等，就是“通”，就是“仁”。所以他又言：“仁，從二從一，相偶之義也。”“仁”通“無”，“無”通“元”，——元即萬物之始也。（見《仁學·自敘》）又言：“仁即民主”——故這種研求平等貫通之學，也就是“仁學”。

由此譚氏又引申出新界説言：

> 無對待，然後平等。（界説二十一）
>
> 平等生萬化。（界説二十三）
>
> 平等者，致一之謂也。一則通矣，通則仁矣。（界説二十四）

由此亦即可知，這部“沖決網羅桎梏”的著作，實即是要沖決封建等級、禮教、名分、綱常秩序，建立一個人與人平等、自由、民主的新社會——即理想化的資本主義社會的理論著作。

另一方面，在關於“仁”的諸界説中，譚氏又指出：

> 仁為天地萬物之源，故唯心（界説十一），三界唯心，萬法唯識（界説五十）。

又謂：

> 佛教説：三界唯心，又説一切唯心所造。（《仁學》十五）心正者無心，亦無心所，無在而無不在，

此之謂大圓銳智，（《仁學》二十六）夫心力最大者，無不可為。（《仁學》四十三）

在這裏，譚氏又明白地道出了“仁學”這部著作的唯心主義本體論觀點。

一種唯心論的哲學在歷史上難道可以成為進步思想家的理論武器嗎？從機械唯物論的觀點看來，這似乎是匪夷所思的。然而在世界歷史上，這卻並不乏先例。

在十八世紀末的德國，正是從康德到黑格爾的德國古典唯心主義，以哲學思辨的形式批判了封建主義，為德國資本主義的發展開闢了思想道路。

而在更早的時代中，馬丁·路德的宗教改革，1649年的英國革命，都曾在基督教新教的唯心主義意識形式下投入歷史的鬥爭。

馬克思在論述英國革命時曾指出：

克倫威爾和英國人民為了他們的資產階級革命，就借用過舊約全書中的語言、熱情和幻想。

另一方面，我們又必須注意到，譚嗣同《仁學》的唯心主義，乃是一種戰鬥的、積極的、辯證的唯心主義。在這一點上，這種唯心全義相似於費希特的主觀唯心主義（雖然由於種種歷史文化和認識條件的限制，前者未達到後者認識領域所佔有的廣度和深度）。列寧在《哲學筆記》中曾說：

聰明的唯心主義比愚蠢的唯物主義更按近於聰明的唯物主義。

聰明的唯心主義這個詞可以用辯證的唯心主義這個詞來代替。

譚嗣同的唯心主義，也可以說是一種“聰明的”、即“辯證的”唯心主義。

考察《仁學》全書之大旨，可以概括為這樣幾個方面：

一、用進化的觀點認識宇宙，論定人間、天上萬事萬物應當變革、必然變革、必須變革。《仁學》借佛哲學中萬物流轉、變遷不居的觀點而認識宇宙，其說曰：

> 一剎那頃，已有無量佛生滅，已有無量眾生生滅，已有無量世界法界生滅。求之過去，生滅無始。求之未來，生滅無終。（《仁學》十五）

譚氏由這種宇宙萬象必變遷的觀點，而引導出“革舊立新”的合理性曰：

> 反乎逝而觀，則名之曰“日新”。孔曰：“革去故，鼎取新”，又曰：“日新之謂盛德”。（《仁學》十八）孔曰：“不已”，佛曰：“精進”……新而又新之謂也！（同上）

據此他猛力地抨擊批判當時的復古守舊派說：

> 於文從古，皆非佳字，從草則苦，從木則枯……吞不知好古者，何去何從也。（《仁學》十八）
>
> 歐美二洲，以好新而日興。日本效之，至變其衣食嗜好。亞、非、澳三洲，以好古而亡。中國動輒援古制，死亡之在眉睫，猶棲心於榛狉未化之世，若

於今熟視無睹也者。莊曰：“莫悲於心死。而身死次之”。謚日至愚，可不謂之大哀！（同上）

二、用“仁”——即人人平等這一學説，批判封建主義綱常名教的舊倫理體系，這是“仁學”著書主旨的第二方面。

《仁學界説》第五條言：

仁亦名也。然不可以名。

又謂：

道在屎溺，佛法是乾屎橛，無不可也。何者，皆名也。其實固莫能亡也。（《仁學·自敍》）

第六條言：

不識仁，故為名亂，亂於名，故不通。

《仁學》第八章中言：

仁之亂也，則於其名……數千年來，三綱五常之慘禍烈毒，由是酷焉矣。君以名捶臣。官以名軛民。父以名壓子。夫以名困妻。……中國積以威刑鉗制天下，則不得不廣立名為鉗制之器。……此其黑暗，豈非名教之為蔀耶？（《仁學》八）

這都是對孔子“正名”説即封建“名教”的尖鋭批判。而在《仁學》下篇中，他更極其鮮明地把攻擊的矛頭直指封建思想體系的核心——孔教。言：

孔教之亡，君主及君統之偽學亡之也！（三十）

《仁學》對於封建綱常名教的批判，實發出了二十年後“五四”新文化運動之先聲！

不僅如此，譚嗣同更旗幟鮮明地將攻擊矛頭直接對準幾千年的封建專制制度。在這裏，譚嗣同遠遠地跨越了改良主義的局限，而變成了倡言革命的啟蒙思想家。他說：

> 生民之初，本無所謂君臣，則皆民也。民不能相治，亦不暇治，於是共舉一民為君。夫曰共舉之，則非君擇民，而民擇君也。（三十一）

在這裏可以清楚地看到西方資產階級啟蒙哲學中的“君權民授”思想。他又說：

> 夫曰共舉之，則且必可共廢之。君也者，為民辦事者也。臣也者，助民辦事者也。天下者，天下人之天下，徒於獨夫民賊之嗣潰，復奚如也！
>
> 一姓之興亡，渺渺乎小哉，民何與焉？（三十二）

由這裏可以看到法國大革命前後所提出的人民主權思想的折光。他又說：

> 天下為君主囊中之私產，不始今日，固數千年以來矣。然而有如遼、金、元之罪浮於前此之君主乎？其土則穢壤也，其人則膻種也……（三十三）
>
> 彼起於遊牧部落，直以中國為其牧場耳。（同上）
>
> 乃若中國，尤有不可不亟變者：薙發而垂髮辮是也。（四十四）

在這裏，譚氏已直接在影射攻擊滿清政權，這又是數年後同盟會“驅除撻虜、恢復中華”，即所謂“種族革命”的先聲。他又說：

> 法人之改民主也，其言曰："誓殺盡天下之君主，使流血滿地球，以泄萬民之恨。（三十四）朝鮮人亦有云曰：地球上不論何國，但讀宋明腐儒之書，而自命為禮義之邦者，即是人間地獄。（同上）

盧梭說：

> 人是生而自由的，但卻無往不在枷鎖之中。自以為是其他一切的主人的人，反而比其他一切更是奴隸。這種變化是怎樣形成的？我不清楚。是什麼才使這種變化成為合法的？我自信能夠解答這個問題。（《社會契約論》）

盧梭又說：

> 當人們被迫服從時，他們做得對。但是，一旦人民可以打破自己身上的桎梏而打破它時，他們就作得更對！（同上）

把譚嗣同的思想與盧梭的《民約論》（今譯《社會契約論》）進行比較，我們即可清楚地看出，這兩種反封建的民主啟蒙思想，完全是一母所生，而育成於東西方的兩個同胞兒。正是在這一意義上，我們可以說，譚嗣同以他的《仁學》這部著作，為十幾年後的資產階級辛亥革命作了理論準備。

三、改造國民精神，這是《仁學》一書的第三個主題。譚氏言：

> 生無教之時，民苦無所繫屬，任取誰何？一妄

> 所倡至僻、陋之教，皆將匍匐往從，不尤可哀乎？。（《仁學》四十）

又言：

> 故知大劫不遠矣……無術以解之。亦唯以心解之。緣劫既由心造，自可以心解之。（《仁學》四十）

這裏譚氏所說的“心”，就是指國民精神。而所謂“以心解劫”者，亦即指對中國傳統國民精神的改造。

譚氏生於甲午敗後，國家喪亂面臨嚴重危機的時代。這個血性男兒心頭無時不沉重地壓迫著一種危機感——這就是他預感即將來臨之“大劫”。而所謂“劫由心造”，即譚氏從他的唯心論、唯心社會觀出發，認為浩劫之根源出自中國國民精神之墮落，因此非改造之不能得解脱。故他又謂：

> 約而言之，凡三端：曰“學”、曰“政”、曰“教”。（四十一）

> 民而有學，國雖亡亦可也。無論易何人為君，必無敢虐之。（同上）

譚氏所謂“學”者，即指知識、文化、精神文明。他追溯中國國民精神墮落之根源，認為其總根始自專制主義集於一統的暴秦，以及為秦政作理論準備的荀韓法家：

> 荀子冒孔之名倡法後王，尊君統。

> 又喜言禮樂政刑之屬，唯恐鉗制束縛之具不繁也。然後彼君主者，始坦然高枕曰：莫予毒也！

> 此其阱天下之故！”……君主之禍，所以烈矣！（三十六）
>
> 故常以為二千年來之政，秦政也，皆大盜也！二千年來之學，荀學也，皆鄉願也！唯大盜利用鄉願，唯鄉願之媚大盜。（二十九）

因之譚氏痛斥荀子：

> 方孔之初立教也，黜古學，改今制，廢君統，倡民主……豈謂為荀學者，……反授君主以莫大無限之權，使得挾持一孔教以制天下！（三十）

在這裏，譚氏接受了康有為今文經學托孔子之名言改制之義。又謂：

> 三代以上，人與天親。自君權日盛，民權日衰，遂乃絕地天通，……孔子憂之，於是乎作《春秋》。《春秋》稱天而治者也。故自天子諸侯，皆得施其褒貶，而自立為素王。（同上）

儒家之旨在仁，仁即民主。佛家之旨在慈悲，慈悲，吾儒所謂仁也。

在對孔教中“仁”的概念作了這種民主主義的解釋之後，譚氏描繪了一個以“仁”道——即平等、民主為原則的理想社會藍圖：

> 人人能自由……戰爭息，猜忌絕，權謀棄，彼我亡，平等出……君主廢則貴賤平，公理明則貧富均。千里萬里，一家一人。父無所用其慈，子無所用其

孝，兄弟忘其友恭，夫婦忘其唱隨。（四十七）

在這裏我們又可以看到與康有為《大同書》中所虛擬的“大同世”相似的烏托邦。但是生於封建網羅重重密佈的現實社會中，譚氏又深知其學說之空想性，因而自解曰：

> 難者曰：子陳議高矣。既已不能行，而滔滔然為宣言，復奚益乎？曰：吾貴知，不貴行也。（四十八）

> 救人之外無事功，即度衆生之外無佛法。然度人不能先度己，則己之智慧不堪敷用，而度人之術終窮。（四十九）

在這裏譚氏又不得不借助於佛哲學的主觀唯心主義，以作自我解嘲——“心靈一潔，衆生清潔。”（四十九）只要轉變每個人的思想，清洗每個人的靈魂，就能改變世界。

列寧指出，對於一個民族——

> 自由愈少，公開的階級鬥爭愈弱，群衆的文化程度愈低，政治上的烏托邦通常也愈容易產生，而且保持的時間也愈久。

在論托爾斯泰的思想時列寧又指出：

> 托爾斯泰反映了強烈的仇恨，已經成熟的對美好生活的嚮往和擺脱過去的願望；同時也反映了幻想的不成熟，政治素養的缺乏和革命的軟弱性。歷史經濟條件既説明發生群衆革命鬥爭的必然性，也説明他們缺乏進行鬥爭的準備！

在譚嗣同《仁學》的思想體系中，我們恰能看到與托爾斯泰的烏托邦十分相似的這種歷史矛盾和精神矛盾。

三

把康有為以今文經學為基礎的託古改制思想與譚嗣同以佛哲學為基礎的變法革新思想相比較，——可以看出，二者雖同是十九世紀末葉中國社會變革潮流的產物，但其間又存在著深刻的差別。如果說，康有為的思想體系，更多地反映著中國以儒家思想為主體的固有文化傳統；那麼譚嗣同的思想體系就具有更加強烈的離經叛道的民主主義色彩。如果說，以“託古改制”的形式出現，康有為的思想始終反照著封建思想文化的底色；那麼以佛哲學的主觀唯心論為外衣，譚嗣同的思想則閃現著一種更富有反抗性和浪漫主義的色彩。正是這兩種不同的哲學思想基礎，解釋了他們兩人在短暫的同路之後，為什麼走向了那樣不同的人生歸宿——前者在辛亥革命後竟墮落為保皇尊孔的復辟“教主”，後者則成為近代舊民主主義革命事業犧牲獻身的第一位自覺的先驅者。

近代中國封建社會，是在這樣一種情勢下被推上尋求歷史變革的舞臺的。當時的中國，經濟政治文化思想條件，尚遠未成熟到能夠進行一次徹底的資本主義社會改造——如1649年的英國和1789年的法國那樣。如果沒有西方資本主義的入侵和西方文化政治思想的輸入，從乾嘉時代即已日趨尖銳的社會階級矛盾，很可能推動中國進入一輪新的王朝循環更迭，而不是由封建生產關係飛躍入資本主義生產關係的社會革命。在十九世紀末葉，雖然已經從封建地主階級的母體中分化出了一批半具有封建性，半具有民主性的平民知識分子——這個階層正是二十世紀初葉推動了中國舊民主主義革命的小資產階級知識分子的前身；但是，這個階層的人數在中國總人口中所居的比例微不足道。這個階層雖然敏鋭地觀察和感受到當時日趨嚴重的社會階級矛盾和民族矛盾，但是其中大部分人仍然希圖在保持固有封建結構的範圍內尋找改良的出路，而不是推翻舊的封建制度、創造一個新社會。康有為正是這個社會階層的精神領袖和政治代表人物。為了在中國完成法律、行政和經濟結構上的改革，促使康有為創立了一種從未得到傳統認可的新儒教。他假設有一種能動的儒家學説，這種學説仍然建立在兩千年傳統的道德價值觀的基礎上，但同時卻幻想可以在舉世“大同”的旗幟下，徹底改良全人類的社會制度。一方面要否定現在的封建儒教體系——實際上是打倒欽定的、正統派的儒教。另一方面又自命為儒教的真正道統繼承者，一個在野的“聖人”，化身為“康子”的“孔子”，這就是這位畢生拖著一條封建辮子的“南海聖人”的矛盾之所在。而愈到晚年，時代愈前進，則康氏之反動亦愈甚。以至“五四”以後，就連他昔日最得意的門生梁啟超也不能不這樣批判他：

> 今夫言保（孔）教者，取近世新學新理而依附之曰：某某孔子所已知也……以其名為開新，實則保守，煽思想界之奴性而益滋矣！（《清代學術概論》）

與康有為完全不同，譚嗣同在哲學上絲毫不畏俱與孔教所象徵的封建主義思想體系作徹底的決裂。他很早即看穿了康有為"託古改制"的秘密，因此在思想上實乃僅僅是康派維新党的同路人，而並非真正的志同道合者。梁啟超曾指出："譚嗣同根本排斥尊古觀念，嘗曰：古而可好，則何必為今之人哉！"譚嗣同不僅確信、而且渴望於找到一種中國前所未有的新思想、新文化，以實現中國國民精神的根本改造。這種渴望促成了他一生那熱烈而執著的理念追求。當這種追求終於在強大封建勢力的重壓下破滅時，他又不惜殺身以殉之於理想，從而實踐了他的誓言：

> 古之神聖哲人，無不現身於五濁惡世，經歷千辛萬苦者。此又佛所謂"乘本願而生"；孔子所謂："求仁得仁，又何怨也！"（《仁學·敘》）

但是，中國資本主義革命條件的不成熟，必然反映於思想文化革命、上層建築革命條件的不成熟。對比十七世紀的英國革命，十八世紀的法國革命，研究者可以看到，在這些資本主義生產力已於封建社會母體內獲得充分發展的國家中，自文藝復興以後，從莎士比亞、培根、密爾頓，到洛克、盧梭、伏爾泰等一代又一代資產階級思想家，早在資產階級的政治革命發動之前，即已從思想文化、政治、社會理論上充分地論證了這一革命的正義性和必然性，從而為之作了充足的理論準備。然而，中國資產階級民主革命的先驅者們卻只能在理論思想文化準備全然不足的情況下匆忙上陣。梁啟超回顧晚清思想界的情況時慨歎：

> 康有為、梁啟超、譚嗣同輩，既生此種學問饑荒之環境中，冥思苦索，欲以構成一種不中不西、既中既西之新學派，而已為時代所不容。蓋固有之舊思想，既根深蒂固，而外來之新思想又來源淺薄，汲而易竭，其支絀滅裂，固宜然矣！（《清代學術概論》）

因此，無論從任何一種角度看，十九世紀末葉的變法維新運動都只能具有必然失敗的悲劇命運！這種必然性，也就決定了康有為、譚嗣同這些變法領袖們作為個人的悲劇命運。他們的變法改革計劃，在社會中不能找到支持他們進行持久戰鬥的社會政治、經濟力量，因而就更不能把這種力量轉變成直接打擊封建專制制度的武裝軍事力量。作為前行者和啟蒙者，他們的存在必然是孤獨的。他們對封建母體的反抗與決裂愈徹底，則這種孤獨的悲劇心理就必定會愈強烈——這也正是譚嗣同的痛苦之所在。對現實封建制度不妥協的仇視，使他在主觀信念中早已絕對地宣判了這個制度的死刑即否定，但這種主觀的否定並不等於客觀的實體性否定。這個應該被摧毀、被打倒的現實仍然頑強地存在著，並且通過其全部社會關係、道德、輿論和政治力量而壓迫著作為現實個體的他。

這種精神矛盾，使得譚嗣同正如十八世紀末德國反封建的哲學家們那樣走上了一條思辨唯心主義的道路。只是這種思辨唯心主義是掩蓋在佛哲學形式下獲得發展的——他“把現實的、客觀的、在我身外存在著的鏈條變成只是觀念的、只是主觀的、只是在我身內存在著的鏈條，因而也就把一切外部的感性鬥爭變成了純釋觀念的鬥爭”。從前面的討論中，我們已經指出，在這種觀念鬥爭的範圍內，譚嗣同在沖決封建思想網羅方面走得是何等遠，從而達到了何等深刻的理論程度！

然而，正如馬克思所指出的，法國革命所“產生的思想並不能使人們超越必須用暴力來推翻的那種舊秩序的範圍，因為——“思想從來也不能使我們超出舊世界秩序的範圍：在任何情況下它都只能使我們超出舊世界秩序的思想的範圍。思想根本不能實現什麼東西。為了實現思想，就要有使用實踐力量的人。” 但也正是因為譚嗣同在思想體系上早已遠遠地超出了封建舊秩序的思想範圍，因此筆者認為，譚嗣同是中國舊民主主義革命的偉大思想前驅，而不僅僅是舊論所論定的那種“不徹底”的“改良主義者”。雖然譚嗣同並沒有來得及投身到辛亥革命的戰鬥烈火中，——但是根據他在《仁學》中所闡發的革命性觀點，可以設想，假如他能看到這次革命的話，他必定將是一個英勇的、奮不顧身的革命鬥士！

產生於十九世紀末葉的譚嗣同思想，實際上遠遠超越了康有為派改良主義思想的範疇。就其思想實質看，他是一個革命派，而不是改良派。因之《仁學》這部著作，應當歸入於近代中國舊民主主義革命的啟蒙文獻之中。這部著作，正如譚氏那短促而悲壯的一生一樣，為中國近代反封建的舊民主主義革命揭開了序幕，擬定了綱領和原則。譚嗣同是偉大的！他的思想影響，在辛亥革命前後，也是巨大的。列寧在紀念俄國十二月党人時指出：

> 這是一些從頭到腳用純鋼鑄成的英雄，是一些奮勇的戰士，他們自覺地赴湯蹈火，以求喚醒年輕的一代走向新的生活……

譚嗣同也稱得上是這樣一位英雄！通過他的啟蒙、奮鬥和犧牲，終於喚起了中國新一代平民知識分子和人民群眾的覺醒，從而在十幾年後把中國的舊民主主義革命推進到了一個更高的歷史階段。

參考文獻

①《列寧全集》第38卷，第411–412頁。

②③《譚嗣同全集》舊版，第341、3頁。

④《譚嗣同全集》舊版，第318頁。

⑤《譚嗣同全集》新版，第70頁。

⑥《譚嗣同全集》下冊，新版第460頁。

⑦⑧《譚嗣同全集》舊版，第464、467頁。
⑨《譚嗣同全集》新版，第474頁。
⑩《譚嗣同全集》舊版，第446頁。
⑪《譚嗣同全集》舊版，第434頁。
⑫《馬克思恩格斯選集》第1卷，第604頁。
⑬《列寧全集》第38卷，第305頁。
⑭《譚嗣同全集》下冊，新版第464頁。
⑮《列寧選集》第2卷，第429頁。
⑯《列寧選集》第2卷，第303頁。
⑰⑱《馬克思恩格斯全集》第2卷，第186頁。
⑲《列寧選集》第2卷，第416頁。

註釋

〔註一〕《全集》中“識根”誤作“識浪”。多本皆如此，實誤也！

〔註二〕如謂：“譚氏哲學並不是主觀主義……這個近乎泛神論的哲學體系中仍然飽滿地填塞了唯物主義內容，它的主要和基本的傾向仍然是唯物主義”（《康有為、譚嗣同思想研究》，李澤厚著，175頁）。

〔註三〕《全集》新版468頁，此句原文標點有誤，引用時正之。

〔註四〕《全集》新版469頁，原標點誤，正之。

〔註五〕五蘊，佛教術語，指色蘊、受蘊、想蘊、行蘊、識蘊。

〔註六〕關於以佛學為主幹，由下引諸條可證：“能為仁之元而神於元者有三，曰佛、曰孔、曰耶鄧，佛能統孔耶。”

（《仁學·自敘》）“故嘗謂西學皆遊於佛學。亦唯有西學，而佛學乃復明於世。”（《仁學·十七》）“佛教純者極純，廣者極廣……極地球上所有群教群經諸子百家……無不思量而兼容、殊條而共貫”。（《仁學·三十九》）

（原載《學習與探索》1982年第6期）

#【補遺】

心經：到達彼岸的終極智慧

元吾氏的譯本

《心經》是佛經中字數最少、含義最深、影響最大的經典，摘自《般若經》。

傳經背景：釋迦牟尼在靈鷲山中禪定，眾弟子圍繞。當時觀自在菩薩正在修習“三摩地禪定法。”專注思惟觀修，而照見五蘊皆自性空。

於是發生經中對話——觀自菩薩在與舍利弗菩薩有關萬物本性是虛空的問答。釋迦牟尼出定後，認可觀自在菩薩所說，歡喜讚歎。

此譯本參考了 12 種梵英中的舊譯本、4 種梵語詞典和 2 種梵語百科。

歡迎梵文專家提出寶貴意見，在此先謝。

【正文】

《到達彼岸終極智慧心經》1. 敬禮一切智者。

神聖的觀自在（1）覺醒者（2），修習深度的“到達彼岸終極智慧法”（3）。

修習時，從上至下看透了五種聚合現象（五蘊 4），而且見到它們的本性是虛空（5）。

“這裏，舍利弗（6），形相（7）是空的，虛空正是形相。”

5. “形相與虛空沒有不同，虛空與形相沒有不同。”

6. “形相，是那些虛空。虛空，是那些形相。”

7. “所以：感受、思想、潛習（8）、認識，亦是如此。”

8. “這裏，舍利弗，一切法則（9）的特性是虛空。”

9. “不生不滅，不垢不淨，不缺不滿。”

10. “因此，舍利弗，虛空中，沒有形相。”

11. “沒有感受、思想、潛習、認識。”

12. “沒有眼睛、耳朵、鼻子、舌頭、身體、心識。”

13. “沒有形相、聲音、氣味、味道、觸覺、法則。”

14. “沒有眼球組織（10），甚至沒有思維組織。”

15. “沒有無知，沒有無知的滅盡。”

16. “沒有老化和死亡，沒有老化和死亡的滅盡。”

17. “沒有痛苦及其來源、滅亡、道路。沒有知識，沒有獲得。”

18. “因為沒有獲得，只依賴覺醒者們的到達彼岸終極智慧法，所以沒有意識的障礙。”

19. “因為沒有意識障礙，所以沒有恐怖、超越顛倒錯亂，可專注於終極解脱（11）。”

20.“三個世代所有的徹悟者（12），都基於到達彼岸終極智慧法。”

21.“依賴這最高的、正確的覺醒法，完全覺醒了。”

22.“因此，應當知道，到達彼岸終極智慧法是偉大的真言。”

23.“是偉大知識的真言，是最高的真言，是無與倫比的真言。”

24.“能除一切苦。真實不虛。”

25.“因此，我説到達彼岸終極智慧法的真言，如下：”

26.“到達、到達，到達彼岸，一起到達彼岸，覺醒啊！覺醒！”

27. 以上，到達彼岸終極智慧心經完。

【關鍵詞譯注】

（1）觀自在 Avalokite Svara：男性人名。釋迦牟尼的弟子之一。

（2）覺醒者 Bodhisattva：蘇醒者、覺悟者、圓滿智慧者（舊譯：菩薩）。專指三種覺醒者：

1. Savaka-bodhi：修習“三摩地禪定法”（* 合神法）得以解脱的覺醒者。
2. Pacceka-bodhi：天生自然的覺醒者。

3. Samyak-buddha：覺醒之路的指導者。（亦稱為“徹悟者”，舊譯：佛。）

（3）“到達彼岸終極智慧法 prajna-paramita”：《般若經》中，專指“三摩地禪定法”。此句譯：

1. Para：彼岸、對面的世界、另一個世界。此岸＝有生死之界，彼岸＝無生死之界。

（《大智度論》十二：“以生死為此岸，涅槃為彼岸。”）

2. Prajna：終極智慧、辨識智慧。專指：如實認知一切事物和萬物本源的終極智慧，區別於一般的智慧。舊譯：般若。

（4）五種聚合現象 Panca-skandhas：形相、感受、思想、潛習、認識。包括了人的身心全部。舊譯：五蘊、五陰。

（5）虛空 Sunyan/sunyata：虛空、空虛、空、空的狀態。舊譯：空、性空。

（6）舍利弗 Sariputra：男性人名。釋迦牟尼的弟子之一。（這裏 Iha：語氣助詞。表示引起注意或者停頓的語氣。）

（7）形相 Rupa：外表形相。舊譯：色。

（8）潛習 Samskara：潛意識習慣、潛意識印記。專指潛意識中留存的往世行為之記憶以及隨之形成的習慣，也是業力和輪迴的根源。舊譯：行。

（9）法則 Dharma：法則、自然規則、性質、屬性。舊譯：法。

（10）組織 Dhatu：專指組成肉體的七種基本組織（淋巴 Rasa、血液 Rakta、肌肉Mansa、脂肪 Meda、骨骼 Asthi、骨髓 Majja、精 Shuka）。舊譯：界。

（11）“終極解脱 Nirvana”：吹出、熄滅、脱離、解脱。舊譯：涅槃、滅度。專指覺醒者脱離“色身”（肉體）的束縛、脱離生死之界、脱離業力和輪迴，“法身”（靈體）回歸無生死之界以獲得終極解脱、終極自由。（一般人脱離色身稱為死亡，不能脱離業力，還會墜入輪迴，不能獲得終極解脱和終極自由。這是涅槃和死亡的根本區別。）

（12）徹悟者 Buddha：徹底證悟宇宙、人生真相者。“覺醒者Bodhisattva”的近義詞，並專指第三種覺醒者（Samyak-buddha 覺醒之路的指導者）。舊譯：佛。

關於“合神法”（舊譯“三摩地禪定法”）的技術解說，請參考另篇博文“《合一經》——靈修技術經典”以及“《合一經》合神法的流程”。

關於肉體和靈體，或者色身和法身，請參考另篇博文“人的多次元複合體結構”以及“終極真相　萬物本源的描述”。

【後注】

將梵語音譯（如：般若、波羅蜜多、菩薩、佛、阿耨多羅三藐三菩提等）一律直譯成中文。

參考工具

1. Britannica 不列顛百科全書梵語百科部分。

2. Monier-Williams 梵英詞典 。

3. Spokensanskrit 梵語口語詞典。

4.Tamilcube 梵英詞典 。

5. VedaBase 梵語詞庫 。

6. Wikipedia 維基百科全書梵語百科部分。

參考譯本

1. 姚秦天竺三藏鳩摩羅什譯（大正藏 No. 250）

2. 唐三藏法師玄奘譯（大正藏 No. 251）

3. 摩竭提國三藏沙門法月重譯（大正藏 No. 252）

4. 罽賓國三藏般若共利言等譯（大正藏 No. 253）

5. 唐上都大興善寺三藏沙門智慧輪奉詔譯（大正藏 No. 254）

6. 國大德三藏法師沙門法成譯（燉煌石室本·大正藏 No. 255）

7. 西天譯經三藏朝奉大夫試光祿卿傳法大師賜紫臣施護奉詔譯（大正藏 No. 257）

8. 鳳凰網華人佛教"梵文心經簡本釋讀"

9. Edward Conze Thirty Years of Buddhist Studies

10. Dharma Master Lok To

11. Dr. Harischandra Kaviratna

12. Dr. Michael E. Moriarty

譯者不能保證絕對準確性。僅供參考，請勿拘泥字面，請勿絕對化。〔元吾氏〕

明代的佛國地理書《法界安立圖》

南亞次大陸，又稱印巴次大陸，是喜馬拉雅山脈以南的一大片半島形的陸地，亞洲大陸的南延部分。由於受喜馬拉雅山阻隔，形成一個相對獨立的地理單元，但面積又小於通常意義上的大陸，所以稱為“次大陸”。總面積約為430萬平方千米，現在人口約為16億。

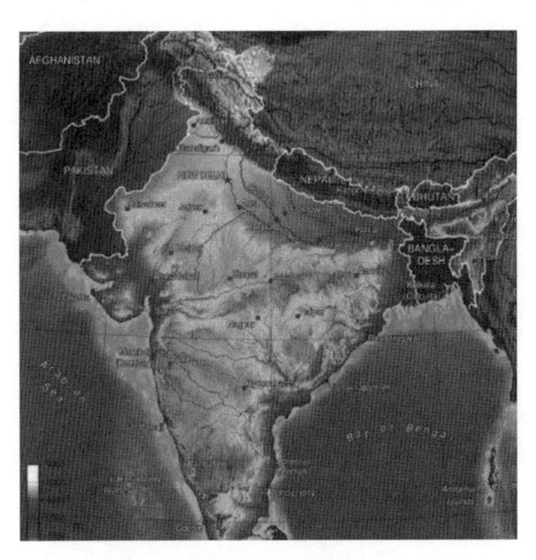

南亞次大陸地理形勢圖

【何新按語】

《法界安立圖》，明代的佛教典籍，凡六卷。明代仁潮錄，書成於神宗萬曆十二年（1584）。此書詳細記錄了漢唐以下至於明代，關於西域及南亞次大陸小國林立的狀態及地理大略。茲略為斷句，錄之研究。

根據此書所記述，可以得到以下觀點：

1、印度一名，是一個地域、地區之名。

2、這個名稱是古代往來這個地區的中國人（佛教徒）根據這個地區的一條大河印度河即信德河而為其命名的。後來這個河流流域的概念擴大到了恒河地區。

3、實際古代中國人所説的印度地區是整個南亞次大陸地區，包括克什米爾、波斯東部、阿富汗、巴基斯坦、尼泊爾、孟加拉和現在的印度。

4、古代中國人把南亞次大陸劃分為五部，即東西南北中五個印度地區，包括文化、語言、人種差異極大的數百個小邦國。

法界安立圖總目

卷上之上

一略明南洲（一十六則）

卷上之下

二廣步大地（二十五則）

卷中之上

三遍觀三界（二十二則）

卷中之下

四大千劫量（一十六則）

卷下之上

五遊諸佛剎（一十九則）

卷下之下

六研窮法界（六則）

七法界總論（一十一則）

法界安立圖·南瞻部洲

按：上圖乃作時人根據傳聞及前人記述所繪製的印度河平原。背負大雪山，中央為蔥嶺即帕米爾高原。三面臨海。

【何新標點】

法界安立圖自序

聞夫四征未具，本無臭以無聲，二儀攸分，遂有形而有象。形質既立，依正斯分，於是十方世界而棋布，星羅六道含靈而塵紛。蟻聚有名有體，孰能盡見盡知？有種有因，難以窮其繇始。況復神機吐納，業運遷訛，出沒無方，化化無際者乎？非夫至聖至神，大覺玄鑒，惡能口綈其涯岸哉。致使凡庸，闇識耳聾，瞽而不知世智，辨聰封己見而莫信。所以道岸轉遙，真源難復，更有愚癡邪說，執理迷事，受一非餘，撥無佛土，耽空為道，墮莽蕩之深坑妙有，不弘損人天之福德，適越之燕，求升返墜。雖智愚有間，昧道何殊？蓋不明乎因果，凡聖故也。夫因果者，自心之影向耳。因果明，則操修之具可知也。凡聖者，迷悟之分位耳。凡聖明，則升進之功可期也。法界者，乃聖凡之依報，猶人之屋廬也。皆從心變心造，非是無因無緣。是故剎海無邊，攝歸毫末，橫該豎徹，總會心源。如是知為真知，不爾非真知也。知見既正，則信入無疑，趨向有階，聖凡不濫，聞熏觀達，至於洞融。方能空有無，礙真俗圓通，福智兩嚴，大通自在，方為究竟。然歸源無二，方便多門，今此集中，略明有門，謂人天世界，凡聖因果，皆是實有，非寓言假設。若夫空空妙理，無我無人，絕修絕證，生佛一如之奧義，自有八部般若，諸大經論在，竊以通都大郡，有大藏，有明哲，處加此則為駢贅，但山陬海曲，窮年不聞，正法頭白，未謗因果者，以此開發善信，不無小益。故彙集成言，以為法施之助云爾。

萬曆丁未仲秋，沙門仁潮集於天目蘭若

仰尋諸佛之降靈也，不可以形相求之，隨機顯晦，故得以言章述矣。

自法王示蹟照臨，忍方群生何幸？仰茲陶誘，使夫二十五有絕生死之因，九十八使斷牽連之業，立超三界，俱載一乘。含育蒙大造之恩，至人引勤勞之慮。

故有垂慈聖蹟，布此靈儀。令重昏動其玄機，識浪靜其漂怒。方為入道，弘轍亦乃出，有初門而事總，冥權理，符神運，抑非天授，諒實人謀。

但禎瑞氤氳，嘉祥雜踏， 煥天地，引燿幽明。然則文物光乎萬古，聲明高於視聽。所以薄列鴻猷，用觀弘範也。

案《西域志》：云贍部中心，名阿耨達池，在香山南，大雪山北，周八百里。（《起世經》：雪山眾寶，所成頂有四金峰。中一高峰，峰有龍池，五十由旬。）

十地菩薩化為龍王，于中潛宅，出清冷水，以給贍部。

池之東面，銀牛口，流出殑伽河（即恒河）。遶池一 ，入東南海。

池南面金象口，流出信度河。遶池一 ，入西南海。

池西面琉璃馬口，流出縛芻河。遶池一 ，入西北海。

池北面頗胝師子口，流出徒多河。遶池一 ，入東北海。（或曰潛流地下，出積石山，為東華黃河之原）。

蔥嶺當贍部之中南。接大雪山，北至熱海、千泉，西至活國，東至烏殺國，四方各數千里。崖嶺數百重，冰雪風寒，山阜蔥翠，故名蔥嶺。

【案：蔥嶺即帕米爾高原。】

自蔥嶺東，近高昌國，曰阿耆尼。（《漢書》焉耆有伽藍十數。）

西南，屈支。（舊曰龜茲，伽藍百所。）

蔥嶺之北，四百里曰清池。（亦名熱海。）

西行，千里曰千泉。南有小雪山。（突厥避暑之處。）

西至咀羅私，乃至史國。

東南，入鐵門。南出，至覩貨羅。（東至蔥嶺，南至雪山，西至波斯，北據鐵門。有三十國）。

逾諸國至縛喝。北臨縛芻河。（伽藍百所，人謂之小王舍城。）

從此西南，逾諸國。東南，入大雪山。（山阿有龍洞，佛化其龍，留影於洞。唐玄奘親往禮拜，遠望則金色炳著，近則不覩，漸隱沒。）

次至梵衍那國。（有臥佛，長千丈，商那尊者，胎生，無條衣尚存。）

東逾黑嶺，至迦畢試國。（北背雪山，伽藍百所。）

東入，北印度境，至健馱羅國。（有大塔，高五百尺，魏胡太后遣使，持長幡五百尺，掛之腳，方及地。此塔與《洛陽伽藍記》同一時，當有二塔。）

北至烏仗那國。（釋種被斥，王此，古輪王之苑，僧常萬人。）

南渡信度河，踰諸國，東南至迦溼彌羅國。（伽藍百所。）

踰諸國，東北，至末兔羅國。（多度人，籌盈石室。）

東北，至室伐羅，次至窣祿那。（東臨恒河。）

東渡河至末底羅，東去北雪山，邊有金氏國。（女為王，不知政事。此東去，接吐番。北接于闐，西接末羅婆。）

自末底羅東南，至醢咀國。（佛為文鱗龍王說法之處。）

南渡兢伽河。（河左有塔千座。）

東南，至劫比它國。（佛在忉利，為母說法，帝釋現三道寶階之處。）

西北，至曲女國。（戒日王設大會，令玄奘立真比量論義處。）

東北，至舍衛國。（城南五里，有祇樹給孤園。）

東南至迦毗羅國。（佛降生處。淨飯王殿，摩邪夫人殿，菩薩降胎處殿。佛成道後，還本國，度八王子釋種處。）

東北，至拘屍那國。（娑羅雙樹林，佛入涅槃處。）

西南，至波羅奈國。（鹿苑轉法輪處，近苑有支那寺，國王為眾僧造，支那此云大唐。）

順兢伽河，東北至毗邪離國。（舊名毗舍離，有維摩丈室，縱廣十尺。）

東北，至弗栗恃。（北印土境。）

西北，至尼波羅。（此國北境，即東女國，與吐蕃接。命使往還，率由此地。唐梵相去萬里，自古取道，迂遠。此國有池，水面火起，中有火龍。）

自毗邪離，南渡兢伽河，至摩竭提國。（或摩伽陀，中印有王舍城。西南，渡尼連河，伽邪城。城西六里，伽邪山，俗呼靈山。西南菩提樹，樹高五丈，佛成道處。周垣五百步，中有金剛座。千佛坐之，入金剛定。那爛陀寺，五王共造，僧徒數千，並俊才高學。國東南，雞足山，迦葉入定處。東北，靈鷲山，王舍城有熱泉湧出。目連云：此水經過小地獄來，故熱沸，而垢濁。有三深井，大水不滿，謗佛生陷處。）

東北，逾諸國，至奔那伐。（自信度河東，至此皆中印。）

次東至迦摩縷。（東印從此東去，山阜連接，可兩月行，至蜀西南界。）

南至三摩怛。（東北海濱。）

西南乃至烏荼國。（東南臨海，有城，海商止處，南去執師子國。二萬里，夜望其國，佛牙塔，寶珠光如大炬。）

逾諸國，西北至憍薩羅。（中印有王，引正為龍猛造寺，集千僧，計工人食鹽，價田九億金錢。）

國南有山。（山崖之上，石閣五層，層有四院，飛泉流注。）

逾諸國，南至末羅矩。（南印，濱南海，有末剌邪山，出龍腦香。樹香如冰雪。此山之東有布呾洛迦山。山頂有池，池側石天宮。觀自在菩薩遊舍于此。有願見者，厲水登山。）

東南海，有執師子國。（北印土境，有佛牙精舍，上建表柱，置大寶珠，夜望如明星。王宮側，建大廚，日營萬八千僧食，常興，此供不絕。）

南數千里，有那羅稽羅洲。（人長三尺，為鳥喙食椰子肉。此洲東南有棱伽山。）

自達羅毗至北恭達補。（南印，土有貝多羅樹林，周三十里。其葉長廣，色光潤，五印書寫，莫不採用，今貝葉乃略名。）

林西二千里，至摩訶剌國。（東大山有寺，羅漢造，舍高百尺，石佛高七丈。上有石蓋，七重，懸空，相去各三尺。傳云羅漢願力，或云神力，或藥術之力云。）

西方至摩臘婆。（五印之境，有此國及摩竭提重學。名僧甚勝，國南至海。）

西北逾諸國至瞿折羅。（西印土境。）

渡信度河至信度國西，以至狼揭羅。（臨西海，海島中有西女國。）

北逾諸國，至迦畢試界。（東臨北印，西至弗林波斯國。）

其餘諸國風物，茲不具錄。如《西域志》、《釋迦方譜》，可備悉之。

印度，此云月，以居諸國之中，如星中月。此西域之正名。天竺，身毒訛稱也。

【據唐玄奘説，印度這個詞的本義是月亮，印度河則乃月亮河也。印度，天竺所在地乃印度河的中游，即此言“居諸國之中，如星中月”也。此地在中國之西方，即下文引楞嚴經所説在蔥嶺以西，故言“西域”。】

北背雪山，三垂大海，地形南狹，如月上弦，川平地廣，周九萬里，七千餘城，依止其中。盡三海，際一王所治。《漢書》云：“其國殷平和氣，靈智所降，賢懿挺生，神跡詭怪，理絕人區，靈應明顯，事出天外。”

《光明》云，八萬四千城邑，聚落仁王，經十六大國，五百中國，十萬小國。

《楞嚴》云，此閻浮提大國，二千三百樓炭，經蔥河以東，名為震旦。唐彥琮法師云：蔥嶺已西，並屬梵種，鐵門之左皆曰胡鄉。

別胡梵

南洲一地，大約五分，中分為雪山蔥嶺，南分為五。印度乃昔金輪聖王之所治，是梵天之種，世稱其國名天方，亦名婆羅門國。（此云淨行，淨志。）

西分為睹貨羅、波斯諸國，西夷所居。

北分為胡虜之鄉，突厥可汗、烏孫、匈奴所居。

東分為二，其沙河以西有胡人，吐蕃所居。積石之東為震旦國，乃帝王所化，是君子之國。

封域分殊，應須甄別，不當以梵為胡，而自混濫。有以天竺為胡國者，斯言大誤。又有稱胡經胡語等，皆非正言。當云梵經梵語可也。

論中

夫法王利見，未隔中邊，適化無方，豈專形教。雖大云普澤，而敗種難榮，晨旭高暉，而覆盆不照。致使疑信相半，邪正交陳。而大悲之光，曾無間然也。或曰華夏得天地之中，九州之外，皆邊夷耳。斯不足辯，觀西域圖可知。

今為未知者更復明之，考諸經論，其義有九。

一、名聞

《本行經》云：護明菩薩謂：天人金團曰：往昔補處菩薩托生之家，須具六十種功德，三代清淨，汝下閻浮，為我觀察。金團曰：迦毗羅城王名淨飯，夫人名摩邪，于諸世間具足功德。清淨有大名稱，堪生彼家。護明曰：善，吾定生彼。如是佛自親選，諸天共聞，則知迦毗羅國名聞最勝，為諸國之中（普曜經亦同）。

二、里分

大地廣博，世莫能窮。右今無人至西北海者。況知地之中邪？世俗謂中國者，自論此方之中耳，非天下之中也。依周公測天地，定豫州為中云。四邊各五千里。（豫至東海，無五千里。之西之北，不知其幾萬里，而云五千里邪？）

禹貢言各二千五百里。當時地狹，後漸開闊，至漢方可九千里。今又較闊，依內經，大地周二十八萬里，徑九萬里，若以東西九萬里，畫為九分，則華方在極東。一分之間耳。西去更有八分之地，天竺在五分之中，東西去海各四萬五千里。當知我國是大地之東，天竺為大地之中，明矣。

三、山王

天下諸山，皆自昆侖發脈而來，最極高廣。群峰拱峙，周萬餘里，龍神所宅，非人力可登。其枝條分佈，為眾山之原，雖屈伸睽顧，起伏萬狀，而根脈相連，如竹園然。或近出兩筍，伏地行鞭，至遠處又出兩筍。昆侖左邊分數支，其一支走東，度流沙磧石迤口，發為震旦諸山。一支走東南，發起東印度諸山，次東又為百夷諸山。右邊分數支，一支走西南，生起西印度諸山，一支走西，為活國波斯諸山，前面為黑山，雪山及北印諸山。至中印，多伏少出。後面為蔥嶺，生出北胡等山。眾山飛走其下，高聳眾峰之上，昆侖居大地之中。五印度在昆侖之南。（俗書以雪山東支，名崑崙山借名也。）

四、水源

水之為物，其性趨下，莫不本出於山，而末入於海也。雪山之頂，有大龍池，周千餘里，為天下諸河之總源。從池四面，各出一大河，河闊四十里。波濤澒湧，趨於四方，各與五百河俱，流入於海。池東之水，皆向東流，池西之水，皆向西流。池南之水，皆向南流，池北之水，皆向北流。四隅亦爾。蓋地形如團瓢，其頂即雪山。在極高處，四面漸下。故爾，震旦諸水，皆東流者，以居地之東隅也。是知山當地中，池居山頂，此池為大地水源之中，中印度正與龍池相對。

五、地臍

梵網經云：釋迦牟尼佛於寂滅道場坐，金剛華光王座正法念處經云：一切世間閻浮提國，悉無此座。金剛座處，八萬四千，由旬佛坐此座，得佛菩提，餘地不能持佛。

西域志云：中印度恒河南，摩竭提國。國西南，渡尼連禪河十里，有菩提樹。樹下有金剛座，千佛坐之，入金剛定。俱舍論云：此座下連金輪，故名金剛座。三世諸佛，皆于此座成道，降魔。故知金剛座，是地之臍。

六、輪王

人有勝德，必居勝地。夫金輪王者，為閻浮人中福德之最勝者也。諸人王中，皇帝之聖神者也。故有金輪表瑞，七寶呈祥，相好莊嚴，千子圍繞，御龍馬而飛空，四洲粟王，望德而歸化。故輪王出世，必生中土，其中土者，即中印度也。歷代輪王出興之處，名殊勝者以此。

七、梵字

梵字猶古篆也。自開闢來，即有其文。歷萬萬餘年，古今不易。不同此方文字，篆遷訛。元從梵天傳來，故曰梵書。金銀輪王遞相承用，故書梵字處，妖魅遠離，唱梵音時，鬼神敬畏。蓋天帝之玉音，孰敢不敬奉哉！

是以諸佛說法，皆用梵音。天龍八部，遵奉流行。以至呼天，天應。召蟲，蟲馴。通幽徹明，至靈至神者，其惟梵音乎？詮梵音者，是為梵字，總持經中明諸利益，如存阿字，而入定觀。字輪而明心，唵字出供，可以上獻諸佛，紇哩舒光，可以下拔群苦。能令染者淨，愚者智，夭者壽病者痊。摧邪輔正，饒益群生者，其惟梵書之用乎？世間文字有六十四種，第一梵書，第二佉樓書，乃至蓮華樹葉，右旋擲轉，至六十四書名，一切種音，六十四種，書中梵書為第一，故知梵書，為文字之王。

八、氣和

塞暑之宜，隨方起用，蓋地有隆卑，氣有燥濕，故涼燠不同。夫氣得其中，則和失其中，則戾矣。所以極南蒸熱，極北苦寒， 海風濕，蠻山瘴癘。土有沃壤，火沙。水有啞泉，苦井者，非得氣之偏乎？

至如印度之方，夏不太熱，冬不嚴寒，四序溫和，五塵佳妙。迦毗奇色之天華。（唐玄奘至中印，見奇異天華，採種而東，歸渡河，遭風。其華種盡失，疑龍所奪去。）

解谷正音之律竹。（漢志：黃帝使伶倫往昆侖之陰解谷，取竹，斷兩節間，而吹之為黃鐘之宮。製十二筒，聽鳳鳴，雄鳴六，雌鳴六，此黃鐘之宮，皆可生之。是為律本。至治之世，天地之氣，合以生風。天地之風氣，正十二律定。）

以至藥王之樹。（雪山有藥王樹，嗅者、嘗者、觸者，諸病皆痊。）

肥膩香草。（雪山生此草，牛食之乳為醍醐，糞如檀香之氣。）

地中甜味。（雪山地中，有甜味潛流，理筒可取斯，亦醴泉之類。）

龍池甘藕。（佛世有比丘病，一比丘往雪山乞藕，龍施之藕，徑尺，味甘，食之病癒。）

良以天地之氣和，故所生草木，亦純粹也。（邵子曰：天有至粹，地有至精，人類得之，則為明哲，草木得之，則為芝蘭。）

九、道中

名以表實，事以顯理。故有中土者，必有中道存焉耳。若夫有中土，而無中道者，與邊地何殊乎？是以華夏聖賢言：道育民，以中為本。曰允執厥中，曰用其中於民，曰中也者，天下之大道也。致中和，天地位焉，萬物育焉。世聖尚爾，況出世之大聖，寧以偏邪之道，而示於人邪？所以正覺能仁，生中土，現勝相者。（生王宮，具三十二相。）將非以中道之正法，而啟悟群生者乎？然而毛道凡夫，棄本逐末，未有聖智，曰知曰見，皆是迷倒。遂使好同者，則惡異？賓此者，則辭彼故，是非以生，惑倒以縈，愛憎相形，邪正相傾，而罪福已成矣。故我正覺，聖人湣而諭之，調而和之，乳而藥之，援而救之，俾夫止紛競，歸太寧，舍狂妄，復良誠，以合乎大均，以契乎本真，以至於至公，至純至神，至妙至中之道而後已。原夫群生，機異執見不同，或執於色，或執於空，執色者窒，執空者流正覺，示以藥言，曰色即是空，空即是色，則色空不二。為中或執，為同或執，為異同則儱侗，異則紛紜。藥言曰，同者同異，異者異同，非同非異，一觀為中。或執諸法，為實為虛，為常為斷，為大為小，為遍不遍。為自為他，有邊無邊，或即或離，或欣或厭，亦有亦無，亦恒亦變，來者去者，語者默者，勤者怠者，清者和者，贊者毀者，如是等各執異見。一一成偏，多岐亡羊，流而忘返。正覺者，諭之曰萬法本閒，而人自鬧。空實無華，翳者妄見。人波鬼火，水性無殊。猿猴捉月，癡狗逐塊，演若迷頭，馳走東西。狂性自歇，歇即菩提。

又曰譬如船師，不住此岸，不住彼岸，而運渡眾生。至於彼岸，曰學道如牧牛，執杖視之，勿令東西，犯他苗稼。如御馬，執轡在手，惰則之，逸則制之，從容乎中道而行矣。如陶師調泥，不僵不軟，方中輪繩，可作盆瓶。如琴師調弦，不緩不急，方可奏曲，適其中而道可期矣。夫受病異緣，施藥多方，故有事中有理，中有俗，中有真，中有漸，中有頓，中有小，中有大，中有初，中有終，中有至，中有圓，中有中，戒有中，定有中，慧有中，觀有中，行有中，因有中，果若摩尼之應色，空谷而答響矣。

以至飲食衣服，行住坐臥，大小諸事，自行化他，靡不示之。以中，佛自日中一食，令諸比丘，過中不食。食之不饑，不飽，衣制三衣，不奢，不裸。行則直行，坐則趺坐，調身則不寬不急，調息則不澀不滑，調心則不沈不掉，至於沉浮兩舍，惺寂雙流，不出不入，寂而常照，照而常寂，心心無間，中中流入，中道之海，洎乎中之至也。

亡違順等，怨親泯同，異一死生，齊物我通，古今混虛，空為一體。現山海于毛端，一語一默一動一靜，而普饒益與眾生。夫如是，則豈其所謂世智之狂，解無想之癡禪邪，來從中來，故曰如來，去從中去，故曰如去。（即善逝也。）

中非動，是誰來，中非靜，是誰去？非動非靜，無來無去者，其至人之蘊乎？非動靜，而動靜，無來去，而來去者，其悲云之妙乎？無來而來，雖生不有，無去而去，雖滅不無。是故如來之道，不可以動靜來，去有無生滅而言也。是則超諸數量，絕諸對待，不可思議，至玄絕妙之道歟？世有河邊，居人不信，海水味鹹，有海翁取一勺以示之，使知鹹味耳。豈曰大海，可勺而盡之哉？

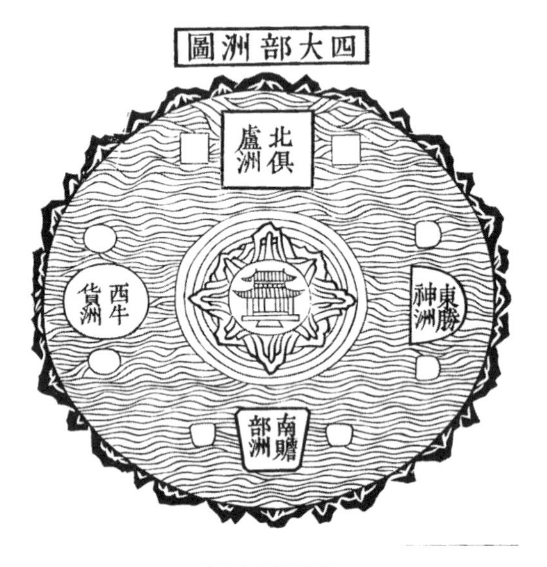

四大部洲圖

須彌山王之外，有七重金山，七重香水海，次第周匝，七金山外，大堿水海中，有四大洲，八中洲及數萬小洲，遍佈安住。堿水海外，有小輪，圍山周匝，圍繞此四洲等，皆一地所持，是為一世界輿地之圖也。

四大洲者，依《長阿含經》云：須彌山南，有天下名閻浮提。（此云勝金洲，新婆沙，論名贍部洲。）

其土南狹北廣，縱廣七千。由旬人面像此地形，有大樹名閻浮，圍七由旬，高百由旬。枝葉四布，五十由旬。人壽百歲，少出多減。

中夭者，《多阿毗曇論》云：南洲衣服，莊飾種種，不同一生，欲事無數，亦有修行至死無欲者。

《起世經》云：大海北有閻浮樹，樹下有閻浮那檀，金聚高二十由旬。（以此勝金，出樹下，因以名樹，名洲。）

《順正理論》云：有二中洲，一遮末羅（新嬰沙羅剎住），二伐羅遮羅，皆有人住。（俗書贏蟲，錄載諸國，人形各異，或是海中諸小洲也。）

《長阿含》云：須彌東有天下，名弗於逮。（此云勝身立世，云弗嬰提。）

其土東狹西廣，形如半月。縱廣九千由旬，人面像之，有大樹王名伽藍。浮圍七由旬，枝葉四布五十由旬，高百由旬，人壽二百歲。（樓炭經三百歲。）

飯食魚肉，以穀帛珠璣，共相市易，有嫁娶禮。

《阿毗曇》云：東弗嬰提人，多欲者一生數至，六七亦有修行至死無欲者。食自死魚肉，自不殺生。頭髮剪前披後，著下衣竟上衣繞。

《順正理論》云：有二中洲，一提訶，二毗提訶，皆有人住。

《長阿含》云：須彌西有天下，名俱耶尼（此云牛貨婆沙云瞿陀尼）。其土形如滿月，人面像之，縱廣八千，由旬有樹王名斤，提圍七由旬，高百由旬。枝葉四布，五十由旬。人壽三百歲，以牛馬珠玉共相市易。

阿毗曇云：彼土食肉殺生，人死燒屍，或置水、埋土。嫁娶同南洲人，多欲者至十或十二。亦有無欲者，莊飾皆披髮，上下著衣。

順正理論云：有二中洲，一舍搋，一怛里拏，皆有人住。

〇起世論：斤提樹下有一石牛，高一由旬，因名瞿陀尼，因以名洲。

《長阿含》云：須彌北有天下，名郁單越（此云最勝婆沙云俱盧洲）。其形正方，人面像之，縱廣一萬由旬。有樹王名庵婆羅，圍七由旬，高百由旬，枝葉四布五十由旬。人壽千歲，無有市易，持生自活，無我我所，諸山浴池，華果豐茂，眾鳥和鳴。

四面有阿耨達池，出四大河，無有溝坑荊棘，蚊毒蟲，自然粳米（自生也），眾味具足。

以焰光摩尼珠置自然（燒也），釜鍑下飯熟，光滅。有曲躬樹，其葉密緻，天雨不漏。男女宿下，香樹果熟，自然裂出種種衣或器。或食河中，寶船乘之娛樂。入中浴時，脫衣岸上，乘船渡水，遇衣便著，不求本衣。

至香樹取樂，和絃而行，無有諸病，形貌皆同。發紺青色，齊眉而止，人起欲心時，熟視女人，彼女隨詣園林。若彼女人是父母中表之親，不應行欲者，樹不曲蔭，各自散去。若非親，應爾者，樹則曲覆其身。隨意娛樂，一日七日，乃舍去。懷妊七八日，便生。隨生，置四道中，行人出指，含嗽出乳，充遍兒身。過七日已，其兒長大，男向男眾，女向女眾，命終不泣（以人壽定滿千歲故死而不吊）。

莊嚴置四道中，有鳥名憂慰禪伽，接置他方。（立世云：其鳥啄屍至山外，啖之起。世經云：人死有鳥銜其發，置佗方世界。）其地柔軟，隨足隱起，大小便時地開坼，利已還合。乃前世修十善行，生此洲，命終生天善處。

《阿毗曇》云：人多欲者，一生數至四五，亦有無欲者。

《順正理》云：有二中洲，一矩拉嬰二憍拉嬰皆有人住。

《起世經》云：南洲人，身長三肘半，東西同量（少肘量），北洲七肘。

《阿毗曇》云：南洲身長三肘半或四肘，東洲八肘，西洲十六肘，北洲三十二肘。（一肘當周尺一尺八寸）。

《正法念處經》云：北洲人於山障外，徹見無礙。耳之所聞，若遠若近，若大若小，而皆得聞。

東洲人於黑暗中亦見眾色，耳識所緣，盡一箭道。

西洲人眼識，所緣山壁，無礙眼識，亦能聞聲。如閻浮提蚖蛇之類，眼中聞聲。瞿陀尼人，亦復如是。如隔障礙，聞眾音聲，見眾色像，亦復如是。（此言三洲報通，故能洞視徹聽也。南洲則隔窗紙，不見外物，隔障不能聞聲，故不爾。此概言之，南洲亦有通者，如清稟禪師，宴坐聞曳木聲，曰：勿令損階。侍者不見有曳木者。細視之，見群蟻曳蜻蜓翼，緣階而上。斯亦靜極。光通之謂也。龍樹嗅丸而知藥品，各若干分，圖澄數千里見火燒城。梵僧眠，聞虱號，而惺。世人亦有明秋毫，聰聞蟻鬥者）。

《楞嚴經》云：阿那律陀無目而見，難陀龍無耳而聽，殑伽神女非鼻聞香，驕梵鉢提異舌知味，舜若多神無身覺觸，摩訶迦葉無意而知。（此皆不假六根，而知六塵者，比有根而知者又妙也。或修得，或報得，經因業緣，若湛流妄復，圓常則真明通，洞六根互用，妙中又妙者也）。

《婆沙論》云：四大洲，八中洲，人形短小，復有五百小洲，或人住或非人住，或有空者（非人鬼也。此胎生者，化生者，遍諸處）。

《因本經》云：閻浮五種，勝三天下，及至他化，一勇健，二正念，三佛出世處，四是修業地，五行梵行處，諸天及三天下，各有三種勝閻浮，一長壽，二色勝，三地勝。

《阿含經》云：南洲三事勝，一勇猛，強記，能造業行。二勤修梵行，三佛出其土。

《分別功德論》云：婆拘羅尊者長壽第一，于百壽中而加六十。阿難問曰：尊者長壽，何以不生三方？答曰：諸佛不生三方，以其土人難化。故此土眾生，利根捷疾，極惡勇猛，取道不難。是故往古諸佛，皆生此中。

（經論相較南洲勝者，以道三洲勝者，以福然北洲福樂最勝，經名為難者何邪？以其雖有癡癡富樂，伥伥修論，無有智慧不能增修道業，佛不生其土故不聞正法。因名為難，即八難之一也。南洲有佛出世，大乘根器，多生其中，以尊命短促，眾苦逼迫，怖畏發心，勤修道行，有益當來，故為四洲之勝也）。

（下略）

佛陀傳

佛陀略傳及辨誤

張星烺 撰

浮屠即佛陀 Buddha，佛陀為迦毗羅衛國（Kaplavas）人，世為貴族，釋迦（Sakya），其族姓也，族人世皆從軍。

父名屑頭達那（Suddhodana），巨富，擁大田產（謂父為國王，浮屠為太子者，皆誤。然似為迦毗羅衛之首長也）。

母曰莫邪（Maya），家於迦毗羅衛城。城在尼泊爾國（Nepal）南部，希馬拉雅山麓。

佛未生時母歸寧省親，途間生佛於林中。林近藍毗尼村（Lumbini，玄奘《百城記》作臘伐尼園），阿輸迦大王嘗於此建碑，永示後祀。碑文曰"佛生此處。"碑於一八九六年（清光緒二十二年）發現。

佛生，命名曰悉達多（Siddhartha-Siddhata）。其家之別姓曰喬答摩（Ga tama，又曰瞿曇，訛略也）。

佛生時，人皆稱之曰“修行者喬答摩”（oer Asket Gautama），幼時所受教育亦無異於當時其他印地貴少年。擊劍射箭，畋獵逐鹿，蓋所以儲為將來武士者也。高等教育則有文法學及哲學、法學，皆所以陶冶人性者也。

佛壯年時，思想如何變遷，無詳史可稽。

嘗娶妻，生子命名曰羅估羅（Rahula）。佛曰：“此吾之鎖鐐也。”

年二十九時，嘗重病幾死，由是而思想頓變，思及生命之意義及價值。世人皆有一死，於是厭世，棄妻子而出家，取悲觀主義。謂生命為苦海，須設法解脫，遁入深林，以禁欲節食為方法。

修道既成，乃出救世，普渡眾生，盡力以宣傳其說於恒河流域者，幾四十五年。

摩揭陀國王頻毗沙羅（Bimbisara）尤好其說，因賜王舍城（Rajagriha）附近竹林精舍（Venuvana）以居之。衣色尚黃。當公元前四七七年（周敬王四十三年）佛年八十，食豬肉（一說樹菌）中毒死。

拘尸那揭羅城（Kusanagi）王為之舉哀七日，以王禮火葬之。遺物分給近親七族，七族皆貴人也。釋邊族人收其遺骸，藏之石棺，窀穸之上，建塔以誌之。

一八九八年（清光緒二十四年），佛墓發現，內有數甕，藏舍利。一甕有摩揭陀鐫文云：“此處藏釋迦佛之遺物。墓為兄弟姊妹及妻子所建。”

墓之真確，毫無疑義，所有遺物，今皆歸暹羅國王所有。

（見R. Stube, Die Indogermanen, S.359-369）

佛蓋與孔子同時，先孔子降生五年，即周靈王十五年，公元前五五七年。後孔子逝世者二年，即周敬王四十三年也。中國舊說謂佛生於周昭王二十六年，甲寅歲者，誤也。

何新著作年表

1. 《培根論人生》（第一版），上海人民出版社，1983
2. 《諸神的起源》（第一版），三聯書店，1986
3. 《人生論》，湖南人民出版社，1987
4. 《藝術現象的符號——文化學闡釋》，人民文學出版社，1987
5. 《諸神的起源》，臺灣木鐸出版社（盜版），1987
6. 《中國文化史新論》，黑龍江人民出版社，1987
7. 《何新集》，黑龍江教育出版社，1988

   （注：收入開放叢書·中青年學者文庫，本文庫何新任主編）
8. 《神龍之謎：東西方文化研究與比較》，延邊大學出版社，1988
9. 《人性的探索》，黑龍江人民出版社，1988
10. 《中國遠古神話與歷史新探》，黑龍江教育出版社，1988
11. 《談龍》，香港中華書局，1989
12. 《藝術現象的符號闡釋》，香港明鏡出版社，1989
13. 《龍：神話與真相》（第一版），上海人民出版社，1989
14. 《中外文化知識辭典》（何新主編），黑龍江人民出版社，1989
15. 《龍：神話與真相》（修訂版），上海人民出版社，1990
16. 《諸神的起源》（韓文版），洪熹譯，韓國東文堂，1990

17. *Democracy And Socialism Form the Eyes of*, NEW STAR PUBLISHERS, 1990
18. 《反思與挑戰》，臺灣時代風雲出版社，1991
19. 《巨謎的揭破》，臺灣時代風雲出版社，1991
20. 《眾神之頌》，杭州大學出版社，1991
21. 《何新與日本經濟學教授S的談話錄》，人民日報出版社，1991
22. 《世紀之交的中國與世界——何新與西方記者談話錄》，四川人民出版社，1991
23. 《東方的復興》（第一卷），黑龍江人民出版社 黑龍江教育出版社聯合出版，1991
24. 《東方的復興》（第二卷），黑龍江教育出版社，1992
25. 《愛情與英雄——天地四季眾神之頌》，四川人民出版社，1992
26. 《何新畫集》，香港亞洲畫廊，1992
27. 《論何新》（內部發行），四川人民出版社，1993
28. 《論何新·評論及友人書信》（內部發行），黑龍江教育出版社，1993
29. 《諸神的起源續集——〈九歌〉諸神的重新研究》，黑龍江教育出版社，1993
30. 《何新政治經濟論文集》（白皮書，內部發行），四川人民出版社，1993
31. 《何新政治經濟論集》，黑龍江教育出版社，1995
32. 《中華復興與世界未來》（上下卷），四川人民出版社，1996
33. 《諸神的起源——中國遠古太陽神崇拜》（新版），光明日報出版社，1996

34.《人生論》，華齡出版社，1996
35.《培根人生隨筆》，人民日報出版社，1996
36.《危機與反思》（上下卷），國際文化出版公司，1997
37.《為中國聲辯》，山東友誼出版社，1997
38.《致中南海密札》，香港·明鏡出版社，1997
39.《新戰略論·何新戰略思想庫》（三卷），四川人民出版社，1999
40.《孤獨與挑戰》（第一卷），山東友誼出版社，1998
41.《諸神的起源》（日文版），後滕典夫譯，日本東京樹花舍，1998
42.《中華的復興》（韓文版），白山私塾，1999
43.《龍：神話與真相》（第二版），上海人民出版社，2000
44.《大易通解》，澳門出版社，2000
45.《大易新解》，四川人民出版社，2000
46.《思辨邏輯引論》，黑龍江教育出版社，2001
47.《思考：我的哲學與宗教觀》，時事出版社，2001
48.《思考：新國家主義的經濟觀》，時事出版社，2001
49.《藝術分析與美學思辨》，時事出版社，2001
50.《何新古經新解》（七卷），時事出版社，2001
51.《培根人生論》，國際友誼出版社，2002
52.《培根人生論》，陝西師大出版社，2002
53.《美學分析》，中國民族攝影出版社，2002
54.《論中國歷史與國民意識》，時事出版社，2002
55.《全球戰略問題新觀察》，時事出版社，2002
56.《論政治國家主義》，時事出版社，2003
57.《聖與雄》，金城出版社，2003

58.《何新集》（第二版），時事出版社，2004
59.《風·華夏上古情歌》，時事出版社，2003
60.《孔子論人生·論語新解》，時事出版社，2003
61.《人生論》（中英文對照版），中國友誼出版公司，2003
62.《人生論經典——孔子論人生培根論人生》，中國長安出版社，2003
63.《培根人生論》，中國友誼出版公司，2004
64.《談龍説鳳》，時事出版社，2004
65.《漢武帝新傳》，中央編譯出版社，2005
66.《大政憲典——尚書精解》，哈爾濱出版社，2005
67.《雅與頌——華夏上古史詩》，哈爾濱出版社，2005
68.《泛演化邏輯引論》，時事出版社，2005
69.《何新國學經典新解系列》（十四卷），時事出版社，2007
70.《我的哲學思考：方法與邏輯》，時事出版社，2007
71.《思與行·論語新解》，北京工業大學出版社，2007
72.《天行健·易經新解》，北京工業大學出版社，2007
73.《宇宙之道·老子新解》，北京工業大學出版社，2007
74.《諸神的起源》，北京工業大學出版社，2007
75.《我的哲學思考·方法與邏輯》，時事出版社，2008
76.《何新國學經典新考系列》（十五卷），中國民主法制出版社，2008
77.《何新論金融危機與中國經濟》，華齡出版社，2008
78.《反主流經濟學》（上下卷），時事出版社，2010
79.《哲學思考》（上下卷），時事出版社，2010

80.《何新國學經典新考叢書》（精），中國民主法制出版社，2010
81.《論人民幣匯率與外匯儲備》，中信出版社，2010
82.《匯率風暴·中美匯率戰爭真相揭秘》，中國書籍出版社，2010
83.《匯率風暴》，中港傳媒出版社，2010
84.《誰統治著世界·神秘共濟會與新戰爭揭秘》，中港傳媒出版社，2010
85.《何新論美》，東方出版社，2010
86.《何新論中國經濟》，東方出版社，2010
87.《命運與思考：何新自述》，中港傳媒出版社，2011
88.《統治世界·神秘共濟會揭秘》，中國書籍出版社，2011
89.《手眼通天·世界歷史中的神秘共濟會》，中港傳媒出版社，2011
90.《奮鬥與思考》，萬卷出版公司，2011
91.《孔子聖跡圖》（何新主編），中國書店出版社，2012
92.《孔丘年譜長編》，同心出版社，2012
93.《論孔學》，同心出版社，2012
94.《聖者·孔子傳》，同心出版社，2012
95.《希臘偽史考》，同心出版社，2012
96.《神秘共濟會：掌控世界的黑色心臟》，臺灣人類智庫出版集團，2012
97.《1995年舊金山會議決議：消滅“劣等人種”》，臺灣人類智庫出版集團，2012
98.《統治世界2·手眼通天共濟會》，同心出版社，2013
99.《哲學思考》，萬卷出版公司，2013
100.《新國家主義經濟學》，同心出版社，2013

101.《新邏輯主義哲學》，同心出版社，2014
102.《老饕論吃》，萬卷出版公司，2014
103.《心經新詮》，同心出版社，2014
104.《〈夏小正〉新考》，萬卷出版公司，2014
105.《希臘偽史續考》，中國言實出版社，2015
106.《何新仿名家畫集》，上海高誠創意科技集團，2015
107.《內聖外王·世界歷史中的神秘共濟會》，中港傳媒出版社，2015
108.《有愛不覺天涯遠·何新品〈詩經〉中的情詩》，中國文聯出版社，2016
109.《溫柔敦厚雅與頌·何新品〈詩經〉中的史詩》，中國文聯出版社，2016
110.《野無遺賢萬邦寧·何新品〈尚書〉》，中國文聯出版社，2016
111.《舉世皆濁我獨清·何新品〈楚辭〉》，中國文聯出版社，2016
112.《道法自然天法道·何新品〈老子〉》，中國文聯出版社，2016
113.《大而化之謂之聖·何新品〈論語〉》，中國文聯出版社，2016
114.《天地大美而不言·何新品〈夏小正〉》，中國文聯出版社，2016
115.《兵法之謀達於道·何新品〈孫子兵法〉》，中國文聯出版社，2016
116.《路漫漫其修遠兮·何新品〈離騷〉》，中國文聯出版社，2016
117.《奇書推演天下事：何新品〈易經〉》，中國文聯出版社，2016
118.《何新畫傳》，中港傳媒出版社，2016
119.《覆雨翻雲·神秘共濟會研究之四》，中港傳媒出版社，2017
120.《神鬼莫測·神秘共濟會研究之五》，中港傳媒出版社，2017
121.《統治世界3：世界歷史中的神秘共濟會》，遼寧人民出版

社，2018

122.《諸神的起源》〔增訂版〕，民主與建設出版社，2018

123.《諸神的世界》，中國出版集團·現代出版社，2019

124.《諸子的真相》，中國出版集團·現代出版社，2019

125.《中國文明的密碼》，中國出版集團·現代出版社，2019

126.《論毛澤東與文革秘史》，中港傳媒出版社，2019

127.《何新論美》，華東師範大學出版社，2019

128.《漢武帝大傳》，華東師範大學出版社，2019

129.《易經入門——何新講〈周易〉》，華東師範大學出版社，2019

130.《柔弱勝剛強——何新講〈老子〉》，華東師範大學出版社，2019

131.《孔子的智慧——何新講〈論語〉》，華東師範大學出版社，2019

132.《哲學沉思錄》，現代出版社，2019

關於何新的評論與研究

1. 《何新批判——研究與評估》，四川人民出版社，1998
2. 《中國高層智囊》，陝西師範大學出版社，2001
3. 《中國高層文膽》（西隱著），浙江人民出版社，2008
4. 《中南海幕僚和中國智庫》（劉子長著），香港哈耶出版社，2009
5. 《何新批判與研究》（倪陽著），北京師範大學出版集團，2016
6. 《何新學術年譜初編》〔四卷〕（黃世殊編撰），中港傳媒出版社，2018